Frank Wittig

KRANK DURCH FRÜHERKENNUNG

FRANK WITTIG

KRANK DURCH FRÜHERKENNUNG

Warum Vorsorgeuntersuchungen unserer Gesundheit oft mehr schaden als nutzen

riva

Bibliografische Information der Deutschen Nationalbibliothek:
Die Deutsche Nationalbibliothek verzeichnet diese Publikation in der Deutschen Nationalbibliografie; detaillierte bibliografische Daten sind im Internet über https://dnb.de abrufbar.

Für Fragen und Anregungen:
info@m-vg.de

Wichtiger Hinweis
Ausschließlich zum Zweck der besseren Lesbarkeit wurde auf eine genderspezifische Schreibweise sowie eine Mehrfachbezeichnung verzichtet. Alle personenbezogenen Bezeichnungen sind somit geschlechtsneutral zu verstehen.

Originalausgabe
5. Auflage 2025

Türkenstraße 89
80799 München
Tel.: 089 651285-0

Umschlaggestaltung: Maria Verdorfer
Umschlagabbildung: Shutterstock
Satz: Daniel Förster, Belgern
Druck: GGP Media GmbH, Pößneck
Printed in Germany

ISBN Print 978-3-7423-0546-6
ISBN E-Book (EPUB, Mobi) 978-3-86413-784-6

Inhalt

Aus dem »Eid des Hippokrates«

»Ich schwöre und rufe Apollon, den Arzt, und Asklepios und Hygeia und Panakeia und alle Götter und Göttinnen zu Zeugen an, dass ich diesen Eid und diesen Vertrag nach meiner Fähigkeit und nach meiner Einsicht erfüllen werde. [...]

Ich werde ärztliche Verordnungen treffen zum Nutzen der Kranken nach meiner Fähigkeit und meinem Urteil, hüten aber werde ich mich davor, sie zum Schaden und in unrechter Weise anzuwenden. [...]

In alle Häuser, in die ich komme, werde ich zum Nutzen der Kranken hineingehen, frei von jedem bewussten Unrecht und jeder Übeltat [...]

Wenn ich diesen Eid erfülle und nicht breche, so sei mir beschieden, in meinem Leben und in meiner Kunst voranzukommen, indem ich Ansehen bei allen Menschen für alle Zeit gewinne; wenn ich ihn aber übertrete und breche, so geschehe mir das Gegenteil.«

Gewidmet:

meiner Frau Christiane und meinen Kindern Lion und Mira

Vorwort

Im Jahr 2014 habe ich die Dokumentation *Krank durch Früherkennung* für die Reportage-Reihe *Betrifft* für das SWR-Fernsehen produziert. Der leitende Redakteur der Sendung hatte mein Exposé angenommen und mir damit im Prinzip grünes Licht für mein Projekt gegeben. Schließlich hatte ich darin auf die wissenschaftlichen Studien hingewiesen, die diverse medizinische Früherkennungsmaßnahmen als wirkungslos oder gar als gefährlich entlarvt hatten. Aus Gesprächen mit dem Redakteur wusste ich aber, dass er dennoch »Bauchschmerzen« dabei hatte. Früherkennung so sehr infrage zu stellen – war das nicht doch gefährlich? Am Ende wären wir womöglich dafür verantwortlich, dass Menschen krank werden oder gar sterben, denen dieses Schicksal durch Früherkennung vielleicht erspart geblieben wäre. Zunächst einmal ist es ja auch wirklich schwer zu verstehen, warum Früherkennung nicht das sein sollte, als das wir sie ständig von der Ärzteschaft »verkauft« bekommen: ein Segen. Ganz nach dem Motto: Gefahr erkannt, Gefahr gebannt.

Am 4. Juni stand die Abnahme an. Die Abnahme ist ein wichtiger Termin, bei dem der Autor dem Redakteur erstmals den Film zeigt und dazu den Entwurf für den Sprechertext vorliest. Ich hatte mich auf eine schwierige Abnahme gefasst gemacht. Darauf, dass ich jede Menge Details und Formulierungen würde diskutieren müssen, die dem Verantwortlichen für diesen Programmplatz zu gewagt erscheinen würden. Aber es kam anders. Der Redakteur kam gut gelaunt und völlig entspannt in den Schnittraum und es gab kaum inhaltliche Diskussionen. Was war passiert?

Der Redakteur hatte am Abend zuvor Nachrichten gesehen. Und da hatte Ärztepräsident Dr. Frank Ulrich Montgomery öffentlich Kritik an den Screenings zur Früherkennung von Krankheiten geübt. Auch er verwies auf Wissenschaftler, die gezeigt hatten, dass sich die Zahl der Todesfälle durch solche Screenings – wenn überhaupt – nur marginal senken ließ. Und das bei einer gleichzeitig gravierenden Erhöhung des Risikos, durch sinnlose medizinische Vorsorge Schaden zu erleiden. Dr. Frank Ulrich Montgomery forderte, alle Früherkennungsprogramme auf den Prüfstand zu stellen. Sowohl die zur Früherkennung von Krebs als auch die allgemeinen Gesundheits-Check-ups. Dieser Vorstoß des Ärztepräsidenten war ein Geschenk für mich.

Nur: An der medizinischen Praxis hat sich seither nichts geändert. Montgomerys Forderung ist über ein Jahr alt und Früherkennung wird in Deutschland genauso offensiv propagiert wie all die Jahre zuvor. Mich wundert das allerdings nicht wirklich, denn Früherkennung führt zu einer Ausweitung des medizinischen Geschäfts. Weil man sich mit Früherkennungsmedizin endlich nicht mehr nur auf die Behandlung von Kranken beschränken muss. Nein, Früherkennung macht auch die Gesunden zu Kunden der Medizin. Die verantwortlichen Fachgesellschaften werden daher auch weiter alles dafür tun, dass Früherkennung in Deutschland groß geschrieben wird, denn sie fördert die Bedeutung der beteiligten Mediziner und ihren Umsatz. Und wer wollte darauf schon verzichten?

Für Sie – liebe Leserin, lieber Leser – hat das eine wichtige Konsequenz: Wenn die Ärzteschaft nicht bereit ist, Früherkennung kritisch unter die Lupe zu nehmen, müssen Sie es tun. Und dabei soll Ihnen dieses Buch helfen. Für die wichtigsten Früherkennungsprogramme habe ich die wissenschaftliche Datenlage aufbereitet und zu einer – wie ich hoffe lesbaren – Übersicht zusammengestellt. Es geht immer darum, den möglichen Nutzen einer Früherkennungsmaßnahme dem möglichen Schaden gegenüberzustellen. Man könnte auch sagen, wir beleuchten Chancen und Risiken von Früherkennung. Damit Sie eine gut informierte Entscheidung treffen können.

Einleitung

Krank durch Früherkennung? Im ersten Moment mag sich das widersinnig anhören. Bei Früherkennung – sei es bei der Krebs-Früherkennung oder beim allgemeinen Gesundheitscheck, der hierzulande unter dem Titel »Check-up 35« vermarktet wird – versuchen Ärzte, Krankheiten in Vor- oder Frühstadien zu entdecken. Und sie versprechen uns, dass man diese Frühstadien besser heilen kann. Oder bei entdeckten Vorstadien sogar den Ausbruch der Krankheit verhindern kann. Das klingt durchaus überzeugend. Was könnte auch sinnvoller sein? Wie sollte eine solche Früherkennung zu einer Krankheit führen?

Bei genauerem Hinsehen wird allerdings sehr schnell klar, dass diese Betrachtungsweise naiv ist. Gefährlich naiv. Der Kern des Problems liegt in der Frage: Wo fängt die Krankheit an? Denn bei diesen Reihenuntersuchungen an Gesunden, beim Check-up 35 beispielsweise, werden in der Regel keine Krankheiten diagnostiziert, sondern Grenzwertverletzungen. Ihr Arzt oder Ihre Ärztin sagt Ihnen: »Sie haben zu hohen Blutdruck.« Oder: »Ihr Cholesterin ist aber deutlich über dem Grenzwert, da müssen wir was machen.« Oder die Radiologin stellt nach zwei Mammografien, einem Ultraschall und schließlich nach der Analyse der Gewebeprobe aus der Brust fest: »Es ist Krebs.« Und dann fügt sie vielleicht noch hinzu: »Was für ein Glück, dass wir den so früh gefunden haben. Da haben wir gute Heilungschancen.«

In Wahrheit aber können all diese Befunde völlig unproblematisch sein. Das macht die Früherkennung so gefährlich! Sie erkennt nämlich auch

Abweichungen vom Ideal, die für die Betroffenen in ihrem Leben niemals zu einem Problem geworden wären. Der Fachbegriff dafür heißt »Überdiagnose«. Viele Menschen werden mit hohen Blutdruckwerten steinalt. Das Gleiche gilt für den Cholesterinwert, der im Alter natürlicherweise ansteigt. Selbst Krebs (eigentlich sollte man zunächst von »Gewebeveränderungen« sprechen, denn das Wort »Krebs« ist so angstbesetzt, dass es sofort blinden Aktionismus auslöst) ist nicht generell der »Killer«, als der er allgemein wahrgenommen wird. Die meisten Männer haben beispielsweise Prostatakrebs, wenn sie sterben. Doch nur etwa jeder dreißigste Mann in Deutschland stirbt an Prostatakrebs, und das zumeist in einem Alter, das deutlich über der durchschnittlichen Lebenserwartung von Männern liegt. Sehr viele Menschen tragen Gewebeveränderungen mit sich herum, von denen sie nichts wissen. Und das ist auch gut so, denn diese Gewebeveränderungen werden nie zu einem aggressiven Tumor weiterwachsen.

Diese Menschen werden bei der Früherkennung aber als Kranke identifiziert, obwohl sie im Leben keine Probleme mit dem Frühstadium von »was auch immer« bekommen hätten. So macht Früherkennung krank. »Moment mal. Früherkennung hilft aber auch. Es werden doch Leben gerettet«, denken Sie jetzt sicher. Völlig zu Recht. Den einen hilft die Früherkennung tatsächlich, aber den anderen schadet sie eben. Eine Chemotherapie, von der man keinen Nutzen hat, ist ein heftiger Schaden. Chemotherapien können – nebenbei gesagt – sogar Krebs auslösen. Genauso wie die Mammografien mit dem Röntgengerät. Cholesterinsenker verursachen bei vielen Menschen mit »Fettstoffwechselstörungen«, die eigentlich gar keine Patienten sind, Schmerzen, die weitere unnötige Medizin nach sich ziehen. Prostataoperationen machen in vielen Fällen impotent und/oder inkontinent. Keine schöne Vorstellung, zumal wenn man von der Gewebeveränderung lebenslang gar keinen Nachteil gehabt hätte. Keine leichte Situation: Wie soll man sich entscheiden? Man kann im Vorhinein ja nicht wissen, ob man von der Früherkennung einen Nutzen oder einen Schaden davonträgt.

Aber genau das ist der Weg, der zu einer persönlichen und vernünftigen Entscheidung führt. Den Nutzen und den Schaden der Früherkennungsmaßnahmen abwägen. Wie groß ist die Chance auf einen Vorteil? Wie sehr wird durch Früherkennung mein Risiko gesenkt an »was auch immer« zu sterben oder ernsthaft daran zu erkranken? Wie groß ist auf der anderen Seite mein Risiko, Opfer von unnötiger Medizin zu werden. Nur weil ich als Gesunder zur Sicherheit an einem Screening oder an einer individuellen Früherkennungsmaßnahme teilgenommen habe? Genau das soll in diesem Buch ausführlich dargestellt werden – der potenzielle Nutzen und der mögliche Schaden. Für jede einzelne Früherkennungsmaßnahme in einem eigenen Kapitel. Basierend auf den besten wissenschaftlichen Informationen, die verfügbar sind. Sie werden sehen, es gibt viele Früherkennungsmaßnahmen, die man nicht guten Gewissens empfehlen kann. Weil das Risiko, Opfer von unnötiger Medizin zu werden, deutlich größer ist als die Chance, von der Früherkennung zu profitieren.

Doch warum ist dieses Buch eigentlich nötig? Die besten Informationen müsste es bei den entsprechenden Ärztinnen und Ärzten geben, die Früherkennung anbieten. Die müssten sich doch wirklich auskennen und uns nach bestem Wissen und Gewissen beraten. Dazu muss ich leider etwas feststellen, das Sie vielleicht beunruhigen wird. Von vielen Ärzten werden Sie gar nicht informiert. Wozu auch? Fast alle glauben, wie es scheint, dass Früherkennung fraglos eine gute Sache ist. Warum also lange darüber reden? Time is money! Wenn informiert wird, dann in der Regel nur über den Nutzen. Und fast immer wird der Nutzen dabei übertrieben groß dargestellt. Über den Schaden sprechen die meisten Mediziner nicht so gerne. Können Sie sich vorstellen, warum? Es ist ganz einfach: Ärzte verdienen nicht nur an der Früherkennung. Oft verdienen sie auch noch an der folgenden Behandlung. Ich möchte Mediziner nicht gerne unter Generalverdacht stellen. Aber nach dem, was ich bei meinen Recherchen zu diesem Thema erlebt habe, kann ich zu keinem anderen Schluss kommen: Für viele Mediziner ist Früherkennung eine willkommene Gelegenheit, ihren Kundenkreis auszuweiten. Denn durch Früherkennung werden viele gesunde Menschen zu kranken gemacht.

Wie sieht die ideale Früherkennung aus?

Perfekte Früherkennung gibt es in der Medizin nicht. Es kann sie gar nicht geben, wie wir gleich sehen werden. Lassen Sie mich deshalb ein Beispiel aus der »Verkehrstechnik« zur Veranschaulichung der idealen Früherkennung bemühen. Wir werden dabei sehen, wie viele Bedingungen erfüllt sein müssen, damit Früherkennung richtig funktioniert. Und wie viele Fallstricke es gibt, die den Nutzen von Früherkennung relativieren, zunichtemachen oder sogar in sein Gegenteil verkehren können.

Folgen Sie mir auf den Atlantik. Wir sind auf der Brücke eines großen Containerschiffs. Und wir fahren im Nebel. Das ist für uns kein Problem, denn wir haben eine perfekte Früherkennungstechnik an Bord: Radar. Vermutlich sogar zwei oder drei Geräte, falls eines einmal ausfallen sollte. Die einzige Gefahr, die einem Schiff unserer Größe hier draußen droht, ist die Kollision mit einem anderen großen Schiff. Doch die werden von unserem Radar auf große Distanz mit 100-prozentiger Sicherheit erkannt. Ein Fehlalarm, also das, was man in der Medizin als falsch-positives Ergebnis eines Früherkennungstests bezeichnet, ist hier auszuschließen. Das Radar zeigt kein Schiff, wenn da keines ist. Die Radarstrahlen werden nur von dem massiven Schiff reflektiert und von unserem Gerät aufgefangen. Zur Sicherheit, zur Überprüfung haben wir – wie gesagt – mindestens noch ein zweites Radargerät. In der Medizin würde man dieses sichere Erkennen der Gefahr als 100-prozentige Sensitivität des Früherkennungstests bezeichnen. Aber schon 90-prozentige Sensitivität wäre in der Medizin ein Spitzenwert. Wir werden später sehen, dass es in der Früherkennungsmedizin Tests mit einer Spezifität von 5 Prozent und weniger gibt. Das heißt: Jeder »Treffer« wird von mindestens 20 Fehlalarmen begleitet. 100 Prozent Treffsicherheit gibt es in der Früherkennungsmedizin nicht.

Spezifität und Sensitivität

Die Sensitivität – also das richtige Erkennen einer vorliegenden Gefahr – ist die eine wichtige Qualitätsmarke der Früherkennung. Die Spezifität, das zuverlässige Entwarnen, wenn keine Gefahr besteht, ist das andere Qualitätsmerkmal. Auch hier ist die Radartechnik spitze. Wenn der Radarschirm frei ist, haben wir tatsächlich freie Fahrt. (Mag sein, dass es militärische Schiffe gibt, die einen Stealth-Tarnanstrich tragen und für Radartechnik unsichtbar sind. Aber die wären andererseits auch sicher nicht so blöd, sich von einem Containerschiff rammen zu lassen.) Also können wir auch bei der Spezifität von einem 100-Prozent-Wert ausgehen. Das gibt es in der medizinischen Früherkennung allerdings bei Weitem nicht. Ein nicht unerheblicher Teil derer, die mit einem »Sie sind gesund« aus welcher Früherkennung auch immer herauskommen, sind nicht gesund. Typischerweise erreichen Früherkennungsuntersuchungen nur eine Spezifität von 80 bis 90 Prozent. Es sind sogar Tests mit 65 Prozent auf dem Markt. Das heißt, in einem Drittel aller Fälle werden Entwarnungen gegeben, obwohl die Gefahr, nach der geforscht wurde, durchaus vorhanden ist.

Sichere Katastrophe versus unklares Risiko

Eine weitere Eigenheit unserer Situation hier auf hoher See und im Nebel ist die, dass wir – sofern das andere Schiff auf unserem Kurs liegt und wir nicht auf das Warnsignal reagieren – auf jeden Fall in ein katastrophales Ereignis geraten. Die Früherkennung kündigt uns hier also ein Ereignis an, das eintreten wird. Ein gigantischer Unterschied zu den meisten medizinischen Früherkennungen, um das an dieser Stelle schon ganz klar zu sagen: Medizinische Früherkennungsmaßnahmen kündigen uns in der Regel nämlich keine sicher eintretenden, eindeutigen Katastrophen an, sondern Risiken. Und die Wahrscheinlichkeit, dass die Gefahr für uns real wird, liegt oft nur im einstelligen Prozentbereich oder sogar lediglich im Bereich der Promille. In vielen Fällen ist auch nicht nur unklar, ob die Katastrophe eintritt, sondern zudem, wie schwer sie sein wird. Eine vorübergehende Beeinträchtigung? Ein bleibender Schaden? Tod?

Erfolgversprechende Handlungsoptionen

Diese Sicherheit der Gefahrenerkennung ist aber längst nicht alles, was unsere Radartechnik als perfekte Früherkennungstechnik auszeichnet. Wir müssen noch sehen, wie es um unsere Optionen steht, auf das Ergebnis der Früherkennung zu reagieren. Wir haben hier auf See nämlich eine klare und einfache Strategie, der Gefahr auszuweichen. Wir weichen ihr aus.

Der Kapitän und seine Mannschaft sehen das Signal und nehmen eine kleine Kurskorrektur vor. Diese klare präventive Maßnahme gibt es in der Medizin häufig nicht. Denken Sie an Gentests zur Früherkennung. Denken Sie an pränatale Vorsorgeuntersuchungen: Wenn das Down-Syndrom beim Kind im Mutterleib mit Sicherheit diagnostiziert ist, haben Sie dann eine Handlungsoption, die Ihnen wirklich Erleichterung verschafft? Einige Tests teilen den Betroffenen nur das Risiko mit und lassen sie mit der Angst und ihren Sorgen allein. Weil es keine überzeugenden Gegenmaßnahmen zur Abwendung der drohenden Gefahr gibt.

Aber das ist noch nicht alles. Wir haben auf hoher See nicht nur überhaupt eine Option, die Gefahr zu umgehen, sondern diese Strategie ist auch noch ohne Risiken. Sie ist frei von Nebenwirkungen. Ein Traum! In der Medizin gibt es nur sehr wenige präventive Strategien ohne schädliche Nebenwirkung. Mit dem Rauchen aufzuhören, ist eine davon. Aber das ist ja eigentlich keine Medizin. In der Medizin bekommt man ja zur – oft nur angeblichen – Gefahrenabwendung Medikamente. Etwa Cholesterinsenker. Das sind Substanzen, die massiv in biologische Prozesse des Körpers eingreifen. Das birgt Gefahren. Nebenwirkungsfreie Medikamente gibt es praktisch nicht. Und noch etwas ist bei der Früherkennungstechnik unseres Frachtschiffes in Verbindung mit dem präventiven Verhalten – dem Ausweichmanöver – wunderbar: Die Gefahr wird mit 100-prozentiger Sicherheit beseitigt. Das gibt es in der Medizin ebenfalls nicht. Kein Medikament, keine Chemo, kein operativer Eingriff gibt Ihnen 100-prozentige Gewissheit, nicht doch einen Schlaganfall zu erleiden, vom Krebs dahingerafft zu werden oder am Herzkasper zu sterben.

Die Kosten

Lassen Sie mich noch eine weitere Sache erwähnen, die die Radartechnik zur idealen Früherkennung macht: Sie kostet in Relation zu den Werten, die sie beschützt, nichts. Und auch die präventive Maßnahme – das Ausweichmanöver – kostet praktisch nichts. Die paar Liter Schiffsdiesel, die für die Umfahrung des anderen Schiffes nötig sind, sind ökonomisch irrelevant. Medizinische Früherkennungsmaßnahmen, vor allem wenn sie als Reihenuntersuchungen, als Screenings, auf ganze Bevölkerungsgruppen angewandt werden, kosten allerdings Zigmillionen Euros. Und präventive, vorbeugende Maßnahmen, etwa ein lebenslanger Medikamentenkonsum oder Chemotherapien, sind auch nicht gerade günstig zu haben – wenn man es nett ausdrücken möchte. Schon oft habe ich das Argument gehört, es sei unethisch, bei diesen Fragen über Geld zu reden. In der Regel sagen das komischerweise die, die mit dieser Medizin viel Geld verdienen. Ich bin anderer Meinung. Ich denke, dass es unethisch ist, hier **nicht** über Geld zu sprechen. Zumal der ganz überwiegende Teil des in Screenings ausgegebenen Geldes de facto sinnlos verpulvertes Geld ist. Und wir müssen in Zeiten knapper Ressourcen (also immer) darüber nachdenken, wie wir Geld effektiv einsetzen und Anwendungen zurückfahren, bei denen Geld verschwendet wird. Schließlich gibt es Bereiche, in denen jeder verwendete Euro tatsächlich hilft, die Situation zu verbessern. In der Pflege beispielsweise.

Aber bleiben wir noch ein wenig auf See und schauen wir, wie sich unsere Begeisterung für die Radartechnik verändert, wenn wir die Bedingungen etwas variieren. Wie sich Nutzen und Risiken verändern und wir in Situationen geraten, die den Verhältnissen bei der medizinischen Früherkennung ähneln. Eine perfekt funktionierende Radartechnik ist etwas Großartiges. Und jeder Reeder wäre ein Idiot, wenn er seine Schiffe nicht damit ausstatten würde. Jeder Kapitän ein Hasardeur, der sich nicht von dieser Technik assistieren ließe. So wie auch jeder normale Mensch grob fahrlässig handeln würde, wenn er eine medizinische Früherkennung, die so gut funktioniert wie die Radartechnik, nicht wahrnehmen würde. Aber was ist zum Beispiel, wenn das Radargerät regelmäßig Geisterschiffe produzieren würde? Wenn die Hälfte der angezeigten Schiffe gar nicht existierte? Ein Verhältnis, das in den meisten Bereichen der Früherkennungsmedizin übrigens schon eine traumhafte »Trefferquote« darstellen würde.

Zwischen Skylla und Charybdis

Ich vermute, Sie würden entscheiden wie ich: Wir nehmen diese mit 50-prozentiger Wahrscheinlichkeit falsch positiven Ergebnisse dennoch ernst und fahren das Ausweichmanöver. Schließlich kostet es nichts und ist ohne Nebenwirkungen. Außerdem spielen wir nicht gerne Russisch Roulette. Aber wie entscheiden wir uns, wenn wir uns mit dem 50-Prozent-Radar in einem Gewässer befinden, in dem es nur eine sichere Fahrrinne für ein Schiff unserer Größe gibt? Und das Radar zeigt an: Eines kommt uns entgegen – eventuell. Und wenn die Gefahr, dass wir abseits der Fahrrinne von Klippen den Rumpf aufgerissen bekommen, bei 50 Prozent liegt? Nebenwirkungen der präventiven Strategie! Die Wahl zwischen Skylla und Charybdis. Dann könnten wir das mit der Früherkennung auch gleich lassen. Die Verhältnisse in der Medizin sind aber meist andere. Medizinische Früherkennung – vor allem beim sogenannten Check-up 35 – funktioniert so, dass das Radar 1000 Geisterschiffe anzeigt, bis dann mal ein Treffer dabei ist. Die Ausweichmanöver, die präventiven Maßnahmen, bedeuten zwar in der Regel nicht gleich den katastrophalen Untergang der so massenhaft erzeugten »Kranken«. Aber die Untiefen der vorbeugenden medizinischen Eingriffe hinterlassen doch sehr viel häufiger als angenommen unnötigerweise schwere »Schrammen« und »Leckagen« an den vorsorglich Behandelten. Konkret: Ein lebenslanger Konsum von präventiven Medikamenten – etwa um den Cholesterinspiegel im Blut zu senken – kann erhebliche unerwünschte Nebenwirkungen haben. Eine von vielen Möglichkeiten, durch Früherkennung krank zu werden.

Wir haben bei unserem kurzen Ausflug auf den nebligen Atlantik gesehen, dass Früherkennung ein komplexes Gebiet mit vielen Komponenten ist. Von denen, die Ihnen Früherkennung verkaufen, wird in der Regel immer nur eine Komponente erwähnt: der Nutzen. Und zu selten werden hier verständliche, absolute Zahlen genannt, wie wahrscheinlich es ist, dass Sie tatsächlich zu den Nutznießern gehören. Es werden ja bei den meisten Screenings nur Risiken erkannt und keine sicheren katastrophalen Ereignisse. Wenig werden Sie allgemein zum Thema Schaden hören. Es könnte Sie ja von der Teilnahme am Screening abhalten. Und das ist nicht im Sinne derer, die Ihnen die Maßnahme verkaufen wollen. Wobei ich gar nicht unbedingt jedem Anbieter Bösartigkeit oder Geldgier unterstellen möchte. Die meiste Früherkennungsmedizin wird vermutlich von Ärzten und Ärztinnen in Anschlag gebracht, die absolut davon überzeugt sind, dass sie sich damit um Ihre Gesundheit verdient machen. Allerdings entschuldigt diese Unkenntnis die Mediziner und Medizinerinnen in meinen Augen nur sehr unzureichend. Schließlich sollte ich mich als Spezialist auf einem medizinischen Gebiet einigermaßen auf dem Laufenden halten, was die wissenschaftliche Forschung für Resultate erbringt. Zumal, wenn man an Menschen herumdoktert und bedenkt, dass die Geschichte der Medizin eine Geschichte von Irrtümern ist und dass sich viele medizinische Prozeduren, die plausibel erschienen und lange als der »Goldstandard« galten, bei vorurteilsfreier Überprüfung als verheerende Fehler herausstellten. So wie beispielsweise der Aderlass ganze Heerscharen von Patienten über den Jordan befördert hat.

Deutsche Ärzte sind meist nicht auf dem neuesten Stand

Bei der Orientierung an der evidenzbasierten (wissenschaftlich begründeten) Medizin hapert es bei vielen Ärzten allerdings leider sehr. Nur wenige lesen die englischsprachigen Studien in den einschlägigen Fachjournalen. Fortbildungsveranstaltungen sind häufig von der Industrie gesponsert. Und die hat natürlich kein Interesse daran, Forschungsergebnisse zu kommunizieren, die ihr Geschäftsmodell und ihre Absatzmärkte bedrohen. So wird in der Medizin häufig einfach nach »bewährtem Konzept« weitergemacht, obwohl die Wissenschaft schon auf einem ganz anderen Stand ist und von der Prozedur abrät. Prof. Gerd Gigerenzer, Leiter des Harding-Zentrums für Risikoforschung am Berliner Max-Planck-Institut für Bildungsforschung, hat 2012 eine Untersuchung veröffentlicht, in der er die einschlägigen Statistik-Kenntnisse der Ärzte überprüfte.[1] Er konnte zeigen, dass drei Viertel der Ärzte das Zahlenwerk nicht versteht, auf dem die Bewertung der Wirksamkeit von Früherkennungsmaßnahmen beruht. Demzufolge »verkaufen« drei von vier Ärzten ihren Kundinnen und Kunden Screenings, deren Nutzen sie in der Regel um ein Vielfaches überschätzen.

Aber schauen wir uns jetzt das erste konkrete Beispiel an. Es wird ein etwas längeres Kapitel. Über das Mamma-Screening: die Brustkrebs-Früherkennung. Denn schließlich ist es das »erfolgreichste« Screeningprogramm in Deutschland. Etwa sechs Millionen Frauen sollten – wenn es nach dem Willen der Anbieter ginge – daran alle zwei Jahre teilnehmen. Immerhin mehr als die Hälfte folgt der Aufforderung. Insofern recht erfolgreich. Die Nutzen-Schadens-Bilanz sieht dagegen weniger gut aus.

1. Krebs-Früherkennung

Brustkrebs

Ich sitze zu einem Vorbereitungsgespräch für meine TV-Dokumentation im Mainzer Zentrum für das Mama-Screening-Programm. Im Empfangsbereich ist alles sehr heimelig eingerichtet. Warme Farbtöne, viel Holz, alles erinnert eher an die Lobby eines Wellness-Hotels denn an eine medizinische Einrichtung. Die Kundinnen sollen sich hier offensichtlich wohlfühlen. Hier im Besprechungsraum bei der Leiterin des Zentrums ist es dagegen eher nüchtern und minimalistisch eingerichtet. Wir sprechen darüber, wie wir eine am Screening teilnehmende Frau – möglichst eine mit einem »auffälligen Befund« – finden können, die bereit wäre, an meinem Filmprojekt mitzuwirken – eine 45-minütige Dokumentation über Früherkennung. Ich habe der Radiologin bisher nicht gesagt, dass die Doku bei der Ausstrahlung im Fernsehen den Titel *Betrifft: Krank durch Früherkennung – wie Gesunde zu Kranken gemacht werden* tragen wird. Irgendwie hatte ich das Gefühl, das könnte ihre Kooperationsbereitschaft womöglich negativ beeinflussen.

Verwirrende Zahlen zum Verhältnis von Nutzen und Schaden

Fairerweise muss man sagen, dass die Informationsunterlagen, die wir zusammen durchgesehen haben, sowie auch der Internetauftritt immerhin durchaus Informationen zu falsch positiven Testergebnissen, Überdiagnosen und unnötigen Behandlungen enthalten. Im Internetauftritt heißt es beispielsweise: »Demnach stehen vier Überdiagnosen im Verhältnis zu sieben bis neun geretteten Frauenleben pro 1000 Screening-Teilnehmerinnen beziehungsweise drei Überdiagnosen auf ein gerettetes Leben.«[2] Eine Überdiagnose ist eine richtig erkannte »Krankheit«, die aber im Leben nicht weiter auffällig geworden wäre. Bei der Brustkrebs-Früherkennung bedeutet das im Klartext: Es werden Gewebeveränderungen entdeckt und als Krebs eingestuft, die sich nie zu einem aggressiven Tumor weiterentwickelt hätten. Die Überdiagnose führt beim Mamma-Screening praktisch immer zu einer Übertherapie. Denn man kann ja nicht in die Zukunft sehen und erkennen, ob die Gewebeveränderung einmal bösartig wird oder nicht. Also wird operiert, je nach Einschätzung der Gefahr auch bestrahlt oder eine Chemotherapie verordnet.

Angesichts dieser drastischen Konsequenzen der Überdiagnose erstaunt die große Spannweite, die in diesem Internettext – der sich auf zwei verschiedene Studien stützt – mit Blick auf das Nutzen-Schadens-Verhältnis gegeben wird. Einmal heißt es: eine Überdiagnose (und in der Folge unnötig behandelte Frau) pro zwei geretteten Frauen, einmal heißt es: drei Überdiagnosen pro einer geretteten Frau. Das ist immerhin ein Unterschied um den Faktor sechs! Einmal ist es doppelt so wahrscheinlich, dass ich gerettet werde im Vergleich zur unnötigen Behandlung. Einmal ist meine Wahrscheinlichkeit, unnötig gegen Krebs therapiert zu werden, dreimal so hoch wie meine Chance, durch das Screening gerettet zu werden. Im ersten Fall würde ich sagen: Zwei zu eins, dass ich vom Screening nur profitiere, da gehe ich hin. Im zweiten Fall würde ich mir das ehrlich gesagt sehr gut überlegen: Eine Chemo ist schließlich kein Zuckerschlecken. Die Behandlung mit den Zellgiften kann sogar Krebs auslösen. Und wir dürfen nicht vergessen: Die Zahlen, die wir hier lesen, lesen wir in einem Informationsangebot der Leute, die mit dem Screening ihr Geld verdienen. Unabhängige Wissenschaftler kommen in großen Studien zu noch deutlich schlechteren Aussagen über Nutzen und Schaden des Mamma-Screenings. Diese so wichtigen Zahlen werden wir uns später ausführlicher ansehen.

Viele Gynäkologen raten vom Screening ab

Ich möchte Ihnen erst noch von einem befremdlichen Erlebnis berichten, das ich bei der Vorbesprechung mit der Leiterin der Mainzer Screening-Zentrale hatte. In einem Nebensatz erwähnt sie, dass es sie sehr ärgere, dass mittlerweile so viele Gynäkologen ihren Patientinnen von der Teilnahme an der Reihenuntersuchung zur Brustkrebs-Früherkennung abraten. Da muss ich natürlich einhaken. Ich mime den Unbedarften, der sich vor dem Treffen nicht die Mühe gemacht hat, zu recherchieren: »Ja warum das denn? Was können die für Gründe haben?«, frage ich. Unfassbar, was die Leiterin des Screening-Zentrums auf meine Frage erwidert: »Ich weiß auch nicht. Ich denke, die Gynäkologen haben Angst, dass wir ihnen die Patientinnen wegnehmen.« Für diese ungeheuerliche Aussage habe ich sogar eine Zeugin. Denn ich hatte eine Hospitantin zu diesem Vorgespräch mitgenommen. Das erwähne ich deshalb, weil ich schon von einem Mediziner gezwungen wurde, eine Aussage von ihm in einem Buch von mir zu streichen, weil ich nicht beweisen konnte, dass er diese Aussage in einem Gespräch mit mir getroffen hatte.

Ich weiß nicht, wie es Ihnen geht, wenn Sie merken, da versucht Sie jemand dermaßen für dumm zu verkaufen. So sehr, dass zur versuchten Irreführung eigentlich auch gleich noch der Tatbestand der Beleidigung dazukommt. Mich auf jeden Fall ärgert das! Die Aussage der Radiologin: »Ich weiß auch nicht. Ich denke, die Gynäkologen haben Angst, dass wir ihnen die Patientinnen wegnehmen« geht in einer so unverschämten Weise an den tatsächlichen Verhältnissen vorbei, dass ich nicht anders kann, als sie als bewusste Irreführung wahrzunehmen. Im Volksmund auch »Lüge« genannt. Der Leiterin dieses Screening-Zentrums kann es doch nicht entgangen sein, dass über das Brustkrebs-Screening seit vielen Jahren eine – vorsichtig ausgedrückt – »kontroverse Diskussion« stattfindet. Das hätte sie mir sagen müssen! Finden Sie nicht? Und wenn sie schon versucht, einen Journalisten bei der Recherche so hinters Licht zu führen, wie ausgewogen wird sie dann wohl Frauen beraten, die sich mit kritischen Fragen zur Mammografie an sie wenden?

Die Mainzer Radiologin sagte wenige Tage nach unserer Besprechung die Teilnahme an dem TV-Projekt ab. Sie hatte den »Braten gerochen«. Hatte mich vermutlich gegoogelt und war so schnell auf medizinkritische Veröffentlichungen gestoßen. Ich wurde dann in Mannheim fündig. Die Leiterin des Screening-Zentrums dort lud mich direkt ein, zur »Abklärungsdiagnostik« zu kommen, zu der Frauen mit »auffälligem Befund« zu einer zweiten Untersuchung einbestellt werden. Dort war auch gleich die zweite Frau, die wir ansprachen, bereit, sich von uns mit der Kamera begleiten zu lassen. Egal, wie sich ihr Fall entwickeln würde. Gabi Schmitt, die in Wahrheit anders heißt, nahm schon zum dritten Mal am Screening teil. Von der Gefahr, dass es Überdiagnosen gibt, von der Tatsache, dass viele Frauen unnötig gegen Krebs behandelt werden, obwohl sie im Leben gar kein Krebsproblem bekommen hätten, davon hatte Gabi Schmitt noch nie etwas gehört.

Wie groß ist der Nutzen des Mama-Screenings?

Bevor wir uns dem Schaden ausführlicher zuwenden, lassen Sie uns erst mal schauen, wie es mit dem Nutzen steht. Rettung vor dem Tod durch Brustkrebs. Der Hauptgrund, weshalb Millionen Frauen zur Brustkrebs-Früherkennung gehen. Ein besonders schönes Beispiel für die Irreführung, die hier vielfach von Anbietern betrieben wird, fand ich im Internetportal der Mammografie-Kooperation Mittelrhein. Hier hieß es: »Durch das Mammografie-Screening lässt sich die Brustkrebssterblichkeit um 30 Prozent senken. In der Gruppe der teilnehmenden Frauen sogar um 45 Prozent.« (Was für ein Unsinn! Die Aussage legt nahe, dass das Screening die Brustkrebssterblichkeit auch in der Gruppe der nicht teilnehmenden Frauen um 30 Prozent senkt. Lächerlich!) In seriöseren Informationsangeboten liest man häufig, die Sterblichkeit würde um 20 Prozent reduziert. Das entspricht annähernd dem wissenschaftlichen Stand. Und ist dennoch vollkommen irreführend, weil es dazu beiträgt, dass wir Laien die Wirksamkeit des Screenings um Größenordnungen überschätzen. Wieso ist es richtig und dennoch grob irreführend? Was bedeuten die Zahlen konkret?

Nach einer großen unabhängigen Studie, die für Jahre als beste Referenz galt, ist es konkret so: Wir beziehen die Zahlen auf zwei Gruppen mit je 1000 Frauen. In der einen Gruppe gehen die Frauen zehn Jahre lang alle zwei Jahre zum Screening. In der zweiten Gruppe nicht. In dieser Gruppe ohne Screening sterben in den zehn Jahren fünf Frauen an Brustkrebs. In der Screening-Gruppe mit der Früherkennungsuntersuchung sterben vier Frauen. Wir haben also eine Reduktion der Sterblichkeit von fünf auf vier. Da ist es mathematisch-statistisch legitim, von einer Risikoreduktion um 20 Prozent zu sprechen. Das hört sich bedeutend an. Das vermittelt Laien den Eindruck, dass 20 Prozent der Frauen, also 20 von 100 durch das Screening gerettet würden. Dabei wurde aber tatsächlich nur eine von 1000 gerettet.

Das Verwirrspiel mit absolutem und relativem Risiko

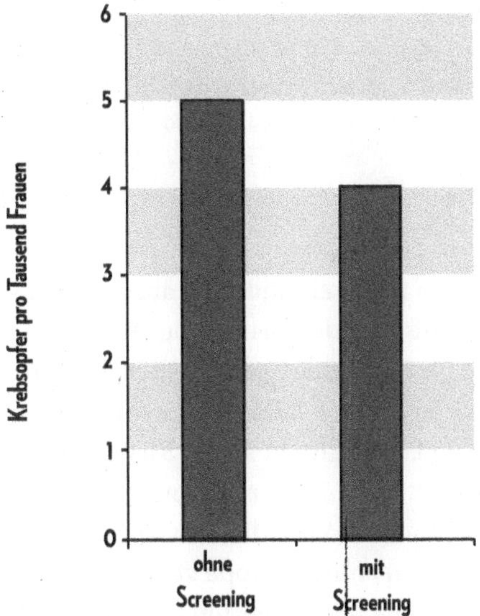

Relatives Risiko: Bezogen auf die Frauen, die an Brustkrebs sterben, reduziert sich die Zahl der Betroffenen in zwei Gruppen von je 1000 Frauen von fünf auf vier. Das sind tatsächlich 20 Prozent Risikoreduktion durch das Screening.

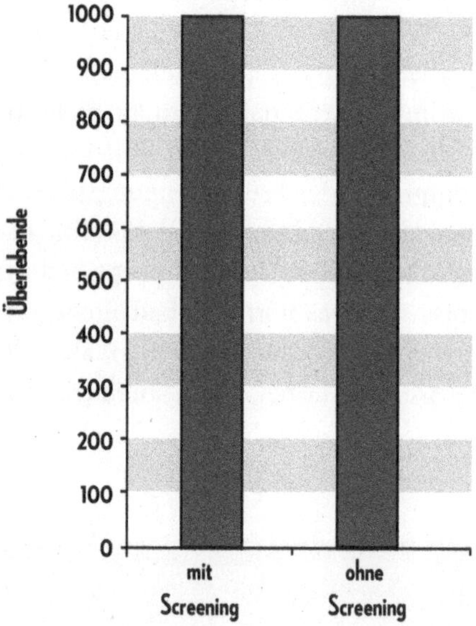

Absolutes Risiko: Bezogen auf 1000 Frauen in der Gruppe reduziert sich die Zahl der zusätzlich durch das Screening verhinderten Todesfälle durch Brustkrebs um einen Fall (1 Promille). Die Skala müsste 1 Meter hoch sein, um dann den Unterschied von 1 Millimeter zwischen der Screening-Gruppe und der Gruppe ohne Screening zu zeigen.

Fachleute sprechen vom relativen und vom absoluten Risiko. Das relative Risiko gibt die Verhältnisse in der Gruppe der Krebsopfer an. In unserem Fall vier versus fünf an Brustkrebs gestorbenen Frauen. Aber für meine Entscheidung, ob ich an einem Krebs-Screening teilnehme, interessiert mich vor allem meine persönliche, absolute Risikoreduktion. Und da hört sich ein Zehntel Prozent, also 1 Promille, nicht besonders überzeugend an. Aber so waren die Zahlen. Wir hatten ja Gruppen von je 1000 Teilnehmerinnen. Und in der Screening-Gruppe starb gerade eine Frau weniger an Brustkrebs. Nach der besten, aktuellsten und größten Studienübersicht, die sich auf 600 000 teilnehmende Frauen stützt,[3] ist die Risikoreduktion sogar noch geringer. Sie liegt nur bei einem halben Promille in zehn Jahren. Das heißt: 2000 Frauen müssen zehn Jahre zum Screening gehen, damit eine tatsächlich durch diese Maßnahme vor dem Brustkrebstod gerettet wird.

Ich mache nun etwas, das wissenschaftlich nicht ganz korrekt ist. Es hat aber den Vorteil, dass die Absurdität des Screening-Programms deutlich wird: Nach dieser Studie muss – im statistischen Durchschnitt – eine Frau 20 000 Jahre zum Screening gehen, um durch die Teilnahme an dieser Früherkennungsmaßnahme einmal vor dem Tod durch Brustkrebs bewahrt zu werden. Natürlich werden insgesamt mehr Frauen in der Screening-Gruppe gerettet. Aber die würden eben auch gerettet, wenn sie nicht am Screening teilnehmen würden. Das zeigen die Zahlen in den Kontrollgruppen (ohne Screening) in den Studien. Hier wird ganz deutlich, dass das Mamma-Screening eine gigantische Arbeitsbeschaffungsmaßnahme für Radiologen ist. Das Ganze wird vollends absurd, wenn man sich den Schaden ansieht, der mit dem Screening angerichtet wird. Doch bevor wir den genauer betrachten, versuchen wir zuerst die Frage zu klären: Warum ist der Nutzen des Mamma-Screenings so abenteuerlich gering?

Einer der Gründe hierfür ist, dass die meisten Frauen regelmäßig ihren Gynäkologen aufsuchen. Und der betreibt auch Früherkennung, indem er die Brust abtastet. Ein weiterer Grund liegt darin, dass beim Screening natürlich auch Tumoren übersehen werden. Die Schätzungen schwanken zwischen 10 und 30 Prozent. So kann das Screening die Teilnehmerin auch in trügerischer Sicherheit wiegen, sodass sie Symptome, die nach dem Screening auftreten, ignoriert und nicht abklären lässt. Nach dem Motto: »Ich war doch erst beim Screening. Da kann ja nichts sein.« Ein echter Nachteil für die Screening-Gruppe. Außerdem können besonders die aggressiven, schnell wachsenden Tumoren ohne Weiteres in der Zeitspanne zwischen den Röntgenuntersuchungen auftreten und ihr unheilvolles Potenzial entfalten.

Der vielleicht wichtigste Grund für den verblüffend geringen Nutzen des Screenings ist aber folgender: Ein zentrales, immer wieder gebetsmühlenartig vorgebrachtes Mantra der Screening-Befürworter ist nämlich weitgehend falsch. Die Überlebenswahrscheinlichkeit nimmt nicht dramatisch ab, wenn der Krebs etwas später entdeckt wird. Tatsächlich ist es eher so: Der böse Krebs ist tödlich, oft auch wenn er früh erkannt wird. Der Krebs, der erfolgreich behandelt werden kann, kann auch noch erfolgreich therapiert werden, wenn er später entdeckt wird. Das alles erklärt, warum Krebs-Früherkennung in Screenings so eine erschreckend dürftige Erfolgsbilanz aufweist.

Irreführende Informationen überarbeitet

Ich habe oben von dem Mammografie-Portal Mittelrhein geschrieben. Wo der leitende Radiologe seinen Kundinnen eine fantastische 45-prozentige Risikoreduktion für den Tod durch Brustkrebs angepriesen hatte. Wir haben seine irreführenden Angaben mit der Kamera dokumentiert. Dann habe ich ihn angeschrieben, ihm von meinem TV-Projekt erzählt und dass ich ihn und sein »Informationsangebot« gerne mit vorstellen würde. Ich deutete auch an, dass mir seine Zahlen nicht seriös vorkämen und dass es ja auch sehr kritische Studien zum Mamma-Screening gäbe. Müsste man die in einer fairen Information nicht wenigstens erwähnen?

Die Antwort kam prompt. Er räumte ein, dass das Portal im Internet wohl »nicht mehr ganz auf dem neusten Stand« sei. Und bat mich um etwas Zeit, um die Informationen zu aktualisieren. Es dauerte nicht lange, dann war dort zu lesen, dass Frauen über Nutzen und Schaden durch das Screening in der Regel falsch informiert werden.[4] Es folgen Zahlen zu absoluten Risiken und Nutzen, die zwar nicht ganz den Zahlen aus der wissenschaftlich maßgebenden Cochrane-Studie entsprechen. Sie ermöglichen es den Kundinnen aber auf jeden Fall, sich ein sehr viel realistischeres Bild davon zu machen, was sie von einer Teilnahme am Brustkrebs-Screening zu erwarten haben. In der Doku *Krank durch Früherkennung* konnte ich den Vorher-nachher-Effekt auf dieser Website zeigen. Ein Fall wie dieser ist immer ein Glücksfall für die Argumentationslinie einer Dokumentation: Wenn der Anbieter des Screenings einen Rückzieher macht und seine vollkommen überzogenen Erfolgsversprechen korrigiert, dann überzeugt das letztlich mehr als jede wissenschaftliche Ausführung eines Kritikers.

Für ein Interview stand uns der leitende Radiologe des Zentrums allerdings nicht zur Verfügung. Warum wundert uns das nicht?

Für eine einzelne Frau ist der statistische Nutzen einer Teilnahme am Mamma-Screening – mit einem halben Promille Risikoreduktion an Brustkrebs zu versterben in zehn Jahren – verschwindend gering. Als vom Screening lebende Radiologin (mit einem durchschnittlichen Jahresgehalt von sicher mehr als 200 000 Euro) würde ich dennoch so argumentieren: »Eine gelungene Rettung pro 10 000 Untersuchungen. Das macht bei der großen Zahl der zu Untersuchenden durchaus Sinn. Wenn alle sechs Millionen infrage kommenden Frauen brav zum Screening gehen, retten wir in zehn Jahren 3000 Frauen das Leben.« Wer wollte da widersprechen? Es ist zwar aberwitzig teuer: Die Maßnahme würde für die erste Mammografie und für die Folgekosten in zehn Jahren etwa 3,3 Milliarden Euro verschlingen.[5] Aber 3000 Frauen – das ist dennoch ein beeindruckendes Argument. Allerdings haben wir bisher nur über die Risikoreduktion an Brustkrebs zu sterben gesprochen. Wenn wir uns das Gesamtüberleben anschauen (man kann ja nicht nur an Krebs sterben), ergibt sich ein bizarres Bild.

Das Screening rettet kein Frauenleben

Wie gesagt: Die Zahlen stammen aus einer Metaanalyse, die sich auf 600 000 Teilnehmerinnen stützt. Veröffentlicht im Jahr 2013 in der Cochrane-Bibliothek.[6] Sie wurde jüngst bestätigt durch eine kanadische Studie[7], an der 45 000 Frauen teilnahmen und die den besonderen Charme hat, über 25 Jahre durchgeführt worden zu sein. Sie wurde im Frühjahr 2014 veröffentlicht. Das Ergebnis: In Bezug auf das Gesamtüberleben gab es keinen Unterschied zwischen der Screening-Gruppe und den Frauen, die nicht zur Früherkennung gingen. Es wurde zwar eine von 2000 Frauen in zehn Jahren vor dem Brustkrebstod gerettet, doch dieser statistisch immerhin noch sichtbare kleine Vorteil durch das Screening wird offenbar von anderen Todesursachen »wettgemacht«. Schließlich befinden wir uns hier in einer Gruppe von Frauen oft fortgeschrittenen Alters. Herzinfarkt, Schlaganfall, andere Tumorarten: Der »Schnitter« sorgt am Ende dafür, dass das Mamma-Screening praktisch keine Überlebensvorteile bringt.

Der Schaden durch das Screening: erschreckend hoch

Ernüchternd, oder? Dabei haben wir uns noch nicht einmal den Schaden angesehen. Das kommt jetzt. Wir beziehen uns dabei wieder auf die große Metastudie der Cochrane-Gesellschaft. Diese Studie wurde von Peter Götzsche geleitet. Er hat eine Professur für klinisches Forschungsdesign und Analyse an der Universität Kopenhagen. Er und seine Mitarbeiter sind Experten in der Auswertung großer Datenmengen. So haben die wissenschaftlichen Mitarbeiter dieser Cochrane-Gruppe die medizinischen Datenbanken durchforstet und die gut gemachten Studien zum Mamma-Screening herausgefiltert und zusammengefasst. Wie gesagt, die Studie basiert auf den Daten von 600 000 Teilnehmerinnen. Diese Zahlen werden zwar immer wieder von Radiologen angezweifelt, gelten aber in der Welt derjenigen Wissenschaftler, die nicht mit Mamma-Screening ihr Geld verdienen, als Referenz.[8]

Wir haben die Zahlen zuletzt auf Gruppen von je 2000 Frauen bezogen. In der Screening-Gruppe starben zehn, in der Gruppe ohne Screening elf Frauen an Brustkrebs. Wenn man nur auf den Brustkrebs blickt, könnte man von einer geretteten Frau pro 2000 in zehn Jahren sprechen. Interessant ist allerdings zu vergleichen, wie viele Frauen in den beiden Gruppen gegen Krebs behandelt wurden. Und da zeigt sich: Pro 2000 Frauen wurden in der Gruppe, die am Screening teilnahm, zehn Frauen mehr gegen Krebs behandelt als in der Gruppe, die nicht zum Screening ging. Das ist im ersten Moment überraschend. Schließlich muss der Brustkrebs auch in der Gruppe der Frauen, die nicht zum Screening gehen, irgendwann auffallen und behandelt werden. Doch genau diese Vermutung ist falsch. Im Screening werden Gewebeveränderungen entdeckt und behandelt, die sich nicht zu einem aggressiven Tumor weiterentwickelt hätten. Daraus ergibt sich die erschütternde Tatsache, dass durch das Screening in zehn Jahren pro 2000 Frauen zehn Frauen unnötig gegen Krebs therapiert werden: Bestrahlung, Teilresektion oder Amputation, Chemotherapie. Unnötig, weil es ja nur den Unterschied von einer vor dem Brustkrebstod geretteten Frau in der Screening-Gruppe gab. Ein Unterschied, der bei der Betrachtung der Gesamtmortalität auch gar nicht mehr erkennbar war.

Diese zehn Frauen sind überdiagnostiziert. Sie haben etwas, das aber im Leben nicht gefährlich geworden wäre. Das ist tragisch: Diese Frauen sind nämlich zum Screening gegangen, damit – falls sie Krebs haben – dieser Krebs im Frühstadium bei ihnen entdeckt wird. Mit der Hoffnung, einen günstigeren Behandlungsverlauf zu erleben. Diese Frauen werden durch das Screening nun aber sinnlos zu Krebspatientinnen. Und wer denkt, mit dieser zehnfachen Überdiagnostik wäre der Schaden durch das Mamma-Screening schon abgehandelt, der irrt leider.

Enorme seelische Belastung

Wir sind jetzt bei den seelischen Belastungen angekommen. Sie stellen einen Teil des Schadens durch das Mamma-Screening dar, der selbst in der kritischen Auseinandersetzung mit dem Screening oft vollkommen unter den Tisch fällt. Dabei betrifft er über 100 000 Frauen jedes Jahr allein in Deutschland. Unter diesen Belastungen leiden schließlich nicht nur die Frauen, bei denen Krebs als sicher diagnostiziert gilt, sondern auch Frauen, die in der ersten Röntgenuntersuchung einen »auffälligen Befund« erhalten haben. Gabi Schmitt, die Mannheimer Screening-Teilnehmerin aus meiner TV-Dokumentation *Krank durch Früherkennung* hatte einen solchen auffälligen Befund.

Das bei Bedarf mehrstufige Screening-Protokoll sieht folgendermaßen aus: In ihrem 51. Lebensjahr werden Frauen von einer Behörde (!) angeschrieben und bekommen in dem Schreiben Ort und Datum ihrer ersten Röntgenuntersuchung der Brust – der Mammografie – mitgeteilt. In dem Schreiben ist von Risiken und Nebenwirkungen keine Rede. Ich persönlich finde das … Mir fällt kein Wort ein, das stark genug dafür wäre und in dieses Buch passen würde. Skandal ist definitiv zu schwach. Schließlich geht es um Millionen Frauen! Aber sehen wir zunächst einmal weiter. Die Untersuchung empfinden die meisten Frauen als unangenehm bis schmerzhaft. Ihre Brust wird zwischen zwei Platten möglichst flach gepresst, weil dann mit geringerer Röntgenstrahlung »durchleuchtet« werden kann. Bei den wenigsten Frauen dürfte das ohne ein »mulmiges« Gefühl vonstattengehen.

Die Tage, bis das Ergebnis der Mammografie zu Hause im Briefkasten liegt, werden für viele Frauen sicher auch nicht zu den angenehmen zählen. Etwa jede 20. liest dann in dem Brief, dass sich bei ihr ein »auffälliger Befund« ergeben hat. Innerhalb der nächsten Woche wird ein Termin zur »Abklärungsdiagnostik« angeboten. Für Gabi Schmitt war das – wie sicher für die meisten Frauen, die einen solchen Brief erhalten – ein Schock. Sie hat Frauen im engsten Umfeld an Brustkrebs sterben sehen. Zuletzt eine Kollegin, die ihr im Büro gegenübersaß: »Am Freitag ist die noch zur Arbeit gekommen. Und am Dienstag war sie tot. Das war hart!« Gabi Schmitt hatte Angst vor der Abklärungsdiagnostik. Versuchte, sich die Tage abzulenken, so gut es ging. Mit den Enkeln spielen, mit den Hunden rausgehen. Aber die Angst vor dem Krebs konnte sie nicht abschütteln. Sie sagte: »Wenn das bei mir bösartig ist, dann mache ich keine Chemo. Ich habe das schon miterlebt. Das war so schlimm. Und am Ende hat es doch nichts geholfen. Da will ich lieber meine Ruhe.«

Als potenzielle Todeskandidatin gefühlt

Bei der Abklärungsdiagnostik wird Gabi Schmitts Brust in einem anderen Winkel durchleuchtet als bei der ersten Untersuchung. Zusätzlich macht die Radiologin in diesem Zentrum noch eine Ultraschalluntersuchung. Wieder und wieder fährt sie mit dem Schallkopf über die verdächtige Stelle, an der sich in der ersten Mammografie eine Verdichtung gezeigt hat. Und die Patentin weiß nicht, ob das ein gutes oder ein schlechtes Zeichen ist. Beim anschließenden Gespräch sitzt sie wie auf glühenden Kohlen. Doch die Radiologin eröffnet ihr nach wenigen Sätzen, dass alles in Ordnung ist. Gabi

Schmitt stehen die Tränen in den Augen. Die Verdichtung des Gewebes hat sich aus einem anderen Blickwinkel nicht bestätigt. Die Auffälligkeiten waren nur ein »Summeneffekt«. Mehrere unbedeutende minimale Verdichtungen lagen in der Blickachse der Röntgendurchleuchtung hintereinander und haben sich zu einem Schatten addiert, der der Radiologin abklärungsbedürftig erschien. Ein häufiger Effekt. So wie meiner Drehpartnerin geht es etwa zwei von drei Frauen in der Abklärungsdiagnostik. Das ist natürlich ein Grund zur Freude für die, »bei denen nichts ist«. Aber die Ungewissheit bis zur Entwarnung führt bei vielen Frauen dazu, sich in den Tagen des Wartens auf die Abklärungsdiagnostik als potenzielle Todeskandidatin zu empfinden.

Diese Zeit wirkt bei vielen Frauen als Trauma, das seine Spuren hinterlässt, auch wenn es am Ende Entwarnung gibt. Studien zeigen, dass zahlreiche Frauen durch die Verdachtsdiagnose auf Jahre hinaus Schaden an ihrer Fähigkeit zur Stressbewältigung nehmen.[9] Psychologen sprechen von einer Schwächung der Resilienz, der psychischen Widerstandskraft, die im Ernstfall lebenslänglich anhält.

Wie aber geht es weiter, wenn bei der Abklärungsdiagnostik keine Entwarnung gegeben wurde? Das ist bei etwa 1,5 Prozent der Screening-Teilnehmerinnen der Fall. Dann gibt es einen weiteren Termin. Und es heißt wieder: warten! Diesmal allerdings mit einer deutlich höheren Wahrscheinlichkeit, dass das Ergebnis des Tests »positiv« ausfällt, das heißt, dass es Krebs ist. Der psychische Druck und damit das Traumatisierungsrisiko sind entsprechend höher. Diesmal geht es zur Stanzbiopsie. Das hört sich eklig an? Ist es auch! Unter Röntgenkontrolle wird eine Hohlnadel in die verdächtige Stelle in der Brust geschoben. Dann wird per Unterdruck ein kleiner Gewebezylinder in die Nadel gesaugt und aus der Brust gezogen. Was in der Regel einen Bluterguss und nicht selten auch eine Entzündung erzeugt. Das entnommene Gewebe wird im Anschluss unter dem Mikroskop untersucht. Hier zeigt sich, ob die Zellen des Brustgewebes tatsächlich ihre »kulturellen Fesseln abgestreift haben« und zu wildem Gewebe entartet sind. Der Anteil der Frauen, die am Ende die Mitteilung bekommen: Es ist Brustkrebs, liegt in dieser letzten Diagnosestufe bei etwa 50 Prozent.

Absolut sind das etwa 0,8 Prozent der Frauen, die am Screening teilnehmen. Anders ausgedrückt: Bei einer von 120 Teilnehmerinnen gibt es die Diagnose Brustkrebs.

Absolute Zahlen und verzerrte Statistiken

Da in Deutschland 42 Prozent der Frauen in der angepeilten Zielgruppe (50 bis 69 Jahre) das angebotene Brustkrebs-Screening wahrnehmen, also knapp drei Millionen Frauen, können wir in zehn Jahren mit 1500 Frauen rechnen, die tatsächlich durch das Screening vor dem Brustkrebstod gerettet werden (nach der Cochrane-Metaanalyse lag die Verminderung des absoluten Risikos durch das Screening ja bei nur einem halben Tausendstel). Das sind knapp 150 im Jahr. Gleichzeitig müssen wir nach den Studiendaten davon ausgehen, dass 15 000 Frauen in zehn Jahren überdiagnostiziert werden und eine Krebsbehandlung bekommen, obwohl sie nicht davon profitieren. Weil bei ihnen Gewebeveränderungen entdeckt und behandelt werden, die in ihrem Leben nicht »klinisch« geworden wären.

Diese Zahlen decken sich übrigens mit der Beobachtung, dass mit der Einführung der Screenings die Zahl der Krebsdiagnosen nach oben ging. Je mehr man sucht, desto mehr wird auch gefunden. Dass diese Zunahme der diagnostizierten Krebsfälle weitgehend auf die Überdiagnosen zurückzuführen ist, untermauert die Beobachtung, dass die Zahl der Spätstadien oder der Toten durch Brustkrebs nur sehr wenig abnimmt.[10] Das Screening erzeugt Brustkrebspatientinnen, ohne dass deren Behandlung an der Mortalitätsrate etwas ändern würde. Na klar: Diese Brustkrebspatientinnen wären auch ohne Behandlung nicht gestorben. Die leichte Abnahme der Mortalitätszahlen findet sich übrigens in vielen Ländern der westlichen Welt. Unabhängig davon, ob und wann in diesen Ländern Screening-Programme eingeführt wurden. Hier wirken sich offensichtlich gewisse Fortschritte in der Therapie aus.

Das Perfide ist, dass die überdiagnostizierten und sinnlos behandelten »Patientinnen«, die nur eine harmlose Gewebeveränderung hatten, aus der ganzen Prozedur mit dem Gefühl herausgehen: »Was für ein Glück. Das Screening hat mir das Leben gerettet.« Vielleicht wäre das Screening-Programm ohne diese Fehleinschätzung schon längst abgebrochen worden. Deutlich weniger Frauen hätten von ihrer Rettung durch das Screening berichtet. Auch viele Radiologinnen, die mit dem Screening ihr Geld verdienen, unterliegen dieser Fehleinschätzung und denken: »Schau an, wie vielen Patientinnen wir das Leben gerettet haben. Wir machen doch einen tollen Job.«

Die Fehlinterpretation der Zahlen zieht aber noch weitere Kreise: Durch die überdiagnostizierten Frauen wird die Statistik der Erfolge in der Krebsmedizin massiv ins Positive verfälscht. Die Onkologen sehen, dass von der Gesamtzahl der diagnostizierten Brustkrebspatientinnen prozentual mehr Frauen überleben. Und sprechen daher gerne von dem großen Fortschritt, den die Krebsmedizin in den letzten Jahren gemacht hat. Mag sein, dass es gewisse Fortschritte in den Therapien gegeben hat. Aber würden die »Therapie-Joker«, die den Onkologen durch das Screening in die Hände gespielt werden, herausgerechnet, sähe das Ganze deutlich bescheidener aus. Onkologen bilden sich ein, Frauen durch ihre Therapie gerettet zu haben, die in Wirklichkeit nie etwas von ihrer Krankheit bemerkt hätten.

»Es ist Zeit, dass unser Rechtssystem einschreitet«

Das Mama-Screening ist eine gigantische schädliche Blähung unseres Gesundheitssystems. Dass in Deutschland Frauen in ihrem 51. Lebensjahr eine behördliche Aufforderung erhalten, sich zu einem schon bestimmten Termin in einem Screening-Zentrum zur Untersuchung einzufinden, ist in meinen Augen ein unglaublicher Skandal. Dieses amtliche Schreiben suggeriert, dass es sich bei der Teilnahme um eine Bürgerpflicht handelt. Wie groß mag die Zahl der Frauen sein, die einer solchen Aufforderung Folge leisten, ohne sich weiter zu informieren? Die Zahl derer, die sich mit der Diskussion der unschönen Details lieber gar nicht belasten wollen? Denn wenn der Staat einlädt, muss es doch unterm Strich richtig sein hinzugehen.

Und das bei der vernichtenden Nutzen-Schadens-Bilanz, die mittlerweile von vielen unabhängigen Wissenschaftlern bestätigt wird.

Eine entsprechende Aufforderung, den Staat zur Rechenschaft zu ziehen, gab es tatsächlich auch schon. Im Jahr 2012 auf der Website des *British Medical Journals*. Das ist eine der größten und renommiertesten medizinischen Fachzeitschriften. Eine Instanz in der Welt der wissenschaftlichen Medizin. Hier meldete sich Dr. Hendrik Zahl zu Wort. Der Mann ist kein Geringerer als der Chefstatistiker des norwegischen Instituts für öffentliche Gesundheit in Oslo. Hendrik Zahl richtet sich mit einem dramatischen Appell an Rechtsanwälte. Er fordert sie auf, endlich einzugreifen und das Mamma-Screening vor Gericht zu bringen. »Es ist an der Zeit«, schreibt Zahl, »dass unser Rechtssystem einschreitet und beurteilt, ob Frauen Opfer medizinischen und wissenschaftlichen Fehlverhaltens waren.« Wenn dem so sei, dann sollte den Screening-Teilnehmerinnen Schadensersatz zugesprochen werden.

Nachtrag: Was mache ich bei einer familiären Belastung?

Prof. Wolf-Dieter Ludwig, Onkologe und Chef der Arzneimittelkommission der deutschen Ärzteschaft, sagte mir in einem Interview einmal: »Guten Gewissens empfehlen kann man die Teilnahme am Mamma-Screening eigentlich nur Frauen mit einer familiären Vorbelastung.« Doch hier muss man eine wichtige Einschränkung vornehmen: Der bedeutendste genetische Faktor dieser erblichen Belastungen besteht in einer Mutation eines bestimmten Gens mit dem Namen BRCA 1/2. BRCA steht für Breast Cancer, also Brustkrebs. Im gesunden Zustand sorgt dieses Gen für die Herstellung eines Eiweißmoleküls, das Beschädigungen am Erbgut repariert. Da diese Beschädigung des Erbguts, der DNA, letztlich der Grund für Krebs ist, steigert eine Mutation dieses »Reparatur-Gens« das Krebsrisiko dramatisch.

So ist die Teilnahme an der Früherkennungsmaßnahme auf den ersten Blick eine vernünftige Sache. Vielen dieser Frauen empfiehlt man sogar, die Mammografie schon ab dem 30. Lebensjahr vornehmen zu lassen oder noch früher. Das birgt jedoch mindestens zwei Gefahren: Zum einen ist das jüngere Brustgewebe dichter und lässt sich deshalb schlechter röntgen. Die Entdeckung der Gewebeveränderungen wird dadurch erschwert. Vor allem aber: Durch das häufigere Röntgen wird gerade in dieser Gruppe der erblich vorbelasteten Frauen das Krebsrisiko weiter erhöht. Die Röntgenstrahlung bei der Mammografie entspricht etwa dem 200 bis 400-Fachen der Strahlenbelastung durch einen achtstündigen Transatlantikflug in 12 000 Metern Höhe. Die ionisierende Strahlung führt zu Beschädigungen im Erbmolekül, in der DNA. Je häufiger geröntgt wird, desto mehr Schäden werden verursacht. Und bei den erblich vorbelasteten Frauen mit dem mutierten BRCA-Gen funktioniert ja genau die Reparatur dieser Schäden nicht mehr richtig. Die Erhöhung des Krebsrisikos bei Frauen mit dem BRCA-Gendefekt durch das Röntgen wurde im Jahr 2012 durch eine große multinationale Studie eindeutig bestätigt.[11]

Früherkennung mit MR und Ultraschall

Was also tun? Frauen, die in ihrer nächsten Verwandtschaft eine auffällige Häufung von Brustkrebs haben oder per Gentest bestätigte Trägerinnen der BRCA-Mutation sind, sollten darauf bestehen, nicht mit dem Röntgengerät untersucht zu werden, sondern mit einem Gerät, das auf dem Magnet-Resonanz-Verfahren beruht (kurz: MR-Tomografie). Die Magnetresonanztechnik arbeitet nicht mit ionisierenden Strahlen und schädigt das Erbmaterial nicht zusätzlich. Zur Sicherheit sollte ergänzend mit Ultraschall kontrolliert werden. Zur allgemeinen Gefahr durch das Röntgen-Screening bei »normalen« Frauen haben kanadische Wissenschaftler 2011 übrigens eine Studie veröffentlicht.[12] Die Forscher haben aus verschiedenen epidemiologischen Studien errechnet, dass durch das im zweijährigen Abstand vorgenommene Röntgen zur Brustkrebs-Früherkennung 2 bis 4 Prozent der Brustkrebsfälle ausgelöst werden, die durch das Screening entdeckt werden. Da haben wir es wieder: krank durch Früherkennung!

Prostatakrebs und der PSA-Wert

Wir sitzen abends in einem Mainzer Lokal. Mir gegenüber Peter, der eigentlich anders heißt. Peter ist mein ältester Freund. Als meine Familie 1978 in die Pfalz zog, war dort im Gymnasium in der Klasse 9c genau noch ein Sitzplatz frei. Neben Peter. Denn Peter galt in der Klasse als etwas wunderlich, da er ungewöhnliche Ansichten hatte. Zum Beispiel, dass man Plastiktüten nicht nach einmaligem Gebrauch wegwirft, sondern mehrmals verwenden kann. Das machte ihn ein wenig zum Außenseiter und bescherte mir das Privileg, von Anfang an neben diesem liebenswerten, aufmerksamen Menschen Platz nehmen zu dürfen. Mit 17 sind wir zusammen nach Griechenland in den Urlaub gefahren. Und danach noch viele weitere Male. Wir haben den ganzen Abend in diesen Erinnerungen geschwelgt. Italien, Spanien, Marokko – wo wir mit dem Messer bedroht und ausgeraubt wurden –, Zypern. Der Abend neigt sich dem Ende zu. Da verschwindet das Lächeln von Peters Gesicht und er versucht mühsam, eine offensichtlich unangenehme Sache anzusprechen. Mir schwant, dass das der eigentliche Grund für diese Verabredung war.

Mein Freund windet sich. Er wolle da mal meine Meinung hören. Sein Urologe hatte ihm einen PSA-Test zur Früherkennung von Prostatakrebs angeboten. Ein Test, der zunächst nicht von der Krankenkasse bezahlt wird. Also eine IGeL-Leistung, eine individuelle Gesundheitsleistung. Peter hat Ja gesagt. Was kann daran schon falsch sein: 30 Euro und man geht auf Nummer sicher. Na ja, der Grenzwert liege ja bei 4, erklärt mein Freund und sein Gesicht signalisiert Unglück. Und jetzt habe der Test 4,2 ergeben. Und da habe sein Urologe gleich einen Termin für die Biopsie vereinbart. Nächsten Montag, also übermorgen, solle es passieren.

Abzocke ohne die empfohlene Beratung

»Hat er dich beraten?«, frage ich. »Hat er dich darauf hingewiesen, dass der Nutzen sehr unwahrscheinlich, der Schaden aber extrem wahrscheinlich ist?« Peter verneint. Ich merke, wie ich böse werde. »Weißt du überhaupt, was Biopsie hier bedeutet?«

»Da wird halt mit einer Nadel eine Gewebeprobe entnommen. Und dann untersucht.«

»Nicht **eine** Nadel! Es wird dir zehn bis zwölf Mal in die Prostata gestochen, je nachdem, wie scharf dein Urologe darauf ist, Prostatakrebs bei dir zu finden. Je häufiger er sticht, desto höher ist die Wahrscheinlichkeit, dass er verändertes Gewebe zutage fördert. Schon die Biopsie ist gefährlich. Weil sie durch den Enddarm hindurch vorgenommen wird, ist die Gefahr hoch, eine Entzündung in die Prostata zu setzen.«

Peters Kinnlade sackt nach unten, sein Gesichtsausdruck erklimmt die nächste Stufe auf der Qual-Skala. Ich belege seinen Urologen mit einigen deftigen Schimpfworten: Wieder so ein mieser Abzocker (Beschimpfung der milden Sorte), dem es offensichtlich egal ist, wie seine Kunden zugerichtet werden. Selbst in den Leitlinien der urologischen Fachgesellschaft steht, dass die »Patienten« vor der Anwendung des PSA-Tests umfassend zu Nutzen und Risiken beraten werden sollten.[13]

Und das hat einen guten Grund: Trotz mehrerer langjähriger Studien ist es bisher nämlich nicht gelungen, zu zeigen, dass die Männer, die einen PSA-Test durchführen lassen, bezüglich ihrer Überlebenswahrscheinlichkeit profitieren.[14] Nur eine gut gemachte, große, seriöse Studie hat bisher eine Senkung der Mortalitätsrate zeigen können. Die anderen Studien konnten das nicht. Ich werde die Studie am Ende des Kapitels vorstellen, damit Sie sehen, womit Sie im besten Falle rechnen können, wenn Sie den PSA-Test nach der Lektüre dieses Kapitels doch noch vornehmen lassen möchten.

Ganz im Gegensatz zu der nur sehr vagen Chance, einen Nutzen von diesem Test zu haben, ist bestens dokumentiert, dass das Risiko, schweren Schaden durch die Untersuchung und die nachfolgenden Behandlungen zu erleiden, extrem hoch ist. Da gehört es noch zu den kleineren

Misslichkeiten, dass bei vielen Biopsierten das Wasserlassen nach der Gewebeentnahme schwerfällt oder gar vorübergehend unmöglich ist. Die zehn bis zwölf Nadelstiche zur Probenentnahme sind nötig, weil die Urologen bei der Biopsie im Trüben fischen. Es gibt keinen Knoten, den man – mit einem bildgebenden Verfahren wie MR oder Ultraschall überwacht – gezielt mit der Nadel ansteuern könnte. Also versuchen die Experten, ein Raster aus Nadelstichen über die kastaniengroße Drüse zu legen, in der Hoffnung, eventuell vorhandene Gewebeveränderungen damit zu erwischen. Dass die so malträtierte Prostata sich häufig entzündet und anschwillt, ist nicht weiter überraschend. Der Harnfluss wird so behindert. Im Ernstfall wird dann katheterisiert. Das heißt, ein Katheter wird durch die Harnröhre in die Blase vorgeschoben, um diese zu entleeren. Eine ausgesprochen schmerzhafte Prozedur. Prost Mahlzeit!

Inkontinenz und Impotenz durch Prostatachirurgie

Diese Probleme nach der Stanzbiopsie der Prostata bilden sich meist in wenigen Tagen zurück. Das gilt jedoch nur sehr bedingt für die Beschädigungen, die durch die operative Entfernung der Prostata verursacht werden. Denn in vielen Fällen werden durch den chirurgischen Eingriff Nerven beschädigt oder zerstört, die intime Funktionen steuern. So etwa die Funktion des Schließmuskels, der ringförmig den Harnleiter umschließt. Er befindet sich in unmittelbarer Nachbarschaft zur Prostata. Wenn sich dieser Muskel aufgrund beschädigter Nerven nicht mehr zusammenziehen kann, läuft der Harn ständig ungebremst aus der Blase in den Harnleiter und von dort … Je nachdem, ob sie Beutel oder Windel bevorzugen.

Auch Nerven, die für die Erektionsfähigkeit des Gliedes verantwortlich sind, werden bei Prostataoperationen häufig verletzt. Erektile Impotenz ist dann die Folge. 20 bis 80 von 100 Männern sind nach der Prostata-Operation nicht mehr fähig, eine Erektion zu bekommen. Das Ergebnis hängt sehr vom Zustand vor der Operation ab.[15] Der Präsident der Deutschen Fachgesellschaft für Urologie, Prof. Stöckle, sagte mir dazu einmal am Telefon, das sei nicht so schlimm. Sex spiele bei Männern in diesem Alter schließlich keine so wichtige Rolle mehr. Und wem es wirklich so wichtig sei, für den gebe es heute Prothesen, mit denen könne man »100 Mal am Tag«. Wie zynisch! Ich war leider zu perplex, um ihn zu fragen, ob er diese Prothesen auch implantiert und was er so im Schnitt damit verdient.

Als Alternative zum chirurgischen Eingriff ist auch die Bestrahlung der Prostata möglich. Harninkontinenz und erektile Dysfunktion werden dabei seltener verursacht beziehungsweise treten erst nach längerer Zeit auf. Dafür kommt es häufiger zur Stuhlinkontinenz. Denn wie die Stanzbiopsie so wird auch diese Bestrahlung durch den Enddarm hindurch vorgenommen. Schließlich kommt man über diesen eleganten Zugang in die direkte Nähe zur Prostata. Bedauerlicherweise ist das Risiko, hier eine Entzündung der Darmwand zu verursachen, die wiederum zu einer Schädigung des Schließmuskels führen kann, erheblich. Nach einer AOK-Studie bleiben acht Prozent der Behandelten stuhlinkontinent. 28 Prozent haben vorübergehende Probleme damit.[16]

Ich weiß nicht mehr, wie detailliert ich meinem Freund diese Gefahren, die der PSA-Test birgt, dargelegt habe. Auf jeden Fall konnte ich sehen, wie er beim Zuhören mit sich rang. Die Angst, an Krebs erkrankt zu sein, drang dabei immer wieder in den Vordergrund. Die Angst, die Chance zu verpassen, den Krebs in einem frühen Stadium zu erwischen und dadurch besser heilen zu können. Auch wenn er verstand, dass dies eher unwahrscheinlich war im Vergleich zu der Gefahr, in Folge der Früherkennung ein Gemetzel an seinen intimsten Körperteilen zu erleiden. Peter versuchte, seine Angst zu bezwingen und den Verstand wieder »in die Regierung einzusetzen«. Und er überlegte, ob er den Termin zur Biopsie absagen sollte.

Daten zum PSA-Test

Ich sagte meinem Freund, dass ihm die Entscheidung, ob er seinen Prostata-Diagnoseweg weiter gehen solle, natürlich niemand abnehmen könne. Keiner könne auch mit Sicherheit ausschließen, dass in seinem ganz konkreten Fall der PSA-Test tatsächlich zur Entdeckung und chirurgischen Entfernung eines Prostatakarzinoms führen könne, das unbehandelt im weiteren Verlauf metastasiert und zu einem Killer geworden wäre. Aber nach allen guten Daten, die wir haben, sei das sehr unwahrscheinlich.

Schauen wir uns zunächst die allgemeinen Zahlen an, damit wir besser verstehen, womit wir es hier zu tun haben. Prostatakrebs ist mit 12 000 Toten nach Lungen- und Darmkrebs die dritthäufigste Krebs-Todesursache für Männer in Deutschland. Im Durchschnitt sind die Männer 70 Jahre alt, wenn der Krebs bei ihnen diagnostiziert wird. Und im Durchschnitt sind sie 80, wenn sie daran sterben. Bei Männern unter 40 ist dieser Krebs praktisch unbekannt. Da Prostatakrebs zumeist langsam wächst, sterben die weitaus meisten der betagten Betroffenen allerdings nicht an diesem Krebs, sondern an etwas anderem. So steht der Prostatakrebs bei Männern im Alter zwischen 55 und 60 Jahren bei der Häufigkeit der Todesursachen erst an 22. Stelle.[17] Um einen Eindruck davon zu erhalten, wie sinnvoll die Suche nach Prostatakrebs ist, lohnt es sich, zwei Zahlen näher zu betrachten: das Risiko, an diesem Krebs zu sterben, und die Häufigkeit, mit der dieser Krebs in der männlichen Bevölkerung auftritt. Schließlich wird aus der Differenz zwischen diesen beiden Werten erkennbar, wie gefährlich dieser Krebs ist. Und damit auch, ob ein vorsorgliches Suchen nach diesem Krebs per Früherkennung überhaupt Sinn macht.

Die erste Frage, das Todesrisiko, ist leicht zu beantworten: In Deutschland sterben knapp 3 Prozent der Männer an Prostatakrebs. Absolut, wie schon gesagt, sind es 12 000 pro Jahr. Die zweite Frage, die nach der Verbreitung, ist schon viel schwerer zu beantworten. Gab es 1980 noch etwa 17 000 Neuerkrankungen pro Jahr in Deutschland, so waren es im Jahr 2000 schon 48 000. Und heute sind es etwa 70 000 Männer, bei denen jedes Jahr dieser Tumor neu entdeckt wird. Was ist passiert? Eines ist klar: Die Lebenserwartung ist in diesen Jahren deutlich gestiegen. So konnte ein 60-Jähriger im Jahr 1980 statistisch noch 16,5 Jahre länger leben, im Jahr 2010 sind es bereits 21,2 Jahre. Aber kann eine um fast fünf Jahre gestiegene Lebenserwartung die Krebsinzidenz (Anzahl der Neuerkrankungen) tatsächlich um den Faktor vier nach oben treiben? Fachleute sagen, der demografische Faktor allein kann so viel nicht ausmachen. Ein großer Teil der angestiegenen Inzidenzrate geht auch hier auf das Konto der Früherkennung. Je mehr wir nach diesem Krebs suchen, desto mehr finden wir. Das Interessante ist: Die Sterblichkeit an Prostatakrebs wird dadurch offenbar nicht beeinflusst.

Ein Beleg dafür findet sich im Vergleich von Ländern mit exzessiver Screening-Kultur – wie etwa den USA – mit Ländern, die einen eher skeptischen Umgang mit der Früherkennung pflegen. So wies der amerikanische Krebsforscher Robert Allan Weinberg vom Whitehead-Institut für biomedizinische Forschung in Cambridge bei Boston darauf hin, dass in den Vereinigten Staaten sechsmal häufiger Prostatakrebs diagnostiziert wird als in Dänemark. Die Sterblichkeit ist in beiden Ländern jedoch gleich hoch.[18] Ganz schön krank durch Früherkennung!

Prostatakrebs ist im fortgeschrittenen Alter »normal«

Die vielleicht aussagekräftigste Studie zur Verbreitung von Prostatakrebs wurde schon 1996 im Fachjournal *European Urology* veröffentlicht. Wissenschaftler untersuchten die Prostatadrüsen von 525 toten Männern, die bei Autounfällen ums Leben gekommen waren. Die Männer hatten in ihren Krankenakten keinerlei Hinweise auf Probleme mit der Prostata. Die Vorsteherdrüsen dieser Männer wurden auch nicht per Nadelbiopsie (die mit zwölf Stichen gerade etwa 1 Prozent des Drüsengewebes erreicht) »vorsichtig« untersucht, sondern mit – je nach Größe – zehn bis 14 kompletten Schnitten des Organs. Hier wurde also tatsächlich jeweils die ganze Prostata scheibchenweise unter dem Mikroskop überprüft. Das Ergebnis war gelinde gesagt erstaunlich: Prostatakrebs ist eine Volkskrankheit.[19] Er ist viel weiter verbreitet, als bis dahin angenommen wurde. Schon Männer zwischen 20 und 29 Jahren hatten zu fast 10 Prozent Prostatakrebs. In der Altersgruppe von 50 bis 59 Jahre waren es 45 Prozent. Und in der Altersgruppe von 70 bis 80 Jahren waren über 80 Prozent der Männer »erkrankt«. Wohlgemerkt asymptomatisch, also ohne klinische Symptome.

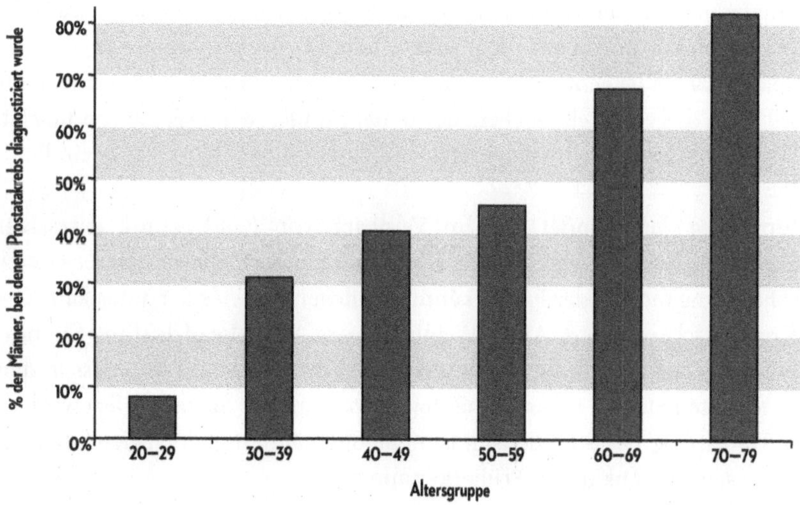

Prostatakrebs-Reservoir, festgestellt bei Männern nach Unfalltod

Das sogenannte Prostatakrebs-Reservoir in Abhängigkeit von der Altersgruppe. Schon in der Altersgruppe zwischen 50 und 59 Jahren haben etwa 45 Prozent der Männer Prostatakrebs.[20]

Merken Sie was? Die Suche nach Prostatakrebs ist ziemlich irrational. Wenn mehr als jeder zweite Mann aus dem für die Früherkennung angepeilten Lebenszeitraum die »Krankheit« in sich trägt, aber nur 3 Prozent der Männer daran sterben, dann heißt das, dass nur etwa jeder 16. Patient mit seiner Krankheit ein Problem bekommt. Das bedeutet aber auch, dass statistisch gesehen 15 von 16 »Patienten«, die ich mit einer Früherkennungsmaßnahme wie dem PSA-Test ermitteln könnte, anschließend sinnlos gegen diesen Krebs behandelt würden. Optimistisch gerechnet. Denn die überwiegende Zahl der guten Studien konnte – wie oben schon erwähnt – bisher keinen Vorteil im Überleben durch die Therapie belegen. Wenn aber kein Überlebensvorteil durch die gefährliche Therapie erreicht wird, sind eigentlich alle Früherkennungsmaßnahmen, die zu diesen Therapien führen, überflüssig. Oder wie sehen Sie das?

Angesichts dieser erschütternden Nutzen-Schadens-Bilanz frage ich: Was kann es für Gründe geben, dass in so vielen westlichen Ländern die Prostatakrebs-Früherkennung mit dem PSA-Test immer noch durchgeführt wird?

Fallstricke der Statistik

Falls Sie mein Buch *Die weiße Mafia* gelesen haben sollten, wissen Sie, dass ich das Streben nach ökonomischem Gewinn für eine ebenso starke wie unheilvolle Triebkraft in unserer heiß gelaufenen Medizin halte. Aber schieben wir diesen Verdacht zunächst zur Seite. Denken wir das Beste von den Urologen und nehmen wir an, dass sie Opfer ihrer Unkenntnis wurden. Einer der Gründe für den Glauben an die Segnungen des PSA-Tests ist sicher eine Fehlinterpretation der statistischen Daten, die in der Anfangszeit des PSA-Tests zu euphorischen Aussagen über diese Form der Prostatakrebs-Früherkennung geführt hatte. Weil diese Fehlinterpretation das Tun der Urologen verherrlicht, hat sie sich in den Köpfen vieler Vertreter dieser Fachdisziplin hartnäckig verankert. Es handelt sich um einen methodischen Fehler, der von Fachleuten als *lead time bias* bezeichnet wird. Lassen Sie es uns mit »Verzerrung durch den frühen Zeitpunkt« übersetzen. Was aber ist damit gemeint?

Betrachten wir zwei Gruppen von Männern, die Prostatakrebs haben. In beiden Gruppen sterben die Männer mit 72 Jahren an diesem Krebs. Die der einen Gruppe Zugehörigen gehen folgsam zur Früherkennung. Und man entdeckt den Krebs bei ihnen in ihrem 65. Lebensjahr. Man behandelt sie, aber sie sterben – wie gesagt – mit 72 an einem aggressiven Spätstadium des Tumors. Dennoch werden sie in eine wichtige Statistik der Krebsbekämpfung als Gewinner eingehen: in die Statistik der Fünf-Jahres-Überlebensrate. Denn 100 Prozent dieser Männer haben die Diagnose länger als fünf Jahre überlebt. »Was sonst als die Behandlung sollte dafür verantwortlich sein?«, denken die Mediziner, die mit dem Früherkennungstest und den chirurgischen Eingriffen ihr Geld verdienen. »Eine schöne Bestätigung für das Konzept der Früherkennung.«

Und wie sieht es in der Gruppe der »Früherkennungsmuffel« aus? Bei ihnen entdeckt man den Krebs, wenn er symptomatisch wird. Etwa wegen der Schwierigkeiten beim Wasserlassen. Weil die Prostata sich vergrößert hat und auf den Harnleiter drückt. Sagen wir, der Tumor wird bei dieser Gruppe im Alter von 69 Jahren entdeckt. Auch diese Gruppe wird dann behandelt, doch diese Männer sterben ebenfalls mit 72. Ihr Beitrag zur Erfolgsstatistik der Fünf-Jahres-Überlebensrate? Null Prozent. »Na klar: Die waren ja auch nicht bei der Früherkennung«, erzählen sich die Urologen gerne gegenseitig und auch ihren Kunden. »Krebs zu spät erkannt. Da sieht man es wieder. Dann lässt sich halt nix mehr machen.« Dieser naive Blick auf die Daten macht die Früherkennung scheinbar zu einer Erfolgsgeschichte. Tatsächlich hat aber kein Mann in der Früherkennungsgruppe länger gelebt. Ja mehr noch: Diese Gruppe wusste nur länger von ihrer Krankheit und musste sich länger mit den negativen Folgen der Chirurgie oder der Bestrahlung herumquälen. Und mit der Angst.

Scheinerfolge stärken das Früherkennungssystem

Eine weitere Gegebenheit im Krankheitsverlauf verzerrt die Wahrnehmung des Erfolges von Früherkennung und onkologischer Behandlung. Sie täuscht den Beteiligten eine Erfolgsrate vor, die es eigentlich nicht gibt. Der Grund für die Fehlinterpretation sind die Therapiejoker, denen wir auch schon bei der Mammografie begegnet sind. Menschen, bei denen die Früherkennung Gewebeveränderungen entdeckt, die ihnen aber zu Lebzeiten nie Probleme bereitet hätten. Wir haben gesehen, dass Prostatakrebs bei Männern fortgeschrittenen Alters mit einer Wahrscheinlichkeit von mehr als 50 Prozent auftritt. 3 Prozent sterben daran – nur einer von 16 Betroffenen. Wenn Ihr Urologe aber mit dem PSA-Test diesen Krebs bei Ihnen diagnostiziert und Sie nach einer Operation noch viele Jahre leben, wird er Ihnen sagen: »Wie gut, dass wir damals nachgeschaut haben. Und einen guten Chirurgen hatten Sie auch. Früherkennung ist doch super, nicht wahr?« Genau: Nicht wahr! Die weitaus überwiegende Zahl der Träger dieser Gewebeveränderung hat niemals Probleme damit.

Dennoch heften es sich Urologen als ihren Erfolg ans Revers, wenn diese von ihnen behandelten Männer nicht an Prostatakrebs sterben.

Ray Moynihan hat im May 2012 eine aufsehenerregende Studie im *British Medical Journal* veröffentlicht. Der Titel lautete »Preventing overdiagnosis: how to stop harming the healthy«[21] (»Überdiagnosen verhindern: Wie man die Schädigung von Gesunden stoppt«). Eine Zusammenstellung von Grafiken zu Früherkennung und Mortalität bringt das Ergebnis der Studie auf den Punkt. Bei Schilddrüsenkrebs, Brustkrebs, Prostatakrebs, Haut- und Nierenkrebs: überall das gleiche Bild. Überall geht die Zahl der diagnostizierten Krebsfälle mit der Einführung der Screenings dramatisch nach oben. Doch bei all diesen Krebsarten hat das praktisch keine Auswirkung auf die Mortalität. Die Zahl der Patienten steigt sprunghaft, die Zahl der Opfer bleibt gleich. Früherkennung bringt bei diesen Krebsarten ganz offensichtlich nur wenig oder gar keine Vorteile, aber einen immensen Schaden durch unnötige Behandlungen.

Die gängige Praxis, Träger von Gewebeveränderungen als Todgeweihte zu begreifen, die nur per Operation, Bestrahlung oder Chemotherapie gerettet werden können, spielt der Erfolgswahrnehmung in puncto Früherkennung bei Urologen, Radiologen und Onkologen in die Karten. Die Mediziner feiern sich als Retter von Kranken, die diese Rettung in den weitaus meisten Fällen gar nicht gebraucht hätten. So kommt es zu einer massiven positiven Überschätzung der eigenen Rolle. Diese praktisch bei allen Früherkennungsmaßnahmen sich einstellende krasse Fehleinschätzung ist sicher einer der wichtigsten Gründe dafür, dass der Früherkennungszirkus bei uns auf so hohen Touren läuft.

Mein Freund Peter, der von seinem geschäftstüchtigen Urologen kommentarlos einen Termin für die 12-Nadel-Biopsie bekommen hatte, hat diesen Termin schließlich abgesagt. Da ich ihn so eindringlich vor den Gefahren des PSA-Tests und den schlimmen Folgen warnen musste, sind wir in diesem Kapitel gleich tief in die Kritik an dem Verfahren eingestiegen. Doch jetzt, da Peter sozusagen außer Gefahr ist, schauen wir uns noch mal in aller Ruhe an, was der PSA-Test eigentlich ist.

Der PSA-Test und die Biopsie

Der PSA-Test weist einen Stoff nach, der in der Prostata gebildet wird, bei der Ejakulation in die Samenflüssigkeit gelangt und dort durch das Aufspalten eines Eiweißmoleküls das Ejakulat dünnflüssiger macht. So können sich die Spermien leichter und schneller bewegen. Das **P**rostata**S**pezifische **A**ntigen kann auch im Blut nachgewiesen werden. Und das in deutlich größerem Ausmaß, wenn in der Prostata ungewöhnliche Verhältnisse vorliegen. So erhöht sich der PSA-Wert im Blut bei einem bösartigen (malignen) Prostatakarzinom. Doch er steigt auch bei einer gutartigen (benignen) Gewebeveränderung an. Er kann sich sogar durch Radfahren, Einnahme von Ibuprofen, ja selbst durch das Abtasten der Prostata bei der manuellen Prostatakrebs-Früherkennung erhöhen. Deshalb muss – wenn der PSA-Test partout durchgeführt werden soll – die Blutabnahme immer vor der »digitalen« Untersuchung erfolgen. »Digital« hat hier ausnahmsweise nichts mit Computern zu tun, sondern heißt in diesem Fall: »mit dem Finger« (durch den Enddarm nach der Prostata tasten). Wichtig zu wissen: Der PSA-Wert kann auch niedrig sein, obwohl ein Prostatakrebs vorhanden ist. Das macht den Test gefährlich. Denn falsch negative Ergebnisse können dazu führen, dass sich die Betroffenen in Sicherheit wiegen und Warnsignale des Körpers wie Blut im Urin, Schmerzen in der Prostata oder Probleme beim Wasserlassen und/oder Stuhlgang nicht ernst nehmen.

Der Grenzwert: willkürlich gesetzt

Die Fachgesellschaften, die für alle erdenklichen medizinischen Fragestellungen Grenzwerte und Behandlungsrichtlinien erarbeiten, haben sich darauf geeinigt, ab einem Wert von 4 Nanogramm (Milliardstel Gramm) PSA pro Milliliter Blut eine Nadelbiopsie zu empfehlen. Mittlerweile ist es nicht unüblich, auch die Dynamik des Anstiegs des PSA-Wertes in die Beurteilung miteinzubeziehen. Dennoch: Den PSA-Grenzwert bei 4 ng/ml anzulegen, ist völlig willkürlich. Bei »mittelalten« Männern mit diesem Wert hat man etwa eine 30-prozentige »Chance«, bei einer 12-Nadel-

Biopsie tatsächlich ein Prostatakarzinom nachzuweisen. In der Gruppe mit einem PSA-Wert zwischen 2 und 3 sind es nicht viel weniger: etwa 23 Prozent Krebsträger. Und auch in der Gruppe mit einem PSA-Wert kleiner als 1 sind noch etwa 9 Prozent der Männer »erkrankt«.[22]

Was passiert dann?

Sollten Sie sich nach dem PSA-Test für eine Biopsie entscheiden, bekommen Sie ein etwa daumendickes Ultraschallgerät in den Enddarm geschoben. So kann der Urologe unter Sichtkontrolle seine zwölf Stanz-Nadelstiche gleichmäßig über das kleine Organ verteilen. Die Hohlnadeln stechen zylinderförmige Gewebeproben aus der Prostata, die dann in der Histologie, im Gewebelabor, unter dem Mikroskop beurteilt werden. Zur Einteilung in verschiedene Risikoklassen hat sich international der sogenannte Gleason Score durchgesetzt. Er reicht von 1 bis 5, wobei sich beim Wert 1 unter dem Mikroskop eine harmonisch geordnete, gleichmäßig geformte Armee aus rechtschaffenen Drüsenzellen präsentiert, wogegen bei 5 offensichtlich die Anarchie ausgebrochen ist und eine unregelmäßige Architektur des Gewebes, atypisch große Zellkerne und funktionslose Sekrete das Bild dominieren.

Wir haben hier ein anschauliches Beispiel für die Frage, mit der wir uns im nächsten Kapitel eingehender beschäftigen wollen: »Was ist Krebs?« Oder genauer: Ab wann ist eine Gewebeveränderung so gravierend, dass wir fürchten müssen, dass sie im Verlaufe unseres Lebens zu einem bösartigen und damit lebensgefährlichen Tumor wird? Oder – um es noch ein wenig komplizierter zu machen: Ab wann droht das entartete Gewebe so gefährlich zu werden, dass ich die schädlichen Nebenwirkungen und auch die Gefahr einer möglicherweise vollkommen überflüssigen Behandlung auf mich nehme, weil ich für mich unter dem Strich ein positives Verhältnis des möglichen Nutzens zum möglichen Schaden vermute? Sie sehen: keine leichte Entscheidung!

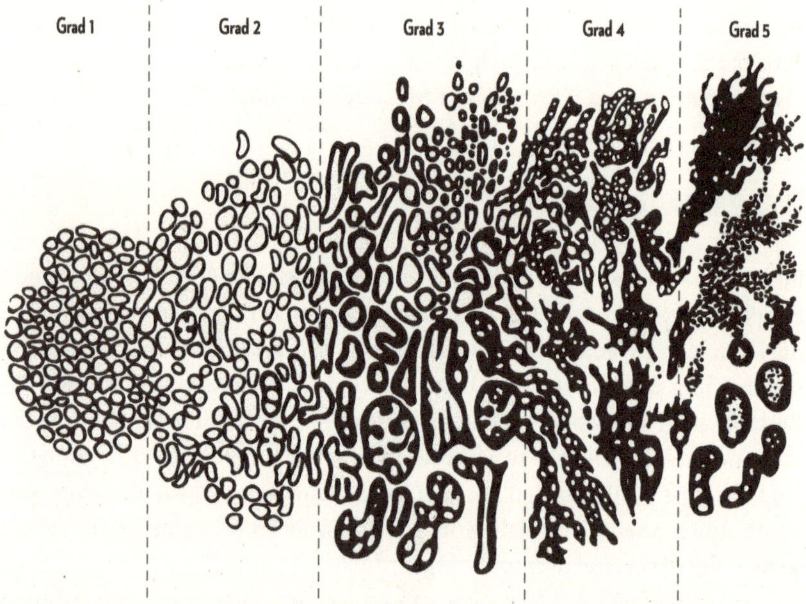

Der Gleason Score zur Beurteilung der Gefährlichkeit von entartetem Prostatagewebe reicht von 1 (gesund) bis 5 (aggressiv/meist nicht mehr heilbar).

Wir müssen hier gar nicht die Details durchgehen, wie das Gewebe letztlich beurteilt wird. Denn eines ist klar: Die Histologen werden hier auf »Nummer sicher« gehen und sehr strenge Maßstäbe anlegen. Sehr, sehr strenge Maßstäbe. Oder wollten Sie sich als Leiter eines entsprechenden Labors mit der Tatsache konfrontiert sehen, dass ein Kunde, der von Ihnen Entwarnung bekam, ein Jahr später mit einem metastasierten Tumor im Endstadium ringt. Lieber einmal zu oft operieren als einmal zu wenig, wird Ihr Motto sein. Schließlich müssen Sie als Leiter dieses Labors ja auch nicht die überflüssigen Operationen erdulden, die dadurch ausgelöst werden. Der Druck, bei der Früherkennung bloß nichts zu übersehen, bloß keinen Fehler zu machen, führt auf jeden Fall zu einer großen Zahl von Überdiagnosen. Überdiagnosen gehören zwingend zur Logik der Früherkennung. Eine Vorstellung von den globalen Ausmaßen der PSA-Katastrophe gibt die U.S. Preventive Services Task Force, die amerikanische Arbeitsgruppe zur Bewertung von Früherkennung.

Überdiagnosen gehören zwingend zur Logik der Früherkennung

Die U.S. Preventive Services Task Force wurde in den USA nach Bekanntwerden der die PSA-Tests infrage stellenden Studienergebnisse als Kommission eingesetzt, um eine unabhängige Empfehlung zum Umgang mit dem PSA-Test zu erarbeiten. In den USA wurde dieser Test seit 1986 von den Krankenkassen bezahlt und wie das Mammografie-Screening bei uns als staatlich empfohlene Reihenuntersuchung durchgeführt. Schon im Jahr 2009 wollte die Task Force vom PSA-Screening abraten. Daraufhin gab es allerdings »politischen« Druck. Vor allem von der Organisation »ZERO – The Project to End Prostate Cancer«. ZERO tritt als Anwalt der Patienten auf und erklärte in einem dramatischen Appell: »Die Entscheidung der Regierung gegen den PSA-Test verdammt Zehntausende Männer zum Tod.«[23] ZERO ist ein schönes Beispiel für eine »Selbsthilfeorganisation«, die angeblich die Interessen der Patienten vertritt. Wer aber hinter die Kulissen schaut und sieht, wer die Organisation finanziert, erkennt, dass hier das Gegenteil der Fall ist: Es geht um die Interessen der Industrie. Zu den Sponsoren von ZERO gehören nämlich nicht nur die Pharmafirmen Abbott, Astra Zeneca, Pfizer und Sanofi, die zum Beispiel mit teuren Hormonpräparaten bei »Prostata-Patienten« ordentlich Kasse machen. Finanziert wird ZERO auch durch den Operationsausrüster Cyberknife und nicht zuletzt durch die American Urological Association, die so passend mit dem Akronym AUA auftritt. Ein ganzer Industriezweig, der sich nach vielen Patienten sehnt und von der Früherkennung einen spektakulären Schub bekam: Die Task Force schätzte, dass in den USA in den Jahren zwischen 1986 und 2005 eine Million Amerikaner unnötig an der Prostata operiert wurden. Wodurch bei Zigtausenden ohne Sinn schwerste Verstümmelungen im Intimbereich vorgenommen wurden. Mindestens 5000 starben direkt nach der Operation. Und die Kosten für Tests, Operationen, Bestrahlungen und Medikamente lagen im zweistelligen Milliarden-Dollar-Bereich.[24] Früherkennung ist ein Wahnsinnsgeschäft!

Die Task Force kam zu dem Ergebnis, dass es wissenschaftlich nicht nachgewiesen sei, dass durch den PSA-Test, das Abtasten der Prostata oder durch eine entsprechende Ultraschall-Untersuchung Leben gerettet werden, und riet demzufolge von dem Screening ab. Der amerikanische Urologen-Verband AUA wollte sein Geschäftsmodell jedoch nicht völlig aufgeben. Er reduzierte die Zielgruppe für den PSA-Test auf die 55- bis 68-Jährigen und empfiehlt heute, die Betroffenen vor dem Test ausführlich über Vor- und Nachteile dieser Früherkennungsmaßnahme aufzuklären. Diese Empfehlung hat auch der deutsche Urologen-Verband ausgesprochen. Dem Urologen meines Freundes Peter war das offenbar egal. Er hat ihm einfach den PSA-Test aufgeschwatzt, und da der Wert über der Marke von 4 lag, hat er ihm ohne weitere Erläuterungen zudem einen Termin für die Nadelbiopsie gegeben.

Prostatakrebs-Früherkennung: ein Milliardengeschäft

Sie erinnern sich an die perfekte Früherkennungstechnik auf unserem Containerfrachtschiff am Anfang dieses Buches? Wir hatten überlegt, wie wir uns verhalten würden, wenn es mit einer bestimmten Wahrscheinlichkeit Fehlalarm gibt und Geisterschiffe anzeigt werden. Und wenn die Ausweichmanöver, also die Versuche, der Gefahr auszuweichen, risikobehaftet sind. Ich hatte versprochen, am Ende dieses Kapitels die Ergebnisse der einzigen großen Studie vorzustellen, bei der sich überhaupt ein kleiner Überlebensvorteil durch den PSA-Test ergab. Dabei handelt es sich um die ERSPC-Studie: die »European Randomized Study of Screening for Prostate Cancer«.[25] In ihr wurden seit den frühen 90er-Jahren 182 000 Männer im Alter zwischen 50 und 74 Jahren beobachtet. Der Test hatte eine Kontrollgruppe. Das ist wichtig! Der einen Hälfte der Männer bot man einen regelmäßigen PSA-Test an, die andere Hälfte, die Kontrollgruppe, bekam keinen PSA-Test. Wie nicht anders zu erwarten, wurden in der PSA-Gruppe mehr Gewebeveränderungen entdeckt als in der Kontrollgruppe. Wer suchet, der findet.

Im Detail liest sich das Ergebnis dieser positivsten Studie zum PSA-Test so: In dieser Studie mussten sich 1410 Männer annähernd zehn Jahre regelmäßig dem PSA-Test unterziehen, um gegenüber der Gruppe der »Früherkennungsmuffel« einen Todesfall zu verhindern. Dabei wurden zwar in der Screening-Gruppe 48 Prostatakrebs-Fälle mehr entdeckt. Aber die Tatsache, dass dennoch nur ein Leben mehr gerettet worden ist, zeigt: 47 von diesen 48 Männern wurden unnötig behandelt. Es waren Tumoren, die den Betroffenen offenbar im Leben keine Probleme bereitet hätten. Es sind diese Betroffenen, die in der Statistik der Krebs-Diagnose-Erfolge den sogenannten *lead time bias* (die Verzerrung durch den frühen Diagnose-Zeitpunkt) ausmachen. Sie leben nicht länger, sie werden nur früher diagnostiziert. Es sind die Therapie-Joker, die »sowieso Überlebenden«, die sich die Urologen und Onkologen als Erfolg auf die Flagge schreiben, obwohl sie in Wirklichkeit Kollateralschäden des Screenings und der Therapie sind. Psychisch durch die unnötige Krebsdiagnose zumeist extrem belastete Männer, von denen ein großer Prozentsatz zusätzlich unnötig Intimverstümmelungen zu erleiden hat.

Die Ergebnisse der »positivsten Studie«: eine Katastrophe

»Früh erkannt ist besser heilbar. Das gilt auch und vor allem beim Prostatakrebs. Warten Sie also gar nicht erst ab, bis Beschwerden auftreten, sondern nehmen Sie regelmäßig an einer Untersuchung zur Früherkennung des Prostatakarzinoms teil.« [26]

Diesen flotten Spruch, diese von keinem kritischen Gedanken angekränkelte Einladung, sich der Mühle der Früherkennungsmedizin auszuliefern, finden Sie im Onko-Internetportal der Deutschen Krebsgesellschaft. Wie wir gesehen haben, ist dieser Spruch blanker Unsinn und lässt sich bestenfalls entschuldigen durch die Unkenntnis der Zusammenhänge, die wir in diesem Kapitel betrachtet haben. Eigentlich müsste es heißen: »Früherkennung erhöht massiv die Gefahr, Gewebeveränderungen zu entdecken, die Ihnen wohl niemals Probleme bereiten werden. Das gilt auch und vor allem für den Prostatakrebs. Ihr Risiko, durch die unnötige Behandlung massive Schäden zu erleiden, ist allerdings hoch. Wenn Sie sich das nicht antun wollen, lassen Sie die Finger davon.«

Aber warum wird dies so niemals auf der Seite der Deutschen Krebsgesellschaft stehen? Warum wird zu einer Maßnahme eingeladen, die so gefährlich ist und im Vergleich dazu nur einen geringen tatsächlichen Nutzen aufweist? Es ist ganz einfach: Weil die Deutsche Krebsgesellschaft ähnlich organisiert ist wie die amerikanische Organisation »ZERO – The Project to End Prostate Cancer«. Wir haben weiter oben bereits gesehen, dass ZERO versucht hat, den kritischen Bericht der amerikanischen Preventive Task Force zum PSA-Screening zu torpedieren. Hinter ZERO aber steht die Industrie. Es geht also ums Geld. Auch wer auf der Website der Deutschen Krebsgesellschaft in den Bereich mit den »fördernden Mitgliedern« schaut, findet dort ein Who is Who der Industrie, die mit Krebsmedizin Geld verdient. Von Abbot über Pfizer bis zu Siemens.[27] Mehr als zwei Dutzend Firmen, denen es gut geht, wenn es viele Krebspatienten gibt. Und die Gewinneinbrüche und Kursverluste an der Börse befürchten müssen (ganz schlecht für die erfolgsabhängig bezahlten Vorstände), wenn die Krebs-Früherkennung in die Kritik gerät. Da kann ich mich des Verdachts einfach nicht erwehren, dass die Aussagen der Deutschen Krebsgesellschaft beeinflusst werden durch die »fördernden Mitglieder«. Und dass deshalb aus wirtschaftlichen Gründen an Gedankengut festgehalten wird, das vielleicht einst einmal plausibel erschien, sich aber bei wissenschaftlicher Überprüfung längst als Irrglaube erwiesen hat.

Was ist Krebs?

Wenn in Deutschland von Früherkennung die Rede ist, wird das in der Regel reflexartig mit Krebs in Verbindung gebracht. Deshalb lassen Sie uns einmal grundsätzlich einen Blick werfen auf das komplexe und sehr vielfältige Krankheitsgeschehen, das wir eigentlich zu sehr vereinfachend mit dem Begriff »Krebs« bezeichnen. In meiner Kindheit war Krebs ein Tabuthema. War jemand daran erkrankt, sprach man darüber nur hinter vorgehaltener Hand. Diese unheimliche Krankheit war ein Rätsel. Wie konnte es sein, dass ein Teil des Körpers sich in einen Feind verwandelte, zu wuchern begann, gesundes Gewebe verdrängte und schließlich nach der damaligen Wahrnehmung in der Regel so aggressiv wurde, dass die Erkrankten sterben mussten? Ich hatte immer das Gefühl, den Betroffenen wurde eine Art Teilschuld angelastet. Sie mussten etwas falsch gemacht haben, was das »Untier« Krebs geweckt hatte. So wie es beim Rauchen ja ganz offensichtlich auch der Fall war. Damals wurde Krebs als etwas ganz und gar Befremdliches und Widernatürliches wahrgenommen.

Heute wissen wir, dass tatsächlich eher das Gegenteil wahr ist. Was den Krebs auszeichnet, ist so in etwa das Urtümlichste und Natürlichste, was das Leben überhaupt mit sich bringt: ungehemmte Zellteilung. Ungehemmte Zellteilung ist in der Entwicklung des Lebens über annähernd zweieinhalb Milliarden Jahre nicht die pathologische Ausnahme, sondern schlicht Normalität gewesen. Einzeller wie Bakterien und Algen bilden zwar auch schon Kolonien und entwickeln frühe Formen der Kooperation und der Rücksichtnahme. Doch eigentlich sind alle Einzeller potenziell rücksichtslose Egoisten, die sich um nichts anderes als sich selbst kümmern. Dazu gehört auch, dass sie gar nicht auf die Idee kämen, ihr eigenes Leben für die optimale Entwicklung eines größeren Zellverbandes zu opfern. Ihre Freiheit, ihre biologische Selbstbestimmung aufzugeben, um sich als abhängige Spezialisten mit eng definierter Aufgabenstellung und Aktivitätsspektrum in einen Zellstaat, in einen Organismus einzugliedern, wäre definitiv »unter der Würde eines Einzellers«, wenn Sie mir die Formulierung erlauben. In diesem Sinne sind auch Krebszellen wie Einzeller: Sie geben ihre spezialisierte Funktion auf. Sie quittieren den Dienst und werden wieder zu wilden Einzelgängern, die den zellulären Nutztierstatus hinter sich lassen, um ein ebenso archaisches wie anarchisches »freies Leben« zu führen. Na ja, sagen wir mal, der gefährlichste Krebs tut das. Wir werden sehen, dass es zwischen dieser rücksichtslosesten Entartung und gesundem Gewebe alle erdenklichen Zwischenformen gibt.

Krebszellen sind unsterblich

Und eine weitere faszinierende Eigenschaft zeichnet die Einzeller aus. Eine Fähigkeit, die auch Krebszellen »wiedergewonnen« haben: Sie sind unsterblich. Zumindest potenziell. Tatsächlich ist das älteste bekannte Lebewesen ein Bakterium. Es ist 250 Millionen Jahre alt. Man fand es beim Suchen nach einem Atommüll-Endlager in New Mexico im Jahr 2000. *Bacillus permians* überlebte die Zeiten in Salzlake in einem großen Salzkristall 700 Meter unter der Erdoberfläche. Fantastisch, oder?

Krebszellen können das auch. Vielleicht kennen Sie ja die Geschichte der HeLa-Zellen. Dabei handelt es sich um eine Krebszelllinie, die heute in Tausenden Laboratorien auf der ganzen Welt kultiviert wird. Für wissenschaftliche Versuche. Sie stammen aus dem Gebärmutterhalskrebs von Henrietta Lacks, die 1951 an diesem Krebs verstarb. Ihre Krebszellen aber leben weiter und erreichen in ihrer Gesamtheit mittlerweile mehr als das Hundertfache des Körpergewichts ihrer »Spenderin«. Mehr als 11 000 medizinische Patente beruhen auf Arbeiten mit den HeLa-Zellen. Wie auch der Impfstoff gegen Kinderlähmung. Vielleicht sollte man Henrietta Lacks posthum mit dem Nobelpreis für Medizin auszeichnen. Sicher haben nur wenige der bisher Geehrten der wissenschaftlichen Entwicklung in der Medizin so sehr vorangeholfen wie Henrietta Lacks mit ihren unsterblichen Krebszellen.

Krebszellen machen es wie Einzeller: Sie teilen sich. Und die Tochterzellen teilen sich wieder. Diese Tochterzellen teilen sich erneut. Und alle leben weiter. Da wird einfach nicht gestorben. Alter und Tod gibt es auf diesem Planeten erst seit etwa 800 Millionen Jahren. Sie sind eine Erfindung der Vielzeller. Wichtig ist zu verstehen, dass sich diese Aussage nicht nur auf das ganze vielzellige Lebewesen bezieht, das eben sterblich ist. Für unser Thema »Was ist Krebs?« ist viel bedeutender, dass der Tod von Zellen in komplexen, vielzelligen Lebewesen absolut überlebenswichtig ist. Auch wenn sich das zunächst widersinnig anhört. Die Sterblichkeit unserer Zellen ist eine wichtige Voraussetzung für die Existenz von Lebewesen wie uns. Es ist eine spezielle Form der Sterblichkeit: der programmierte Zelltod. Kein Sterben an Altersschwäche, sondern ein gezielt herbeigeführter Zelltod. Das Verhängnis bei schweren Krebserkrankungen besteht unter anderem darin, dass das betroffene Gewebe die Fähigkeit zum programmierten Zelltod, zur Apoptose, verloren hat.

In einem Zeitrafferfilm unter dem Mikroskop sieht eine Apoptose aus, als ob die Zellen zerkochen und dabei kontrolliert schrumpfen, bis sie vollständig verschwunden sind. Tatsächlich ist es eine Art Selbstverdauung, wobei sich Zellen mit Enzymen in ihre »Bausteine« zerlegen. Gleichzeitig schnürt die sterbende Zelle kleine Bläschen mit ihrem Zellmaterial ab und sendet Signalstoffe aus, die spezielle Fresszellen des Immunsystems anlocken, die sich um die Beseitigung der Zellreste kümmern. Ein heroischer Akt der Selbstaufopferung – wenn man so will. Jeden Tag spielt sich dieser Vorgang milliardenfach in unserem Körper ab.

Programmierter Zelltod und komplexes Leben

Schon im Laufe unserer Embryonalentwicklung spielt die Apoptose eine entscheidende Rolle. Schließlich läuft im Mutterleib im Schnelldurchlauf ansatzweise unsere ganze stammesgeschichtliche Entwicklung ab. 800 Millionen Jahre in neun Monaten. Vom Ei(n)zeller über eine Art Kaulquappenstadium und verschiedene Stufen unserer tierischen Vorfahren bis zum Erscheinungsbild, das wir heute (als Baby) besitzen. Dabei werden vorübergehend Strukturen angelegt, die bei unseren Vorfahren sinnvoll waren, uns allerdings heute keine Vorteile mehr bringen: ein Schwanz, Kiemen und Schwimmhäute beispielsweise. All diese archaischen Strukturen werden mithilfe des programmierten Zelltods wieder zum Verschwinden gebracht. Ist es nicht absolut bewundernswert zu sehen, über welch gewaltige Informationsmenge wir in unserem Erbgut verfügen und wie diese Information von einem Kontrollapparat gesteuert und gebändigt wird? So dass Sie und ich, die wir aus mehr als tausendmal so vielen Zellen bestehen, als Menschen auf der Erde leben, in der Regel biologisch »reibungslos« funktionieren?

Auch beim ausgewachsenen Menschen ist der programmierte Zelltod praktisch allgegenwärtig. Hier stellt er unter anderem sicher, dass trotz ständiger Erneuerung des Gewebes durch Zellteilung kein Wachstum stattfindet. Ein perfektes Gleichgewicht von Entstehen und Vergehen von Zellen. Überzählige Zellen entsorgen sich selbst durch Apoptose. Auch kranke Zellen tun das in der Regel.

Gestörtes Selbstmordprogramm lässt Krebszellen entstehen

Mindestens drei verschiedene Versionen der Apoptose haben Wissenschaftler bisher identifiziert. Das zeigt, wie wichtig dieses Programm zur Kontrolle von Wucherungen und zur Gesunderhaltung des Gewebes ist. So kann das Selbstmordprogramm von außen angestoßen werden. Alle Zellen besitzen an ihrer Oberfläche spezielle Moleküle, Rezeptoren, die wie ein Notausschalter funktionieren. Immunzellen, die bei ihrer Patrouille durch den Körper entartete Zellen entdecken, können über ein Andocken an diesen Rezeptoren das Todesprogramm der Zellen aktivieren. Faszinierenderweise gibt es Krebszellen, die ihrerseits an die Notausschalter der Immunzellen andocken und so deren Todesprogramm anwerfen. *Counter attack* – Gegenangriff heißt das naheliegenderweise in der Onkologie.

Doch auch von sich aus können entartete Zellen die Selbstzerstörung einleiten. Zellen überprüfen ständig das eigene Proteom, also alle Eiweißmoleküle, die sie herstellen. Fallen dabei Proteine auf, die nicht zum Standardrepertoire des Gewebetyps gehören, ist das ein Hinweis auf Fehler im Erbmolekül. Denn im Erbmolekül, der DNA, liegt ja die Information zum Aufbau der Eiweiße. Die Zelle »erkennt« also, dass sie möglicherweise eine Mutation hat, und begeht Apoptose. Auch bei der dritten Form des programmierten Zelltods wird die Zelle von sich aus aktiv. Sie erkennt an speziellen Stoffwechselprodukten, dass sie Stress hat. Das kann zum Beispiel ein Hinweis darauf sein, dass die Zelle sich ein Virus »eingefangen« hat. Der Stress kann aber auch auf eine Mutation hindeuten. In beiden Fällen ist es eine durchaus sinnvolle Strategie der Zelle, sich zur Sicherheit per Apoptose zu opfern.

Dass die verschiedenen Formen des programmierten Zelltods nicht mehr richtig funktionieren, ist eines der grundlegenden Kennzeichen von Krebs. Die Apoptose ist ein in jeder Zelle eingebauter Kontrollmechanismus, der unter anderem dann aktiviert wird, wenn die Zelle beginnt, aus ihrem kulturellen Korsett auszuscheren, und zu rücksichtsloser urtümlicher Vitalität zurückkehren möchte. Deshalb ist es ein Ansatzpunkt der Krebsmedizin, die Apoptose in den Krebszellen wieder möglich zu machen. Ein zweites grundlegendes Kennzeichen von Krebs – neben der gestörten Apoptose – ist die Entdifferenzierung der Zellen.

Krebs ist so alt wie das Leben

Immer wieder hört man die Behauptung, Krebs sei eine Zivilisationskrankheit. Ungesunde Lebensweise oder Gifte, die wir ja tatsächlich vor allem im letzten Jahrhundert viel zu sorglos in die Umwelt entlassen haben, seien dafür verantwortlich. Sicher werden einzelne Krebserkrankungen tatsächlich durch solche kanzerogenen Substanzen ausgelöst. So gehört beispielsweise Zigarettenrauch definitiv zu den Krebsauslösern. Doch in die Welt gerufen wurde Krebs dadurch nicht. Schon unser Vorfahr Australopithecus hatte Krebs – vor vier Millionen Jahren. In 100 Millionen Jahre alten Dinosaurierfossilien hat man Knochenkrebs gefunden. Selbst Pflanzen können Krebs entwickeln. Eigentlich ist es bei näherem Hinsehen ganz und gar erstaunlich, dass Krebs nicht noch viel häufiger ist. Es ist wunderbar, wie unsere über 100 verschiedenen Gewebetypen in der Regel jahrzehntelang aus braven kultivierten Zellen bestehen, die anstandslos und zuverlässig ihren Job erledigen. Denn in jeder Zelle schlummert das Potenzial zur Entartung. Dennoch ist unser Körper in der Regel ein erstaunlich gut funktionierender zellulärer Multikulti-Organismus: Muskeln, Bindegewebe, Knochen, Haut, Nerven – lauter Spezialisten mit genau definierten Aufgaben und passender Erscheinungsform. Diese Vielgestaltigkeit unserer Gewebetypen beruht auf der sehr gezielten Aktivierung der Abschnitte des Erbgutes, in denen sich die Informationen befinden, die für die jeweiligen Gewebetypen verantwortlich sind. In der Leberzelle sind die Gene angeschaltet, die dieses Organ zu einem Energie- und Vitaminspeicher und zu einer Entgiftungsstation machen. In Muskelzellen bewirkt das dort aktivierte Genmuster die Ausbildung von Hunderten Muskelfibrillen, die durch Anspannung und Erschlaffung unserem Körper willkürliche Bewegungen ermöglichen. Bei Nervenzellen ist wieder ein anderes Set von Genen aktiv. So können sie bis über einen Meter lange Fortsätze ausbilden, mit anderen Nervenzellen

Kontakt aufnehmen und sich auf Reizleitung und Reizsteuerung spezialisieren. Dabei hätte jede dieser Zellen prinzipiell das genetische Potenzial, in die Rolle der anderen zu schlüpfen.

Der gesunde Körper: ein perfekter Multikulti-Organismus

Jede einzelne Zelle verfügt zunächst einmal über die ganze Erbinformation eines Menschen. Schließlich stammen ja alle Körperzellen von einer einzigen befruchteten Eizelle ab. Die Eizelle ist die undifferenzierte Zelle, aus der alles werden kann. Im Laufe der Embryonalentwicklung differenzieren sich dann die einzelnen Gewebetypen voneinander. Wie gesagt: durch die Aktivierung der passenden Gene und durch die Unterdrückung der unpassenden. Was für ein Wunder der Kontrolle von Information! Schließlich ist es auch nicht damit getan, dieses Aktivierungsmuster der Gene einmal aufzurufen. Die Gewebetypen müssen es ein ganzes Leben lang bei jeder Zellteilung perfekt an die Tochtergeneration weitergeben. Bei Hautzellen, die sich häufig teilen, muss dieser exakte Transfer des Genoms und seines Aktivierungsmusters ein paar tausend Mal im Leben eines Menschen korrekt funktionieren. Um sich zu vergegenwärtigen, was für eine aufwendige Sache das Management des Genoms ist, lohnt sich ein Blick auf die Zahl der Gene, die für dieses Management verantwortlich sind. Etwa 22 000 Gene haben wir insgesamt. Schätzungen zufolge sind bis zu 5000 davon für das Gen-Management verantwortlich.

Wenn diese Gen-Management-Gene nicht richtig funktionieren, besteht Gefahr, dass die Zelle »aus dem Ruder läuft«. Gelingt keine Korrektur und wird diese entartete Zelle nicht per Apoptose ausgelöscht, ist die Wahrscheinlichkeit hoch, dass Krebs entsteht. Deshalb werden diese Gene auch Tumor-Suppressor-Gene genannt. Allerdings ist diese Bezeichnung für die meisten dieser Gene eigentlich irreführend. Denn diese Gene (beziehungsweise die Proteine, für deren Bildung die Gene verantwortlich sind) unterdrücken keine Tumoren, sie sorgen für das reibungslose Funktionieren des ganzen Gen-Managements. Nur: Wenn das eben nicht funktioniert, entwickelt sich mit einer hohen Wahrscheinlichkeit Krebs.

Dieses Kontrollsystem der Tumor-Suppressor-Gene ist hoch redundant ausgelegt. Kein Wunder: Billionenfach finden jeden Tag Zellteilungen in unserem Körper statt. In jeder einzelnen Zellteilung werden über drei Milliarden Basenpaare (die kleinste genetische Informationseinheit) kopiert und auf die zwei Tochterzellen verteilt. Das heißt, es bestehen täglich Trilliarden Fehlermöglichkeiten bei der Weitergabe der genetischen Information an Tochter-Zellgenerationen. Deshalb gibt es diese auffällig große Zahl von Suppressor-Genen, um sicherzustellen, dass jede Zellgeneration genauso funktioniert wie ihre Vorläuferin. Um das Management nachhaltig zuverlässig zu gewährleisten, darf es natürlich nicht sein, dass ein einzelnes defektes Tumor-Suppressor-Gen in einer Zelle gleich zu Krebs führt. Wissenschaftler gehen heute davon aus, dass etwa zehn Suppressor-Gene gleichzeitig beschädigt sein müssen, damit der ganze Kontrollmechanismus versagt und aus einer fleißigen und loyalen Körperzelle eine entfesselte Tumorzelle wird.

Entfesselte Zellteilung

Die meisten Tumor-Suppressor-Gene sind an der Steuerung des Zellzyklus beteiligt. Sie regeln dabei auch die Häufigkeit der Zellteilung. Diese Teilungsrate ist aber je nach Aufgabe des Gewebetyps unterschiedlich hoch. Während sich Knochenzellen nur etwa alle zehn Jahre teilen, passiert das bei Zellen der Oberfläche unseres Darms alle paar Tage. Nervenzellen teilen sich ab einem bestimmten Stadium der embryonalen Entwicklung gar nicht mehr. Kein Wunder: Die oft vieltausendfachen Vernetzungen, die jede einzelne Nervenzelle im Gehirn mit ihren Schwesterzellen oder im Körper etwa mit Muskelzellen pflegt, ließen sich bei einer Zellteilung nicht reproduzieren. Die Zellteilung ist also bei uns Vielzellern ein sehr gezielt gesteuerter Prozess, der von der Funktion des jeweiligen Gewebetyps abhängig ist. Eine der grundlegenden Kennzeichen von Krebszellen ist, dass sie die Bändigung der Zellteilung überwunden haben. Mit ihrer »Einzeller-Mentalität« streben sie maximale Reproduktion an. Die entfesselte Zellteilung in Verbindung mit dem nicht funktionierenden Zelltod – diese Paarung macht das verhängnisvolle Wuchern des Krebses aus. Hier gibt es allerdings nicht nur ein einziges Muster für Krebs. Je nachdem, welche Steuerungsgene ausgefallen sind, haben wir die ganze Palette: vom harmlosen Typ, der so langsam wächst, dass er ohne Früherkennung niemals aufgefallen wäre, bis zum bösen, der schnell und raumgreifend wächst und innerhalb weniger Wochen nach seiner Entdeckung zum Tod führen kann.

Krebszellen sind entdifferenziert

Eine dritte Eigenschaft von Krebsgewebe – neben gestörter Apoptose und entfesselter Zellteilung – haben wir schon kennengelernt: die Entdifferenzierung der Zellen. Als Körperzelle eben noch kultiviert, hoch spezialisiert und in den Dienst des ganzen Organismus gestellt, kann die entartete Zelle ein regelrechtes Monster sein. Auch hier gibt es je nach vorliegendem Mutationsmuster eine große Variationsbreite: Es gibt marodierende Krebsformen, die praktisch keinerlei Ähnlichkeit mehr mit ihren Ursprungszellen haben, aggressiv in umliegendes Gewebe einwuchern und die ehemaligen Schwesterzellen zerstören. Die Onkologie spricht in diesem Fall von hoch malignen Formen. In diese Kategorie gehört natürlich auch der metastasierende Krebs. Gewöhnlich haben Zellen im Körper ja einen festen Standort. Sie gehören zu einem Gewebeverband, den sie nicht verlassen können. Metastasierende Krebszellen haben bei sich aber aus dem umfassenden Genpool, über den jede Zelle verfügt, ein Genprogramm angeschaltet, das sonst nur bei Lymphozyten und anderen Blutzellen aktiv ist, die sich im Körper umherbewegen. Nur deshalb können sich Krebszellen im Körper auf Wanderschaft begeben und Kolonien, Metastasen, bilden. Es gibt aber auch semimaligne und sogar benigne (gutartige) Varianten. Hier haben sich die Mutationen nur unwesentlich von ihren Ausgangszellen entfernt. Sie reagieren auch noch auf Steuerungssignale – beispielsweise durch Oberflächenkontakt zu anderen Zellen –, die ihre Teilungsrate meist in einem kultivierten Rahmen halten.

Ein viertes wichtiges Charakteristikum von Krebs möchte ich hier gegen Ende dieses Kapitels vorstellen: Krebszellen – vor allem die bösen – sind genetisch instabil. Sie verändern sich permanent. Das ist nicht weiter überraschend, wenn man bedenkt, dass sie ja nur durch eine Anhäufung von Mutationen zu Krebszellen werden können. Und zwar vor allem zunächst durch Mutationen, die das Gen-Management betreffen. Doch normalerweise werden Mutationen in einem Zellverband sofort aussortiert. Eine der wichtigsten entsprechenden Kontrollinstanzen ist dabei das Protein p53, dessen Bauanleitung auf dem Gen TP53 liegt. P53 ist der vielleicht bedeutendste Agent in jeder Zelle, wenn es um die Kontrolle des gesunden Genmusters geht. Das Protein reichert sich in Zellen an, die eine Mutation haben, und stoppt damit den Prozess der Zellteilung. Gelingt es nicht, den Schaden an der Erbinformation zu reparieren, leitet p53 den programmierten Zelltod ein. So wird normalerweise verhindert, dass Mutationen an die folgenden Zellgenerationen weitergegeben werden. Einer der vielen Kontrollmechanismen, die gewährleisten, dass eine Zelllinie genetisch stabil ist, ihre Form behält und die ihr zugedachte Arbeit zuverlässig erledigt. Dumm nur, wenn genau dieser Kontrollmechanismus durch eine Mutation geschädigt ist. Ein Schaden, der das Aussortieren von Mutationen verhindert, ist natürlich verheerend. Tatsächlich finden die Onkologen bei fast der Hälfte aller Tumoren das Gen TP53 geschädigt. In vielen Fällen dürfte die Mutation dieses Kontrollgens die erste, die ausschlaggebende Entgleisung der Zelle gewesen sein, die sie vom »rechten genetischen Pfad« abbrachte und ihre Karriere als Tumorzelle einleitete.

Krebszellen sind genetisch instabil

Die genetische Instabilität ist einer der Gründe, weshalb Krebs so schwer zu bekämpfen ist. Wären Tumoren stabile Entgleisungen, deren entartetes genetisches Muster in immer gleicher Weise an die Tochterzellen weitergegeben würde, hätten die Krebsmediziner es mit einem definierten Feind zu tun. Ein zwar böses, aber stabiles Gewebe, bei dem es gute Chancen gäbe, eine Achillesferse zu entdecken. Ein lebenswichtiges Molekül in seinem Stoffwechsel etwa, das man blockieren kann. Ein Molekül an seiner Oberfläche, auf das man einen Antikörper scharf machen könnte. Doch der genetisch instabile Krebs ist ein Verwandlungskünstler. Schon innerhalb einer Wucherung ist er meistens nicht einer, sondern viele Krebse.

Deshalb ist auch die Ankündigung der Hersteller von aberwitzig teuren Krebsmedikamenten, bald eine »personalisierte« Krebstherapie auf den Markt zu bringen, mit der man nach einer Analyse des aktiven Krebsgenoms eine ganz spezifische Chemotherapie maßschneidern könnte, nicht viel mehr als ein Marketing-Gag. Es mag einzelne Krebse geben, die sich so packen lassen. Eine generell erfolgversprechende Strategie kann die personalisierte Chemo nicht sein, weil der Krebs nicht einer ist, sondern viele und weil er morgen schon wieder ganz anders aussehen kann als heute.

Was ich in diesem Kapitel zu zeigen versucht habe, ist, wie unglaublich komplex die Aufgabe ist, das genetische Potenzial von Zellen zu bändigen und in kultivierten Bahnen zu halten. Dass Krebs ein Ergebnis des Scheiterns der Kontrollinstanzen ist, die an dieser Bändigung beteiligt sind. Und dass es eine schier unendliche Zahl von genetischen Mustern gibt, in denen sich dieser Kontrollverlust manifestiert. Demzufolge existiert auch eine große Variation im Schweregrad der Verwilderung der Krebszellen und damit eine Variation ihrer Gefährlichkeit. Viele Gewebeveränderungen sind nicht aggressiv und wachsen nur sehr langsam – etwa weil die Steuerung ihrer Zellteilungsrate noch funktioniert und der programmierte Zelltod nicht ganz ausgeschaltet ist. Diese Tumoren werden zu Lebzeiten ihres Wirtes nie klinisch auffällig. Andere wachsen zwar, sind aber nicht aggressiv gegenüber anderem Gewebe und metastasieren nicht. Sie lassen sich auch in einem fortgeschrittenen Stadium gut mit einer Operation eliminieren. So gibt es viele Krebsarten, bei denen die Betroffenen von einer Früherkennung nicht profitieren. Andere Krebsarten sind dagegen so aggressiv und instabil, dass sie mit keiner Therapie zu packen sind. Auch hier bringt die Früherkennung nichts. Unter anderem deshalb ist die Früherkennung von Krebs in den meisten Fällen so überraschend und so erschütternd ineffizient.

Hautkrebs-Screening: Betrug von langer Hand eingefädelt?

Betrachten wir das nächste Kapitel einmal unter einem etwas anderen Blickwinkel – als Wirtschaftskrimi. Und als Musterbeispiel dafür, wie für eine medizinische Fachdisziplin durch den gezielten Einsatz von Kampagnen und zurechtgebogener Wissenschaft üppige neue Geldquellen erschlossen werden. Immerhin geht es um ein Volumen von ungefähr 250 000 000 Euro. Und das sind nur die Kosten für das Screening. Die vielen kleinen zusätzlichen, meist sinnlosen Operationen bringen ja auch noch ordentlich Geld in die Kasse.

Am 1. Juli 2008 war der Stichtag. Damals wurde das allgemeine Hautkrebs-Screening eingeführt. Seitdem können (sollen!) sich Menschen über 35 alle zwei Jahre bei einem Hausarzt mit spezieller Fortbildung oder bei einem Hautarzt mit spezieller Fortbildung auf Hautkrebs hin untersuchen lassen. Mittlerweile folgt ein Drittel der angesprochenen Bevölkerungsgruppe der Aufforderung. 15 Millionen neue Kunden! Tendenz steigend. Was für ein Coup!

Screening: 15 Millionen neue Kunden

Allerdings hat die Dermatologen-Lobby auch hart und intelligent dafür gearbeitet. Allen voran die Arbeitsgemeinschaft Dermatologische Prophylaxe, die ADP e.V., in deren Vorstand Prof. Dr. Eckhard Breitbart (allein vertretungsberechtigt) sehr aktiv ist. Ihm müssen die Mediziner, die jetzt mit den lukrativen Vorsorgeuntersuchungen ihr schmales Gehalt aufbessern können – eine Untersuchung pro Tag, 5000 Euro mehr im Jahr – besonders dankbar sein. Denn er hat in Schleswig-Holstein zwischen Juli 2003 und Juni 2004 eine Studie durchführen lassen, in der bei 360 288 Personen eine Untersuchung zur Hautkrebs-Früherkennung durchgeführt wurde. Allerhand! Klingt nach einer großen Studie. Sie bildete denn auch das wissenschaftliche Zentrum des Antrags der KBV (Kassenärztliche Bundesvereinigung) beim Gemeinsamen Bundesausschuss (G-BA) zur Einführung des Hautkrebs-Screenings. Eingereicht am 5. Januar 2005.

Um die Institutionen kurz zu kennzeichnen: Der Gemeinsame Bundesausschuss ist die höchste medizinische Entscheidungsinstanz in Deutschland. Der G-BA entscheidet, welche Medikamente und medizinischen Prozeduren die Kassenzulassung bekommen beziehungsweise, noch besser, in den Rang eines Massenscreenings erhoben werden.

Die KBV ist die Standesvertretung der freiberuflichen Ärzte. Auf ihrer Internetpräsentation bringt es die KBV folgendermaßen auf den Punkt: »Die KBV nimmt die Interessen der über 150 000 freiberuflichen Vertragsärzte und Psychotherapeuten wahr, gibt ihnen gegenüber Politik und Öffentlichkeit eine Stimme …«[28] Lassen Sie es mich noch etwas anders ausdrücken: Die KBV hat die Pfründe der Ärzte zu schützen und wenn möglich zu mehren. Und das hat sie mit der erfolgreichen Einbringung des Antrags zur Einführung des Hautkrebs-Screenings auch getan.

Wer suchet, der findet

Aber was wurde in der »Breitbart-Studie«, die ganz wesentlich zur Einführung des Hautkrebs-Screenings geführt hat, eigentlich gezeigt? Ehrlich gesagt, wissen das im Detail tatsächlich nur ganz wenige. Vermutlich kennt nur Professor Breitbart persönlich die echte Datenlage. Denn die Studie ist nie veröffentlicht worden! Auch der Gemeinsame Bundesausschuss bekam die Studie nicht, sondern nur einen »Projektbericht«. Und raten Sie mal, wer den Projektbericht verfasst hat? Sie ahnen es: natürlich Professor Breitbart. Und wer – aber jetzt werden Sie staunen – war zum fraglichen Zeitpunkt Vorsitzender des »Unterausschusses Prävention« beim Gemeinsamen Bundesausschuss, also Vorsitzender des Gremiums, das Professor Breitbarts Projektbericht beurteilte? Professor Breitbart. Ob der eine unvoreingenommene Prüfung des ganzen Entscheidungsprozesses befördert hat? Professor Eckhard W. Breitbart erklärt in dem Bericht, dass man beim Screening mehr Hautkrebs und Hautkrebsverdachtsfälle entdeckt habe, als sonst in einem Jahr in Schleswig-Holstein gefunden würden. Es wurde also gezeigt, dass man mehr findet, wenn man stärker sucht. Hatten wir etwas anderes erwartet? Nein! Ist das ein Hinweis darauf, dass die untersuchte Bevölkerung unterm Strich einen Nutzen vom Screening hatte? Nach dem, was wir vom PSA-Test und vom Mammografie-Screening her wissen, müssen wir das stark bezweifeln.

Aber das ist es schließlich, was uns interessiert: Wird die Sterblichkeit gesenkt? Doch das passiert nicht automatisch, wenn man mehr »Krebskandidaten« entdeckt. Ein Teil der höheren »Erfolgsquote« bei der Entdeckung der Hautkrebse werden vorverlegte Diagnosen sein, die auch bei späterer, »zufälliger« Entdeckung noch gut hätten behandelt werden können. Man muss nach allen weiteren Erkenntnissen auch vermuten, dass zahlreiche Hautveränderungen erkannt und als Krebs eingestuft und bedauerlicherweise behandelt wurden, die ihren Trägern niemals Probleme bereitet hätten.

Eine wissenschaftlich gut gesicherte Aussage, ob eine medizinische Intervention wirklich einen Vorteil bringt, kann allein eine kontrollierte Studie bieten. Professor Breitbart hätte also seine 300 000 Studienteilnehmer rekrutieren und nach dem Zufallsprinzip (»randomisiert«) in zwei Gruppen einteilen müssen. Die eine Gruppe wäre zum Hautkrebs-Screening gegangen und die andere nicht. (Die Teilnehmer hätten natürlich vorher ihre Einverständniserklärung abgegeben, dieses Studiendesign zu akzeptieren.) Die Studie hätte mindestens fünf Jahre laufen müssen. Denn man braucht ja auch eine gewisse Zeitspanne, um zu sehen, ob in der Sreening-Gruppe weniger Leute an Hautkrebs sterben. So hätte man den möglichen Benefit durch das Hautkrebs-Screening ermitteln können. Das Design der »Breitbart-Studie« erlaubt jedoch keine seriöse Aussage über Sinn oder Unsinn des Hautkrebs-Screenings.

Eine Machbarkeitsstudie anstelle einer Wirksamkeitsstudie

Prof. Breitbart, auf diese Kritikpunkte angesprochen, erklärte, das Ganze sei ja auch nur eine »Machbarkeitsstudie« gewesen. Also keine Überprüfung des möglichen Benefits. Bitte? Nur eine Prüfung, ob Ärzte imstande sind, ein Hautkrebs-Screening durchzuführen? Dabei aber – so Breitbart – hätten sich »gewisse Hinweise auf eine Nützlichkeit« ergeben. Das alles kann man in kompakter Form auch in einem Artikel der FAZ mit dem treffenden Titel »Geschäftsmodell Todesangst« nachlesen.[29] Die Machbarkeitsstudie hatte übrigens ein wirklich bestechendes Ergebnis, dessen Zahlen öffentlich wurden: Die Studie sollte in einem Teilprojekt überprüfen, ob Hausärzte und Dermatologen nach einer speziellen Schulung etwa gleiche Trefferquoten bei der Krebs-Früherkennung erbringen. Denn die 3400 deutschen Hautärzte könnten ein flächendeckendes Screening überhaupt nicht »stemmen«. Das Ergebnis war niederschmetternd. Die Zahlen müssen Sie sich wirklich anschauen: Etwa ein Zehntel der Studienteilnehmer – 36893 Männer und Frauen – wurden sowohl von Dermatologen als auch von Hausärzten untersucht. Die Hausärzte sahen bei 5980 Personen einen Hautkrebsverdacht, bei nur 1280 davon konnten die Fachleute, die Dermatologen, den Verdacht bestätigen. Die Hausärzte produzierten also 80 Prozent Nonsens-Kranke infolge der Früherkennung! Doch es kommt noch schlimmer: Aus der Untersuchung bei dieser Ärztegruppe gingen fast 31000 Personen »ohne Krebsverdacht« nach Hause. Unter ihnen fanden die Dermatologen bei 3128 Teilnehmern allerdings durchaus einen Krebsverdacht.[30] Das ist Wahnsinn: Die Hausärzte jagten in dieser Studie bei knapp 37000 Untersuchten etwa jedem achten völlig unnötig Todesangst ein. Und bei jedem zwölften Teilnehmer übersahen sie einen Krebsverdacht. Diese Zahlen lassen nicht den Eindruck eines gekonnten Screenings entstehen, oder was finden Sie?

Viele falsche Diagnosen und Entwarnungen

Um diesen schlimmen Webfehler des Screenings zu kompensieren, war die Studie – und ist das Hautkrebs-Screening seit 2008 – zweistufig angelegt. Alle »Verdächtigen« der Hausärzte werden von Dermatologen nochmals zusätzlich geprüft. Damit kann man sicher viele der fälschlicherweise als »krebsverdächtig« diagnostizierten Fälle wieder aussortieren. Aber was ist mit der immensen Menge an Screening-Teilnehmern, bei denen zu Unrecht durch die Hausärzte Entwarnung gegeben wird? Sie werden ja nicht mehr von Dermatologen überprüft. Die haben verloren – zumindest wenn man der Logik des Screenings folgt.

Es gibt für die Einführung von Massenscreenings übrigens gesetzliche Kriterien, die erfüllt sein müssen (§ 25 Absatz 3 SBV V/ Sozialgesetzbuch[31]). Ein Kriterium lautet: »Es müssen genügend Ärzte und Einrichtungen vorhanden sein, um die aufgefundenen Verdachtsfälle eingehend zu diagnostizieren und zu behandeln.« Mit Verlaub: Beim Hautkrebs-Screening sind schon eine Stufe früher, nämlich bei der Verdachtserhebung, nicht genügend qualifizierte Ärzte vorhanden, um diese vernünftig durchzuführen. Durch die mangelhafte Qualität bei den hausärztlichen Screenings bleibt selbst nach der Kontrolle durch die Dermatologen nur ein Drittel richtig positive Entscheidungen übrig. Dem stehen über 10 Prozent falsch negative Einschätzungen gegenüber. Also falsche Entwarnungen. Bei einer riesigen Zahl von Screening-Teilnehmern werden die Verdachtsmomente übersehen. Nach meinem Gefühl ist das Hautkrebs-Screening, wenn man die Kriterien des Sozialgesetzbuches anwendet, also illegal.

Für das Absolvieren der achtstündigen speziellen Schulung, die bei den Hausärzten zu so mangelhaften Trefferquoten führt, müssen die Ärzte übrigens verpflichtend das »Fortbildungsprogramm Hautkrebs-Screening – Set für qualifizierte Arztpraxen« zu einem Preis von 99,50 Euro erwerben. Und jetzt raten Sie mal, wer das entwickelt hat und das Monopol darauf hält. Es ist die ADP e. V. von Professor Breitbart. Interessanterweise wird im Fortbildungsbuch kein Autor erwähnt. Da firmiert die ADP e. V. als Autorin. Haben Sie eine Idee, wer da »dahinterstecken« könnte? Der Verlag hat mit dem Fortbildungspaket bisher immerhin einen Umsatz von vier Millionen Euro gemacht.

Zweifelhafte Fortbildungsmaterialien

Aber kommen wir von dieser kleinen delikaten Nebenbaustelle zurück zu unserem Hauptthema: Kann es (abgesehen vom »Breitbart-Faktor«) einen Grund geben, weshalb der Gemeinsame Bundesausschuss bei so dürftiger Studienlage dennoch der Einführung des Screenings zugestimmt hat? Vielleicht aus dem Prinzip der gesundheitlichen Vorsorge? Der G-BA hat im Jahr 2007 immerhin beschlossen, dass das Hautkrebs-Screening spätestens fünf Jahre nach dem Start überprüft werden sollte. Das hört sich zunächst sehr vernünftig an. Allerdings ergibt sich bei näherem Hinsehen ein merkwürdiges Bild. Diese Überprüfung besteht unter anderem aus einer Analyse der Teilnehmerraten. Es werden die Diagnosen differenziert nach Arztgruppen (Hausärzte, Hautärzte) thematisiert, falsch positive und falsch negative Diagnosen et cetera. Lauter sogenannte »Prozessparameter«. Merken Sie, was hier fehlt? Was wird nicht thematisiert? Ob das Screening auch nur ein einziges Menschenleben gerettet hat. Das scheint gar nicht von Interesse zu sein. Der Sinn des Screenings wird also nicht überprüft. Und diese »prozessorientierte« Evaluation des Hautkrebs-Screenings wurde – genauso wie die entscheidende Studie von Professor Breitbart – bisher nicht einmal veröffentlicht. Wenn ich mir das alles vergegenwärtige, wird mir ganz anders.

Glücklicherweise bin ich nicht der Einzige, dem es so geht. Ende 2014 haben 15 Ärzte um den Kölner Dermatologen Dr. Jürgen Tacke in einem offenen Brief an den Gesundheitsminister Gröhe gefordert, endlich die entsprechenden Studien zu veröffentlichen und so eine wissenschaftlich fundierte Auseinandersetzung mit dem Thema Hautkrebs-Screening zu ermöglichen. Außerdem muss das ganze Projekt an einem »harten medizinischen Endpunkt« gemessen werden. Vor allem natürlich an der Frage: Führt das Screening zu einer Reduktion der Mortalität? Und weiter: Wie viele zusätzliche unnötige medizinische Eingriffe werden durch das Screening verursacht? Schließlich müssen gleichermaßen Nutzen und Schaden betrachtet werden, um zu einem gut informierten Urteil über das Screening zu kommen. Damit ich als Bürger des einzigen Landes der Welt, das sich ein Hautkrebs-Screening leistet, gut informiert entscheiden kann, ob ich an diesem Screening teilnehmen möchte oder nicht.

Was sagen die Statistiken zum Sinn des Screenings?

Aber lassen Sie uns das, was den Gemeinsamen Bundesausschuss nicht zu interessieren scheint, doch gemeinsam tun: die Überprüfung des Nutzens des Hautkrebs-Screenings. Das Krebsregister ist schließlich im Internet frei zugänglich.[32] Die Datenreihe reicht – in dem Moment, in dem ich diese Zeilen schreibe (Januar 2015) – von 1998 bis 2012. Das heißt, wir haben immerhin fünf Jahre nach der Einführung des Screenings im Blick. Das müsste reichen, um festzustellen, ob das Screening die Mortalitätsrate beeinflusst. Schließlich ist das maligne Melanom – wie der Name schon sagt – ein relativ böser Krebs, der den Betroffenen in den beiden oberen von vier Risikoklassen nur eine 5-Jahres-Überlebensrate von 40 beziehungsweise 10 Prozent lässt. Da müsste sich schon ein positiver Einfluss erkennen lassen, wenn sich mit dem Screening frühe Melanom-Stadien mit einer angeblich sehr viel besseren Überlebenschance »abfangen« ließen. Das statistische Bild ist aber ein anderes: Die Daten zeigen keine Veränderung der Sterblichkeit an Hautkrebs. Bei Männern ist die Mortalitätsrate – wie die Jahre zuvor – leicht gestiegen, bei Frauen – wie die Jahre zuvor – gleich geblieben. Auch nach fünf Jahren hat das Hautkrebs-Screening statistisch gesehen also kein Leben gerettet.

Tote durch das maligne Melanom in Deutschland pro 100 000 Einwohner. Altersgruppe: 50 bis 85 Jahre, Zeitraum: 1998 bis 2012.[33]

Im Krebsportal »onkopedia«[34] finden Sie dazu weitere schöne Grafiken und Diagramme. Vor allem wird da gut sichtbar, wie mit der Einführung des Screenings die Fallzahlen von 2007 bis 2008 plötzlich um 10 bis 15 Prozent nach oben schnellen. Ganz offensichtlich die Überdiagnosen, die durch das Screening hervorgerufen werden. Wie gesagt – ohne dass sich die Mortalität dabei verändern würde. Das ist unser Thema: krank durch Früherkennung. So, wie es sich derzeit darstellt, versagt das Hautkrebs-Screening auf der ganzen Linie.

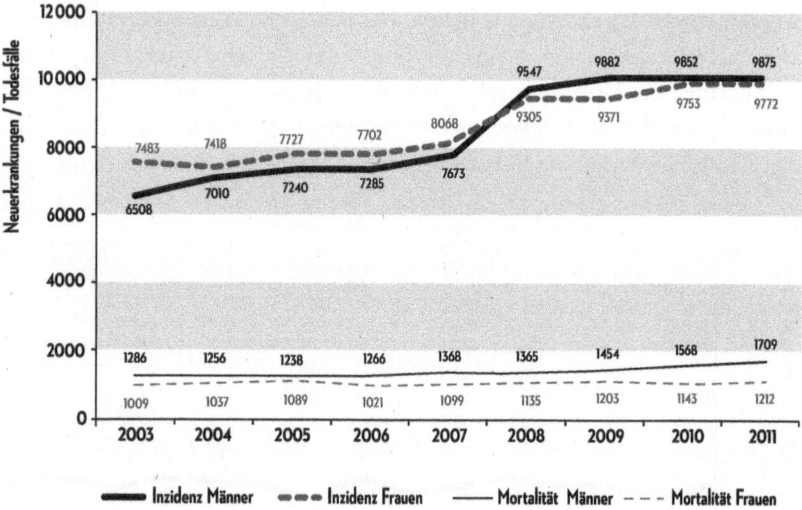

Die Grafik zeigt: Mit der Einführung des Hautkrebs-Screenings steigt die Zahl der Krebsdiagnosen (Inzidenz) deutlich an. Wäre diese Maßnahme sinnvoll, müsste in der Folge die Sterblichkeit an Hautkrebs zurückgehen. Das ist jedoch nicht der Fall.[35]

Alltägliche Desinformation

Nachdem wir uns angesehen haben, was sich in puncto Hautkrebs-Screening sozusagen auf höchster Ebene in Deutschland abgespielt hat, wo – so habe ich zumindest den Eindruck – eine kleine Zahl von Lobbyisten einem ganzen Land auf Basis einer mehr als dürftigen wissenschaftlichen Datenlage ein nationales Screening-Programm aufgenötigt hat, schauen wir zum Abschluss noch mal in die Niederungen des Alltags. Wo ebenso wie »ganz oben« ökonomische Interessen die medizinischen Aspekte »überflügeln« und die Desinformation der zu bewirtschaftenden Bevölkerung an der Tagesordnung ist.

Wer im Internet nach den Stichworten »Früherkennung« und »Hautkrebs« sucht, stößt auf eine wahre Flut von »Informationsangeboten«. Wie beispielsweise im Internetmagazin *Vital*. Dort finden wir einen Beitrag über den weißen Hautkrebs. Gleich zu Beginn lesen wir hier: »Die gute Nachricht zuerst: Weißer Hautkrebs ist fast immer heilbar – wenn er früh erkannt wird.« [36]

Ein Mann im mittleren Alter lächelt, angetan mit Mediziner-Kittel, die Besucher des Portals an und gibt Informationen zur Hautkrebs-Früherkennung in Form eines – für mich als Journalisten deutlich erkennbar – getürkten Interviews. Nein, diesmal ist es nicht Professor Breitbart. Es ist Prof. Dr. med. Volker Steinkraus, Gründer und Leiter des Dermatologikums in Hamburg, ein Mann also, der mit Hautkrebs-Früherkennung Geld verdienen will. Wenn Sie in einem »Beratungsportal«« auf diese Konstellation stoßen, seien Sie bitte immer extrem skeptisch. Sie erinnern sich an das Mammografie-Portal Mittelrhein, wo ein »Mammografie-Radiologe« die Brustkrebs-Früherkennung mit fantastischen Erfolgschancen anpries: »Reduzierung der Mortalität um bis zu 45 Prozent.« Mittlerweile wissen wir, dass das vollkommen irreführende Informationen waren. Allerdings gut dazu geeignet, Frauen zur Früherkennung zu locken. Ein ähnliches Muster erkennen wir auch hier, wenn der Gründer und Leiter des Hamburger Dermatologikums erklärt: »Der weiße ist viel häufiger als der schwarze Krebs. Addiert man noch die Vorstufen des weißen Hautkrebses dazu, die sogenannten aktinischen Keratosen, erkranken jedes Jahr etwa 500 000 Menschen an weißem und rund 25 000 an schwarzem Hautkrebs.«[37]

Das Schreckgespenst aufblähen

Das infame Argumentationsmuster, das hier aufgebaut wird, ist ganz einfach: Zuerst erweckt der Eingangssatz den Eindruck, weißer Hautkrebs sei nur »fast immer heilbar«, wenn er früh erkannt wird. Ohne Früherkennung also nicht. Tatsächlich ist weißer Hautkrebs aber praktisch harmlos. Er metastasiert nicht. Deutschland ist auch das einzige Land auf der Welt, das weißen Hautkrebs überhaupt im Krebsregister führt. Wir haben im vorigen Kapitel »Was ist Krebs?« gesehen, dass Krebsformen extrem unterschiedlich gefährlich sein können. Und genau das ist beim weißen und beim schwarzen Hautkrebs der Fall.

Mit dieser Irreführung stellt der Betreiber des Hamburger Dermatologikums weißen und schwarzen Hautkrebs aber praktisch auf eine Stufe. Dadurch erzeugt er die beträchtliche Drohkulisse von 525 000 potenziell tödlichen Neuerkrankungen jedes Jahr, denen man sich per Früherkennung entgegenstemmen müsste. Den Tatsachen entspricht allerdings Folgendes:

1. Der weiße Hautkrebs ist praktisch harmlos, und zwar nicht nur, wenn er früh erkannt wird.[38]
2. Nach seriösen Quellen gibt es nur etwa 18 000 Neuerkrankungen pro Jahr durch das maligne Melanom. Da hat Professor Steinkraus einfach noch eine ordentliche Schippe draufgelegt.

Und dem Gespenst geht die Luft aus

Von der Drohkulisse des Screening-Profiteurs Professor Steinkraus, von mehr als einer halben Million »Angriffe auf unser Leben« bleiben letztlich 18 000 übrig. Der schwarze Hautkrebs, der eigentlich die einzige echte Gefahr aus dem Lager der Hautkrebse darstellt, ist eine eher seltene Krankheit. In Deutschland gibt es etwa 14 (seit Einführung des Hautkrebs-Screenings etwa 17) Neuerkrankungen pro Jahr und 100 000 Einwohnern. In Australien liegt die Zahl bei 54 Fällen. Also fast viermal höher als bei uns. Dennoch leistet sich Australien kein Hautkrebs-Screening. Tatsächlich ist Deutschland – wie schon gesagt – das einzige Land der Welt mit einem Hautkrebs-Screening. Dabei gibt es bisher keine wissenschaftliche Studie von guter Qualität, die den Nutzennachweis dafür wirklich erbracht hätte. Und nicht nur der Nutzennachweis fehlt: Bei uns werden seit der Einführung des Screenings jedes Jahr in Hausarztpraxen Zigtausende gutgläubige Screeningteilnehmer zumindest vorübergehend – auf jeden Fall aber vollkommen unbegründet – in potenzielle Todesangst versetzt. Ganz zu schweigen von den Abertausenden überflüssigen Hautoperationen oder schlimmeren Therapien, die in Anschlag gebracht werden, ohne dass die Patienten davon profitieren. Krank durch Früherkennung! Eine schlimme Geschichte.

2. Check-up 35 – der große Fischzug

Lassen wir nun das Thema Krebs ein wenig ruhen, bevor wir in einer zweiten Runde auf weitere Reihenuntersuchungen zur Krebs-Früherkennung zurückkommen werden. Widmen wir uns für einige Kapitel dem, was die Hausärzte uns – sicher in den meisten Fällen in gutem Glauben – als Früherkennungsmaßnahme unter dem Titel »Check-up 35« verkaufen. Ein allgemeiner Gesundheits-Check für Gesunde. Seit 1989 haben wir in Deutschland alle zwei Jahre Anspruch auf diesen Check-up, sobald wir das bedenkliche Alter von 35 Jahren erreicht haben. Den Check gibt es als sogenannte Kassenleistung. Über diese Formulierung ärgere ich mich immer besonders. Schließlich erweckt sie den Eindruck, die noble Kasse würde diese Leistung kostenlos zur Verfügung stellen. Aber natürlich zahlt die Kasse gar nichts. Es ist ja unser Geld, das für die Untersuchung und die dadurch ausgelösten Behandlungen ausgegeben wird. Und eine gewisse bewusste Blindheit muss bei Ärzten, die diesen Service immer noch in gutem Glauben anbieten, schon mit im Spiel sein. Denn in vielen Studien, die seit Jahrzehnten wiederholt durchgeführt wurden, hat die allgemeine Früherkennung immer wieder kläglich versagt. Und im Jahr 2012 stand im *Deutschen Ärzteblatt* ein Artikel über das bestürzend schlechte Ergebnis, das bei der bisher größten Übersichtsstudie zum Thema »Allgemeiner Gesundheits-Check-up« zutage kam.[39]

Die Wissenschaftler um Dr. Lasse Krogsböll vom unabhängigen Nordic Cochrane Center hatten alle 14 Studien der höchsten Qualitätsstufe zu diesem Thema analysiert, die es seit den ersten Früherkennungs-Screenings dieser Art überhaupt gegeben hatte. Höchste Qualitätsstufe bedeutet: randomisierte und kontrollierte Interventionsstudie. Die Studienteilnehmer wurden also zunächst rekrutiert und dann zufällig auf zwei Gruppen verteilt (randomisiert). In der einen Gruppe gingen die Teilnehmer regelmäßig zum Check-up, in der anderen Gruppe nicht. Nur mit einer solchen kontrollierten Studie kann man die Auswirkungen einer medizinischen Intervention sicher ermitteln. Denn man hat zwei Gruppen mit gleichen Ausgangsvoraussetzungen, die sich in nur einem Kriterium unterscheiden: der medizinischen Intervention (hier dem Check-up). Wenn sich dann nach vielen Jahren ein statistisch aussagekräftiger (signifikanter) Unterschied zwischen diesen Gruppen zeigt, kann er nur durch die medizinische Intervention hervorgerufen worden sein. Wann immer möglich stützen die Mitarbeiter des Cochrane-Netzwerks ihre Metaanalysen auf solche Studien. Idealerweise sind diese auch noch placebokontrolliert. Bei Medikamenten lässt sich das relativ einfach bewerkstelligen. Doch ein Placebo-Check-up lässt sich natürlich nicht sinnvoll organisieren. Also hatten die Teilnehmer, die in die Kontrollgruppe gelost wurden, einfach keine Gesundheits-Check-ups. Die 14 entsprechenden Studien, die von den Cochrane-Wissenschaftlern um Lasse Krogsböll ausgewertet wurden, wiesen zusammen beachtliche 182 880 Teilnehmer auf. Das ist eine Zahl, die das Ergebnis der Studie mit einer starken statistischen Basis untermauert.[40]

180 000 Teilnehmer neun Jahre unter Beobachtung

Außerdem hatten die Einzelstudien eine durchschnittliche Beobachtungsdauer von neun Jahren. 30 Jahre wären sicher besser gewesen. Schließlich handelt es sich hier um Früherkennung und wir können davon ausgehen, dass sich viele der Probleme, gegen die sich die Früherkennungsmaßnahmen richten, erst deutlich später in der Biografie der Teilnehmer zu einem echten gesundheitlichen Problem entwickeln. Andererseits müssen sich bei über 180 000 Teilnehmern auch innerhalb von nur neun Jahren irgendwelche Effekte zeigen, wenn die Untersuchung einen Einfluss auf die Gesundheitsbiografie der Untersuchten hat.

Was passierte also mit den Studienteilnehmern? Es gab in der Regel eine ausgiebige körperliche Untersuchung. Dazu gehört die Beurteilung des Bewegungsapparates, des Nervensystems, der Sinnesorgane und der Haut. Des Weiteren spielen die Blutwerte eine ganz zentrale Rolle. Für Blutfett, Blutdruck und Blutzucker haben die jeweils zuständigen medizinischen Fachgesellschaften Grenzwerte definiert. Typischerweise sind diese Grenzwerte gestaffelt. Wird der erste Wert gerissen, dann liegt ein Risiko vor. Der Arzt sollte in diesem Fall mit den »Beinahe-Patienten« über eine Lebensstiländerung sprechen (Ernährung, Sport). Wird der nächste Grenzwert überschritten, folgt in der Regel gleich eine medikamentöse Behandlung.

In den Studien, die unter anderem von Dr. Lasse Krogsböll ausgewertet wurden, waren folglich riesige Datenmengen zusammengetragen worden: Wie war der Einfluss solcher Ratschläge und Maßnahmen in der Check-up-Gruppe auf den Blutdruck, auf die Blutfettwerte, auf den Blutzucker et cetera. Da konnte man durch Früherkennung und medikamentöse Behandlung teilweise sehr schöne »Behandlungserfolge« verzeichnen: Der Cholesterinwert oder der Blutdruck konnten gesenkt werden. Doch diese »Erfolge« interessierten Lasse Krogsböll nicht besonders. Was ihn interessierte, war vielmehr die Frage: Leben die Leute, die zum Check-up gehen, wirklich länger?

Verlängert der Gesundheits-Check das Leben?

Es waren also keine Laborparameter wie Blutwerte (Kritiker der Überversorgung sprechen von »Surrogatparametern« also von Ersatzgrößen), die die »Endpunkte« der Cochrane-Studie bildeten. Nein, bei Krogsböll waren es sogenannte harte medizinische Endpunkte. Konkret etwa: Wie waren die Mortalitätsraten bei den zwei großen lebensbedrohlichen Krankheiten, wie viele Studienteilnehmer starben an Krebs oder an Herz-Kreislauf-Krankheiten? Was würden Sie schätzen? Herz-Kreislauf-Früherkennung: Blutdruck, Blutzucker, Cholesterin! Hier kann man eingreifen. Da muss doch was gehen, oder?

Schauen wir uns die Ergebnisse genau an. Acht Studien mit insgesamt 152 435 Probanden enthielten Angaben zur Herz-Kreislauf-Sterblichkeit (Herzinfarkt und Schlaganfall sind in Deutschland verantwortlich für etwa die Hälfte aller Todesfälle – also der wichtigste Endpunkt). In der Gruppe, die nicht zur Früherkennung ging, starben während der durchschnittlich bei neun Jahren liegenden Beobachtungsdauer 37 von 1000 Personen den Herz-Kreislauf-Tod. In der Gruppe, die regelmäßig zum Check-up ging, waren es 38 von 1000. Sie haben richtig gelesen. In der Check-up-Gruppe starb ein Proband (pro 1000) mehr an einem Herz-Kreislauf-Problem als in der Gruppe derjenigen, die das Studiendesign zu Vorsorgemuffeln bestimmt hatte. Dieser eine Todesfall verschwindet natürlich im statistischen Rauschen. Die Wissenschaftler erklärten also: Nach unserer Metaanalyse gibt es keinen positiven Einfluss des Check-ups auf die Herz-Kreislauf-Sterblichkeit. Das ist wahrlich eine bittere Pille für die Früherkennungsmedizin.

Aber wie sah es mit anderen Endpunkten aus. Die meisten der in die Metaanalyse aufgenommenen Studien untersuchten allgemeine Gesundheits-Check-ups, die keine dezidierten Krebs-Früherkennungsmaßnahmen beinhalten. Aber es müsste doch so sein, dass die gründliche körperliche Untersuchung hier den einen oder anderen »Treffer« ergibt. Früh erkannte Krebsstadien lassen sich ja angeblich so viel besser behandeln. Lasse Krogsböll fand acht Studien mit Angaben zur Krebssterblichkeit, in denen immerhin 139 290 Probanden mitgewirkt hatten. In der Gruppe ohne Früherkennung starben 21 Personen von 1000 an Krebs. In der Gruppe der Früherkenner waren es ebenfalls 21 Tote. Auch hier: null Erfolg durch die Früherkennung.

Doch wir geben noch nicht auf! Wie sah es mit der allgemeinen Mortalitätsrate aus. Auch wenn Krebs und Herz-Kreislauf-Erkrankungen etwa für drei Viertel aller Todesfälle (in Deutschland) verantwortlich sind, vielleicht erbringt die Früherkennung ja bei den übrigen Todesursachen im letzten Viertel einen Vorteil. Mal sehen. Die allgemeine Sterblichkeit wurde in neun Studien mit insgesamt 155 899 Teilnehmern ausgewertet. Hier starben im Studienarm mit der Früherkennung 74 von 1000 Personen. Im Studienarm ohne Früherkennung waren es 75. Halleluja! Ein Menschenleben gerettet? Ein Benefit durch Früherkennung? Leider nein. Sie ahnen es: Auch dieser winzige Unterschied ist natürlich nicht statistisch signifikant.

Eine bittere Pille für die Früherkennungsmedizin

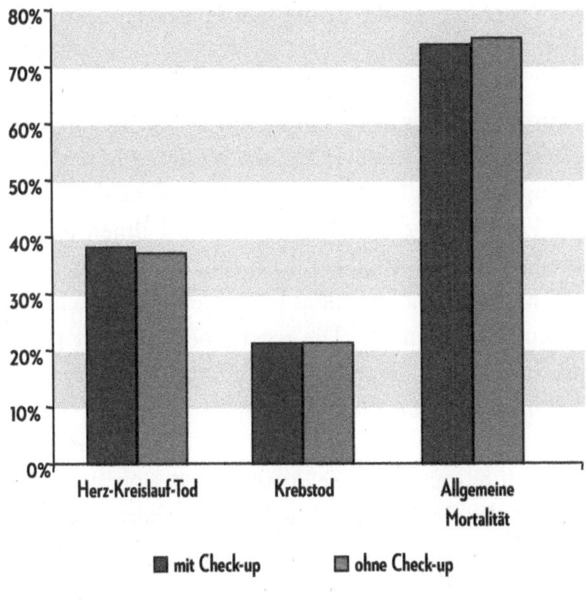

Bei den »harten Endpunkten« konnte die große Cochrane-Studie aus dem Jahr 2012 keinen Benefit durch die Früherkennung finden. Der Maßstab ist die Zahl der Gestorbenen pro 1000 Studienteilnehmern nach neun Jahren.

Was ist hier passiert? Über 180 000 Studienteilnehmer. Die eine Hälfte ging regelmäßig zur Früherkennung und die andere Hälfte nicht. Und es zeigte sich kein Unterschied in den Überlebensraten! Den Hinweis auf diese in meinen Augen epochale Studie hatte ich im Oktober 2012 in einer Tageszeitung als relativ kleine Meldung unter »ferner liefen« gelesen.

Damals rief ich den Direktor des deutschen Medizin-TÜVs an, Prof. Windeler vom Institut für Qualität und Wirtschaftlichkeit im Gesundheitswesen – kurz IQWiG. Ein Bundesinstitut mit dem Auftrag, Medikamente und medizinische Prozeduren zu bewerten. Schon mehrfach war ich als Reporter für unser Wissenschaftsmagazin *Odysso* im SWR-Fernsehen beim IQWiG, um zu medizinischen Fragen Statements einzuholen, die auf der besten wissenschaftlichen Expertise beruhen, die sich derzeit finden lässt. Schließlich arbeiten im IQWiG über 150 Wissenschaftlerinnen und Wissenschaftler daran (ähnlich wie die Cochrane-Wissenschaftler), die internationale Datenlage zu medizinischen Fragestellungen zu scannen und auszuwerten.

Ich fragte Prof. Windeler also: »Diese Studie, die ist doch ein Erdbeben. Warum lese ich das nur in einer kleinen Meldung in der Zeitung?« Seine Antwort klang für mein Gefühl angesichts der Tragweite des Themas erstaunlich locker und trocken: »Warum sich bei Ihnen unter den Journalisten niemand richtig aufregt, kann ich Ihnen nicht sagen. In den Reihen der Wissenschaft gibt es kein großes Echo, weil wir das schon lange wissen. Früherkennung bringt nichts. Die Cochrane-Studie ist ja auch nur eine Metastudie, also eine Auswertung vieler Studien, die es schon gibt. Das Ergebnis hat uns nicht überrascht.«

Wer sich die Mühe macht, diese Aussage mit einer Recherche zu überprüfen, wird in der Tat schnell fündig. So plädierte schon im Jahr 1979 die entsprechende kanadische Expertengruppe auf Basis der damals verfügbaren Studien gegen die Einführung eines allgemeinen regelmäßigen Gesundheits-Check-ups.[41] Zehn Jahre später folgte dieselbe Empfehlung von der U.S. Preventive Services Task Force, die wir schon mit ihrer Stellungnahme gegen den PSA-Test kennengelernt haben.[42] Die deutsche Ärzteschaft, die dem amerikanischen Vorbild immer gerne zu folgen bereit ist, wenn Grenzwerte herabgesetzt werden (das gibt mehr Kranke) oder neue Krankheitsbilder definiert werden, verhielt sich in diesem Falle überraschend eigensinnig und führte den allgemeinen Gesundheits-Check dennoch ein.

»Früherkennung bringt nichts – das war uns schon lange bekannt.«

Wie geht es Ihnen, wenn Sie das lesen? Früherkennungsmaßnahmen verursachen direkte Kosten und Folgekosten für Behandlungen und Folge-Folgekosten für die Behandlung der Nebenwirkungen der sinnlosen Behandlungen im Milliarden-Euro-Maßstab. Wie kann es aber sein, dass sie uns von Ärzten und Krankenkassen als heilsbringend verkauft werden, wenn in der wissenschaftlichen Medizin so fundamentale Zweifel an ihrer Sinnhaftigkeit bestehen? Um es vorsichtig zu formulieren. Wir werden dieser Frage später in einem eigenen Kapitel nachgehen. Lassen Sie es mich aber hier schon andeuten: Es hat etwas mit Geld zu tun. Doch nicht nur. Die Sache ist komplizierter. Auch wir »Medizin-User« tragen mit dazu bei, dass die Früherkennungsmedizin weiterhin so fröhliche Urstände feiert.

Zunächst noch ein weiteres wichtiges Ergebnis der Cochrane-Studie zu den allgemeinen Früherkennungsmaßnahmen, die bei uns als Check-up 35 vermarktet werden. Einen erheblichen Unterschied gab es zwischen der Früherkennungsgruppe und der Gruppe ohne Vorsorgeuntersuchungen in der Metaanalyse von Lasse Krogsböll durchaus. In der Früherkennungsgruppe gab es mehr Kranke. In einer Studie fand man innerhalb von sechs Jahren in der Früherkennungsgruppe 20 Prozent mehr Kranke als in der Kontrollgruppe, die nicht zur Früherkennung ging. Im ersten Moment hört sich das vollkommen widersinnig an, oder? Obwohl es uns nicht unbekannt vorkommt. Krank durch Früherkennung eben. Aberwitzig. Der Weg zum Gesundheits-Check-up soll doch Krankheiten verhindern. Indem Risiken entdeckt werden, früh behandelt werden, um den Ausbruch der Erkrankung zu vermeiden. Wieso gibt es dann aber in der Früherkennungsgruppe mehr Kranke? Kann es sein, dass unser Denkmodell von der Früherkennung einen ganz grundlegenden Webfehler hat? Wir werden uns die einzelnen Risiken und Krankheiten, die beim Check-up ermittelt werden, später noch genauer ansehen und dann verstehen, wo wir hier genau hinters Licht geführt werden. Haben Sie noch einen Moment Geduld.

Nach Krankheiten gesucht

Als ich im Sommer 2014 Lasse Krogsböll in Kopenhagen für Dreharbeiten für meine TV-Dokumentation *Betrifft: Krank durch Früherkennung* besuche, treffe ich einen sehr entspannten, fast heiteren Wissenschaftler. Ich begreife, dass er längst eine Perspektive auf die Früherkennungsmedizin gewonnen hat, die der allgemeinen Wahrnehmung diametral entgegensteht. »Es ist nicht wirklich überraschend, dass in der Früherkennungsgruppe mehr Kranke waren. Schließlich hat man da ja nach ihnen gesucht«, sagt Krogsböll mit einem angedeuteten Lächeln. »Ja aber warum gibt es dann keine Unterschiede bei der Sterblichkeit, wenn man die Krankheiten entdeckt und sie mit Medikamenten behandelt?«, lautet daraufhin meine Frage. Für Krogsböll gibt es auch hier nichts Rätselhaftes. In der Kontrollgruppe sei es ja nicht verboten gewesen, einen Arzt aufzusuchen, wenn man sich nicht gut fühlte. Und der Arzt könne einem Krankheitsverdacht nachgehen und die Untersuchungen durchführen, die er für nötig halte. Und dann im Bedarfsfall behandeln. Das sei ganz offensichtlich ausreichend. Unter anderem deshalb haben die Probanden, die keine Früherkennung betreiben, keinen Nachteil in ihrer Gesundheitsbilanz.

Dem gegenüber steht die ganz offensichtlich schädliche Früherkennung an Gesunden. Sie entdeckt mehr »Risikoträger« und definiert mehr »Kranke« (eigentlich nur Grenzwertüberschreiter, denn Früherkennung macht man ja an Gesunden), verschreibt mehr Medikamente und überzieht die Früherkennungswilligen mit weiteren medizinischen Prozeduren, ohne dass diese dadurch beim echten medizinischen Endpunkt Mortalität – das ist das Ergebnis der großen Studie – einen Vorteil haben. Ganz einfach ausgedrückt: Zum Arzt sollte man durchaus gehen, wenn man sich krank fühlt. Das ist eine rationale Maßnahme. Aber als Gesunder zum Arzt zu gehen, ist ganz offenbar irrational – oder sagen wir besser: gefährlich.

Kritik an der Cochrane-Studie

Das Cochrane-Netzwerk genießt international in Sachen evidenzbasierter (wissenschaftlicher) Medizin höchstes Renommee. Aber ich will nicht verheimlichen, dass es auch Kritik an der Kopenhagener Metastudie gibt. Wobei es natürlich nicht weiter verwunderlich ist, dass eine Studie kritisiert wird, die so massiv ein Milliarden-Euro-schweres Geschäftsmodell einer Berufsgruppe infrage stellt. Ein Geschäftsmodell, von dem auch die Pharmaindustrie immens profitiert. Die zentrale Kritik an der Metaanalyse der dänischen Cochrane-Gruppe gilt der Tatsache, dass viele der herangezogenen Studien schon älter sind. Tatsächlich stammt die älteste Studie aus dem Jahr 1963 und die jüngste aus dem Jahr 1999.

Die Kritiker erwähnen nicht ganz zu Unrecht, dass sich Diagnosetechniken in der Zwischenzeit verfeinert und Behandlungsmöglichkeiten verbessert haben. Die Verbesserung der Diagnosetechnik hat sicher überall dort stattgefunden, wo bildgebende Verfahren zum Einsatz gelangen – also etwa beim Ultraschall oder bei den Röntgenverfahren. Aber genauso gut lässt sich argumentieren, dass sich mit den schärferen Bildern noch mehr, noch kleinere Abweichungen vom Ideal entdecken lassen (etwa Gewebeveränderungen), die dann häufig sinnlos als Krankheiten behandelt werden. Und bei den Blutwerten haben wir zwar heute eine Langzeitblutdruckmessung und differenzieren beim Cholesterin zwischen HDL und LDL. Viel entscheidender ist aber, dass in den letzten Jahrzehnten die Grenzwerte bei diesen beiden »Herz-Kreislauf-Risiken« immer weiter gesenkt wurden. So können wir mit gutem Grund annehmen, dass eine entsprechende Studie heute noch mehr »Kranke« zutage fördern würde beziehungsweise noch mehr Früherkennungswillige sinnlos zu Konsumenten von Medikamenten machen würde. Mit all den negativen Nebenwirkungen, die damit einhergehen.

Verlassen wir nun aber die Cochrane-Analyse der allgemeinen Gesundheits-Check-ups und schauen wir uns genauer an, was in diesem Check-up bei uns untersucht wird. Dann können wir relativ einfach verstehen, warum wir nach den Maßgaben unserer Medizin-Gurus ein Volk von Kranken sind, das aber erstaunlicherweise von der engmaschigen Kontrolle dieser »Krankheiten« nicht profitiert.

Ausweitung des Geschäftsmodells

Die Kassenärztliche Bundesvereinigung KBV haben wir schon bei der Einführung des Hautkrebs-Screenings als tüchtigen Lobbyverein für die Ausweitung der Medizin kennengelernt. Dazu noch einmal ein Zitat von deren Website: »Dass die KBV eine Körperschaft ist, macht sie einzigartig unter allen Formen der ärztlichen Interessenvertretung: Keine andere Ärzteorganisation kann einen solchen unmittelbaren Einfluss auf Politik und Gesetzgebung geltend machen.«[43] Die KBV ist ständig darum bemüht, für ihre Mitglieder möglichst gute Rahmenbedingungen zu schaffen. Daran ist zunächst ja auch nichts zu kritisieren. Allerdings ist diese Form von Lobbyismus leider ganz essenziell mit dem Ziel verbunden, dass es möglichst viele Kranke gibt. Oder drücken wir es vorsichtiger aus: möglichst viele Menschen, die einer medizinischen Behandlung zugeführt werden können. Denn längst nicht alle, die behandelt werden, sind tatsächlich krank. Aber das ist ja gerade das Raffinierte an der Früherkennung. Gesunde zu behandeln ist eine ausgesprochen erfolgreiche Ausweitung des medizinischen Geschäftsmodells.

Ganz nach dieser Logik ist die KBV auch eine glühende Anhängerin der Früherkennung. Auf der KBV-Website gibt es folglich umfangreiches Werbematerial für den Check-up 35. Unter anderem ein Video, in dem den Besuchern des Portals erklärt wird, dass das Herz-Kreislauf-System mit 35 Jahren schon eine »satte Laufleistung« vollbracht habe und – ähnlich wie das Auto beim TÜV – auf die »Hebebühne« gehöre.[44] Dann kommt die Kardiologin und Allgemeinmedizinerin Dr. Natascha Hess ins Bild und erklärt zum Check-up 35: »Die Vorteile liegen ganz klar bei der Früherkennung von Risikofaktoren bei Menschen, die noch nicht das Gefühl haben, erkrankt zu sein.«

»Menschen, die noch nicht das Gefühl haben, erkrankt zu sein« sind Frau Dr. Hess offenbar suspekt. Wie kann man nur so blauäugig sein und ohne das Gefühl, krank zu sein, durch die Gegend laufen? Das geht ja gar nicht! Da muss man unbedingt etwas dagegen unternehmen. Bei diesen naiven Zeitgenossen, die sich am Ende auch noch für gesund halten, lässt sich bei genauem Hinsehen sicher ein Wert finden, der von der Norm abweicht. Und was für ein Glück: Meistens funktioniert das sogar. Folgerichtig hören wir in dem Video bei der KBV wenig später stolz die Feststellung: »Bei rund 70 Prozent stellt sie erhöhte Cholesterin-Werte fest.« Na toll, Frau Dr. Hess! Da haben Sie ja wirklich was Sinnvolles vollbracht. Sie kennen sicher den Spruch »Gesunde gibt es nicht. Nur Unterdiagnostizierte.« Wenn ich Frau Dr. Hess höre, weiß ich: Das ist leider kein Witz. Das ist in unserer Medizin-Kultur vielmehr die Normalität.

Schauen wir uns jetzt die einzelnen medizinischen Problembereiche an, die uns nach der Vorstellung so vieler Ärzte angeblich zu einem Volk von behandlungsbedürftigen Grenzwertverletzern machen.

»Böses« Cholesterin

Es gibt wohl kaum einen Naturstoff, der in der allgemeinen Wahrnehmung so schlecht dasteht, wie das Cholesterin. Und das ist wirklich schlimm. Denn Frau Dr. Hess findet ja bei 70 Prozent von uns »erhöhte Werte«. Ich erinnere mich an einen Werbespot, der in den 90er-Jahren im Fernsehen lief. Im Stil des Science-Fiction-Klassikers *Die Reise ins Ich* ist da ein Miniatur-U-Boot im Körper unterwegs. Die Kommandozentrale erinnert an die Brücke des Raumschiffs Enterprise. Die Mannschaft ist in Unruhe, denn das Schiff hängt außen an ekligen grauen Riesenblasen fest. Ein Offizier, der ein Halbbruder von Mr. Spock sein könnte, blickt besorgt von seinem Scanner auf und verkündet mit Grabesstimme: »Es ist Cholesterin.« Nach einer knappen Sekunde betroffenen Schweigens (Werbezeit ist teuer) meldet sich das Gegenstück zu Lieutenant Uhura zu Wort. Mit der intellektuellen Präzision, die wir von einem Waffenoffizier erwarten, erklärt sie: »Käpt'n, da kommt was von hinten. Das Cholesterin löst sich auf.« Und in der Außeneinstellung sehen wir, wie mysteriöse grüne Pfeile angeschwirrt kommen und die grauen Blasen zum Platzen bringen. Das Schiff ist wieder frei. Es folgt ein Mega-Zoom in unsere Größendimensionen und wir verstehen, dass sich das Drama im Körper einer schlanken hübschen Endzwanzigerin abgespielt hat. Die U-Boot-Crew in ihrem Körper ist gerade noch mal davongekommen, weil sie immer schön den Butterersatz Becel gefuttert hat – natürlich ohne Cholesterin.

Ich weiß nicht, mit welchem Adjektiv ich diesen Spot zuerst beschreiben möchte. Dümmlich? Grotesk? Grob irreführend? Ginge es hier um eine ethnische Minderheit würde man sicher von »Volksverhetzung« sprechen können. Das arme Cholesterin so zu mobben ist wirklich verdammt unfair. Denn Cholesterin gehört tatsächlich zu den wichtigsten, ja zu den absolut unverzichtbaren Stoffen in unserem Leben.

Cholesterin: eine lebenswichtige Substanz

Etwa 140 Gramm Cholesterin hat ein Erwachsener durchschnittlich im Körper. Die überwiegende Mehrheit davon – nämlich 95 Prozent – befindet sich nicht in den Blutgefäßen, sondern in den Zellen. Dort besteht seine wichtigste Aufgabe darin, in der Zellmembran dafür zu sorgen, dass diese flexibel bleibt. Ohne das Cholesterin als »Schmiermittel« in der die Zelle umgebenden Doppelmembran wären viele Fähigkeiten, die die tierische Zelle im Gegensatz zur Pflanzenzelle mit steifen Zellwänden auszeichnet, gar nicht möglich. Gleichzeitig regelt es zusammen mit speziellen Proteinen auch einen Teil der biochemischen Kommunikation der Zellen, indem es Signalstoffe in die Zelle einschleust oder aus der Zelle entlässt.

Außerdem ist Cholesterin die Vorstufe, aus der Steroidhormone gebildet werden. Zu diesen gehören die Geschlechtshormone Progesteron, Östradiol und Testosteron. Cholesterin ist auch eine Vorstufe der Gallensäuren, die eine wichtige Rolle bei der Fettverdauung spielen. Und aus Cholesterin gehen die Nebennierenhormone hervor, die Corticosteroide, die den Natrium- und Kaliumspiegel regulieren und damit ganz wesentlich für die lebenswichtige Steuerung des Wasserhaushaltes in unserem Körper verantwortlich sind. Andere Corticosteroide sind weitere Geschlechtshormone (Estrogene) oder wichtige Akteure im Zucker-, Fett- und Eiweißstoffwechsel. Cholesterin ist zudem an der Bildung von Vitamin D beteiligt, das man eigentlich auch als Hormon bezeichnen kann und das in unserem Körper an vielen Schaltstellen gebraucht wird. Unter anderem unser Immunsystem ist dringend auf Vitamin D angewiesen.

Die Liste ist erst mal lang genug, oder? Wir werden im Laufe dieses Kapitels noch weiteren wichtigen Leistungen des angeblich so bösen Cholesterins begegnen. Eines vielleicht noch: Weil Cholesterin ein so lebenswichtiger Stoff ist, synthetisieren Säugetiere (und damit natürlich auch wir Menschen) ihren Bedarf zu etwa 90 Prozent selbst. Und zwar in der Leber. 1 bis 2 Gramm pro Tag bei uns Menschen. Nur 0,1 bis 0,2 Gramm pro Tag nehmen wir über die Nahrung auf. Das heißt, wir können den Cholesterinspiegel in unserem Blut durch Ernährung gar nicht in einem nennenswerten Ausmaß beeinflussen. Denn wir sind weitestgehend Cholesterin-Selbstversorger. Das hat Mutter Natur so vorgesehen. Schließlich ist Cholesterin einfach zu wichtig, als dass man die Versorgung des Körpers damit der potenziell unsicheren Ernährungssituation überlassen könnte. Nehmen wir viel Cholesterin mit der Nahrung auf, produziert der Körper weniger. Essen wir hingegen wenig, produziert der Körper mehr. Finden Sie es vor diesem Hintergrund fair, wie die oben beschriebene Werbung das Cholesterin als Schreckgespenst inszeniert? Für mein Gefühl hat das eher etwas mit vorsätzlicher Irreführung zu tun.

Der Ursprung der Cholesterin-Angst

Falls Sie zu den Leserinnen oder Lesern meines Buches *Die weiße Mafia* gehören, werden Sie die folgende Geschichte schon kennen. Ich muss sie hier aber dennoch erneut erzählen, denn sie ist der wichtigste historische Ausgangspunkt der Cholesterin-Angst, zumindest, was die gefürchtete

»Verkalkung« der Arterien anbelangt: Im Jahr 1908 veröffentlichte der russische Wissenschaftler Alexander Ignatovski eine Studie, in der er den Zusammenhang von cholesterinreicher Ernährung und den sklerotischen Plaques in den Arterien untersucht hatte. Das Fett Cholesterin hatte man schon im 18. Jahrhundert in Gallensteinen nachgewiesen. Daher kommt auch sein Name: »Cholé« bedeutet auf Griechisch »Galle«. Und Sterin leitet sich vom griechischen »stereós« ab, was unter anderem »fest« bedeutet. In Reinform ist Cholesterin eine helle wachsartige Substanz. Durch seine Anwesenheit in Gallensteinen galt das Cholesterin also schon lange als böses Fett. Auch in den Gefäßablagerungen, den arteriellen Plaques, hatte man Cholesterin gefunden, und Schlaganfälle sowie Herzinfarkte waren ja auf diese Plaques zurückzuführen. Wenn es also möglich war, einen Zusammenhang zwischen der Cholesterinzufuhr durch die Nahrung und den Gefäßablagerungen nachzuweisen, hätte man einen Beweis dafür, dass Cholesterin tatsächlich die Ursache der Gefäßverkalkungen und damit von Herzinfarkten und Schlaganfällen sei, so die These von Ignatovski.

Um diesem Verdacht nachzugehen, fütterte der russische Wissenschaftler Versuchskaninchen mit einer Paste aus Ei und Hirn – beides reich an Cholesterin. Mit dieser Cholesterin-Extremdiät gelang es ihm, den Cholesterinspiegel im Blut der Kaninchen von 40 Milligramm pro Deziliter auf sage und schreibe 1200 Milligramm zu erhöhen. Das Dreißigfache des normalen Wertes! Einige der Kaninchen starben daraufhin an Herzinfarkt und bei der Obduktion entdeckte Ignatovski mustergültige Gefäßablagerungen in den Arterien der Tiere. Seit diesem ebenso denk- wie fragwürdigen Experiment gilt in weiten Kreisen der Medizin der Zusammenhang von hohem Cholesteringehalt im Blut und Arterienverkalkung auch beim Menschen als gesichert.

Dazu sind allerdings zwei wichtige Tatsachen zu erwähnen: Erstens sind Kaninchen eigentlich Pflanzenfresser und ihr Stoffwechsel ist wirklich nicht auf eine Diät aus Ei und Hirn eingestellt. Und zweitens ist es auch in den über 100 Jahren Cholesterinforschung nach Ignatovski nicht gelungen, beim Menschen einen entsprechenden Zusammenhang zwischen einem hohen Cholesterinspiegel im Blut und arteriellen Plaques – respektive Herzinfarkten – nachzuweisen.

Das hat allerdings nicht verhindern können, dass sich eine ganze Industrie entwickelt hat, die auf dem Mythos vom bösen Cholesterin aufbaut. Dabei sind die Produzenten von cholesterinarmen oder angeblich cholesterinspiegelsenkenden Nahrungsmitteln wie Becel noch relativ kleine Akteure in diesem Verwirrspiel. Das richtig große Geld machen die Hersteller der Pharmazeutika, mit deren Hilfe sich der Cholesterinspiegel im Blut senken lässt. Ein globaler Jahresumsatz von etwa 30 Milliarden Dollar wird mit diesen Mitteln erzielt. Die potentesten Marktteilnehmer sind dabei die Statine. Sie stellen die wirtschaftlich erfolgreichste Medikamentengruppe in der Geschichte der Medizin dar. Weltweit schlucken fantastische 220 Millionen Menschen Statine und bescherten den Herstellern im Jahr 2011 Umsätze von insgesamt 25 Milliarden Dollar. Über die Hälfte der Statin-Kunden lebt in den USA, 40 Prozent der Erwachsenen nehmen dort diese Cholesterinsenker. Und Sie können Gift darauf nehmen, dass die Hersteller dieser Mittel wie Pfizer oder MSD Sharp Dohme alles dafür tun, ihr Geschäftsmodell zu schützen.

Bevor wir einen Exkurs unternehmen, um die Frage zu klären, wie es den Herstellern gelingt, diese für die meisten »Patienten« sinnlosen und dabei teuren und nebenwirkungsreichen Präparate gegen die wissenschaftliche Datenlage so stabil auf dem Weltmarkt zu halten, schauen wir uns erst einmal einige wichtige Studienergebnisse an.

Kein Zusammenhang zwischen Cholesterin und Arteriosklerose

Immer wieder wurde versucht, in Autopsie-Studien zu zeigen, dass ein hoher Cholesteringehalt im Blut vermehrt mit Arteriosklerose (Gefäßverkalkung) einhergeht. Es wurden also Tote untersucht und ihre Cholesterinwerte (LDL-Cholesterin) mit dem Grad der Arterienverkalkung und mit der Rate der Herzinfarkte verglichen. Im Jahr 1998 veröffentlichte der Schweizer Wissenschaftler Jan-Olaf Gebbers eine Metaanalyse, in die er alle bis zu diesem Zeitpunkt vorliegenden Autopsie-Studien zu diesem Thema einbezog.[45] Das Ergebnis war frappierend: Weder zwischen Plaques und dem Cholesterinspiegel noch zwischen dem koronaren Herztod und dem Cholesterinspiegel konnte ein signifikanter Zusammenhang gezeigt werden. Es gab Tote, die hatten starke Arteriosklerose und niedrige Cholesterinwerte und es gab Verstorbene mit hohen Cholesterinwerten und gesunden Gefäßen.

Cholesterin und Schlaganfall

Der Herzinfarkt durch einen sklerotischen Verschluss der Herzkranzgefäße ist nicht das einzige fatale medizinische Ereignis, das dem Cholesterinspiegel im Blut – gegen die wissenschaftliche Beweislage – zur Last gelegt wird. Auch der Schlaganfall gehört dazu. Die Argumentation ist dabei dieselbe: Cholesterin steckt in den Plaques, die den Gefäßverschluss bewirken. Und viel Cholesterin im Blut führt zu vielen Plaques (was nicht stimmt). Folglich muss der Cholesterinspiegel im Blut bei Grenzwertüberschreitung medikamentös abgesenkt werden. Unter anderem die Deutsche Lipid-Liga e. V. propagiert diese »Information« seit Jahrzehnten.[46] Doch wieder existiert eine große Metaanalyse, die schon 1995 mit einer beeindruckenden statistischen Power gezeigt hat, dass dieser Zusammenhang gar nicht existiert.[47] In der Studie wurden 45 Einzelstudien zusammen ausgewertet. Dadurch kam die Metaanalyse auf eine Teilnehmerzahl von 450 000 Probanden. Im Durchschnitt dauerten die Studien 16 Jahre. Das ergab für die Metastudie einen gesamten Beobachtungszeitraum von 7,2 Millionen »Mannjahren«. Und die Studie zeigte: Es gab keine Korrelation, keinen statistischen Zusammenhang zwischen der Höhe des Cholesterinspiegels im Blut und der Wahrscheinlichkeit für einen Gehirnschlag durch Gefäßverschluss. Allenfalls für Männer unter 45 Jahren ergab sich eine schwache Korrelation. Die Autoren der Studie wiesen aber darauf hin, dass damit noch kein Beweis existiere, dass dieses gleichzeitige Auftreten von erhöhten Cholesterinwerten mit einem leichten Risikoanstieg für Schlaganfall einen ursächlichen Zusammenhang bedeute. Genauso wahrscheinlich sei eine gemeinsame Ursache, die beiden – der Cholesterinerhöhung und den Schlaganfällen – zugrunde liege.

Primärprävention und Sekundärprävention

Die wichtigste Fragestellung, die mit Studien zum Thema Cholesterinspiegel und Herzinfarkt beantwortet werden muss, lautet aber natürlich: Kann eine Senkung des Cholesterinspiegels vor einem Herzinfarkt oder einem Schlaganfall schützen oder nicht? Zwar legen die bisher genannten Studien, die einen Zusammenhang zwischen diesen fatalen Ereignissen und dem Cholesterinspiegel verneinen, die Antwort nahe: »Nein, die Cholesterinsenkung wird nichts bringen.« Aber wir wollen dennoch den direkten Zugang zur Frage: Schutz oder kein Schutz durch Cholesterinsenkung?

Dabei müssen wir zwischen zwei verschiedenen Behandlungsgruppen unterscheiden. Einmal geht es um die sogenannte Primärprävention. Das ist die Behandlung von Menschen, die sonst in puncto Herz-Kreislauf völlig gesund sind. Diese Klientel hat lediglich »zu hohe« Cholesterinwerte. Es handelt sich hier also um den Versuch, das erste Auftreten einer Herz-Kreislauf-Komplikation zu verhindern. Bei einem angenommenen Risiko durch den »hohen« Cholesterinspiegel. Bei der gigantischen medizinischen und ökonomischen Bedeutung des Themas ist es nicht weiter verwunderlich, dass es zahlreiche Studien dazu gibt. Die letzte Metaanalyse aus dem Jahr 2010 umfasst elf Einzelstudien, die alle den strengsten Anforderungen an medizinische Studien gerecht werden: Sie waren randomisiert, placebokontrolliert und verblindet. Es wurden die Probanden also zunächst rekrutiert, dann zufällig auf zwei Gruppen verteilt, um gleiche Ausgangsbedingungen zu schaffen. Die eine Gruppe bekam das Medikament, die andere ein Scheinmedikament, ein Placebo. Die Behandelten wussten nicht, in welcher Gruppe sie sich befanden. Diese Verblindung egalisiert den Placeboeffekt, der durch den Glauben an die Wirksamkeit der Behandlung entstehen kann. Zusammen brachten es die elf Studien auf 65 229 Teilnehmer.

2,5 Millionen Kranke durch Früherkennung

Das Ergebnis war eine bittere Pille für die Cholesterin-Senkungs-Industrie: Obwohl die Cholesterinsenker die entsprechenden Werte in der Behandlungsgruppe zuverlässig gesenkt hatten, lebten die Teilnehmer, die das echte Medikament bekamen, nicht länger als die Teilnehmer, die das Scheinmedikament geschluckt hatten. Auf Deutschland übertragen bedeutet das, dass bei uns etwa 2,5 Millionen ansonsten gesunde Menschen, die mit Cholesterinsenkern Herz-Kreislauf-Problemen vorbeugen wollen, diese nebenwirkungsreichen Statine sinnloserweise einnehmen. Der ökonomische Schaden allein durch die Medikation ist für das Gesundheitssystem immens. Zum gesundheitlichen Schaden kommen wir später noch. Unser Thema ist ja eigentlich nicht »wirkungslose Medikamente«, sondern »krank durch Früherkennung«.

Ein wenig anders stellt sich die Sache bei der Sekundärprävention dar, also bei der Behandlung von Menschen, die schon ein Herz-Kreislauf-Ereignis wie Schlaganfall oder Herzinfarkt hatten. Allein mit der Diskussion der zahlreichen Studien dazu könnte man ein eigenes Buch füllen. Ich beschränke mich hier darauf, das wiederzugeben, was mir der Diabetologe Prof. Peter Sawicki erklärte, als ich ihn – damals war er Direktor des Instituts für Qualität und Wirtschaftlichkeit im Gesundheitswesen (IQWiG) – in seinem Kölner Institut zu dieser Fragestellung interviewte. Die Studien hätten durchaus einen Nutzen der Behandlung mit Statinen bei dieser vorbelasteten Gruppe ergeben, allerdings sei der nicht besonders groß. Man müsse 50 dieser Patienten 10 Jahre lang mit Statinen behandeln, um einen Tod durch Herzinfarkt zu verhindern. Auf eine einzelne Person bezogen bedeutet das, sie muss 15 Jahre die Tabletten einnehmen und senkt ihr Infarktrisiko damit um 4 Prozent. Keine tolle Bilanz.

Der damalige Direktor des deutschen »Medizin-TÜVs« IQWiG wies damals auch darauf hin, dass damit allerdings noch nicht bewiesen sei, dass der relativ kleine Benefit durch die Behandlung mit Statinen tatsächlich durch die Cholesterinsenkung bewirkt werde. Vielmehr weise vieles darauf hin, dass andere Effekte der Statine – wie eine antientzündliche Wirkung dieser Stoffe – für die schwache Absenkung des Re-Infarktrisikos bei dieser Patientengruppe verantwortlich sei. Dazu passt die Einschätzung, dass es sich bei den Plaques ursprünglich um Reparaturversuche handelt, die entzündlichen Prozessen an den inneren Gefäßwänden entgegenwirken sollen. Demnach werden die sklerotischen Plaques gar nicht als ausschlaggebende Ursache der koronaren Herzkrankheit eingestuft, sondern als deren Folge. Die eigentliche Ursache liegt in den Entzündungsvorgängen in den Wänden der betroffenen Arterien.[48] Gegen die Einschätzung, dass die Cholesterinsenkung für den geringen Nutzen bei Herz-Kreislauf-Kranken verantwortlich ist, spricht auch die Tatsache, dass der Ausgangs-Cholesterinspiegel vor der Behandlung keine Rolle spielt. Wäre das Cholesterin wirklich so böse, müsste die Senkung höherer Spiegel mehr Benefit bringen als die Senkung niedriger Spiegel. Das ist aber nicht der Fall.

Exkurs: die Manipulation der Öffentlichkeit

Bevor wir uns um die schädlichen Auswirkungen der Cholesterinsenkung kümmern, folgen Sie mir bitte auf einen kleinen Exkurs, auf dem wir erkunden wollen, aus welchem Grund und mit welchen Mitteln sinnlose oder gar schädliche medizinische Interventionen in so erschreckendem Ausmaß beibehalten werden. Selbst gegen Jahrzehnte andauernde Aufklärungsversuche durch unabhängige Wissenschaftler.

Dabei ist der Grund beim Cholesterinsenken natürlich schnell ermittelt: 30 Milliarden Dollar Jahresumsatz sind ein starker Grund, dieses Geschäftsmodell zu verteidigen. Aber wie macht man das gegen die wissenschaftliche Evidenz? Auch hier ist die Antwort auf der prinzipiellen Ebene zunächst ganz einfach: mit Gegenaufklärung. Es werden medizinische Fachgesellschaften gegründet oder gekapert, mit denen sich das medizinische System »von oben her« auf Kurs bringen lässt. Diese »Fachgesellschaften« treten in der Öffentlichkeit als Instanz mit dem Nimbus fachlicher Expertise auf und zum Beispiel Journalisten unterliegen häufig dem Irrtum, dass man hier seriöse Informationen zu den entsprechenden Krankheiten bekommen könne. So wird die öffentliche Berichterstattung manipuliert.

Aber auch auf wissenschaftlicher Ebene wird gezielt Desinformation betrieben. Es werden Studien manipuliert oder selektiv nur »gelungene« Studien oder einzelne, passende Ergebnisse veröffentlicht. Medizinische Meinungsführer werden gekauft. Intern gibt es dafür die wenig schmeichelhafte Bezeichnung »habilitiertes Mietmaul«. Nach einer Untersuchung von 2001 wenden Pharmafirmen im Schnitt 3 Prozent ihres Marketingbudgets für diese »Sonderzuwendungen« an ausgewählte Professoren auf. Bezogen auf die Statin-Hersteller sprechen wir hier über Geldmittel im 100-Millionen-Euro-Bereich jedes Jahr. Gravierend ist die Manipulation auch in Bezug auf die Veröffentlichung von Studien. Medizinische Fachzeitschriften müssen fürchten, lukrative Anzeigenkunden aus den Reihen der pharmazeutischen Industrie zu verlieren, wenn sie Artikel bringen, die zeigen, dass Medikamente ihrer potenten Inserenten schlecht wirken. Andererseits gelangen methodisch minderwertige Studien, die positive Ergebnisse für die Präparate der Anzeigenkunden beinhalten, mit erstaunlicher Leichtigkeit in diese Fachzeitschriften. Auf den von Herstellern gesponserten Kongressen werden selbstverständlich »geneigte Referenten« installiert. Über diese und weitere geeignete Instrumente zur Manipulation der (Fach-)Öffentlichkeit ist immer wieder berichtet worden.[49]

Irreführende Studien

Ein sehr hübsches Beispiel für das irreführende Ausrichten einer Studie auf einen Surrogatparameter – also auf einen irrelevanten Endpunkt – findet sich gleich bei der ersten großen Statin-Studie, die 1990 mit dem Wirkstoff Lovastatin durchgeführt wurde. Die 8245 Teilnehmer der Studie hatten einen »moderat erhöhten« Cholesterinspiegel. Die Auswertung dieser EXCEL-Studie (Expanded Clinical Evaluation of Lovastatin)[50] erbrachte nach 48 Wochen ein für die Hersteller damals durchaus befriedigendes Ergebnis: Der Cholesterinsenker verminderte die Cholesterinwerte und brachte die Probanden so näher an die National Cholesterol Education Programguidelines. Na super! Von einem realen Benefit konnte die Studie allerdings nicht berichten. Es war lediglich ein Laborparameter bei den Probanden gesenkt worden, für den ein Expertengremium einen Grenzwert festgelegt hatte. Hier fehlt nur noch eine letzte Information, um das abgekartete Spiel zu verstehen: Acht der neun Experten, die in den USA den letzten Cholesterin-Grenzwert festlegten, waren bezahlte »Berater« von Pharmakonzernen, die mit Cholesterinsenkern ihr Geld verdienen.[51]

Wie finden Sie das? Für meine Begriffe gibt es da keinen Zweifel: Die Entscheidung über medizinische Grenzwerte darf nicht von Wissenschaftlern getroffen werden, die finanzielle Beziehungen zu den Unternehmen unterhalten, deren wirtschaftliches Wohlergehen ganz entscheidend von diesen Grenzwerten abhängt. Keiner beißt ja gern die Hand, die ihn füttert. Wir haben hier, wo es um Milliarden Euro und die Gesundheit von vielen Hundert Millionen Menschen geht, Verhältnisse wie in einer Bananenrepublik. Eigentlich unfassbar.

Noch eine Information zum Thema Grenzwerte möchte ich unbedingt erwähnen. Grenzwertabsenkungen, die sich dem Durchschnittswert in der Bevölkerung nähern, sind besonders gewinnträchtig. Schließlich erhält man auf diese Weise naturgemäß besonders viele »Betroffene«. Und so brachte die letzte Grenzwertabsenkung auf 200 Milligramm Cholesterin pro Deziliter Blut in den USA den entsprechenden Pharmafirmen über Nacht unglaubliche 42 647 000 neue potenzielle Kunden.[52]

Bedauerlicherweise sind Grenzwerte mittlerweile – wörtlich und im übertragenen Sinne – »internationales Geschäft«. So waren die deutschen Fachgesellschaften den immer strenger werdenden Vorgaben der Amerikaner über Jahrzehnte pflichtschuldig gefolgt. Es gibt ja auch keine elegantere Methode, den Kundenkreis zu erweitern, als die Absenkung der Grenzwerte. Die unabhängige Wissenschaft sagt: »Es gibt keinen ursächlichen Zusammenhang zwischen Cholesterinspiegel und Arteriosklerose und

Herzinfarkt«, und die Lobby ergreift die Flucht nach vorne und beschließt: »Wir brauchen strengere Grenzwerte.« Und setzt das auch durch. Wichtigstes Instrument dieser Umsetzungsoffensive sind dabei die medizinischen Fachgesellschaften. Bevor wir uns deshalb die für Cholesterin zuständige deutsche Fachgesellschaft und ihre Verstrickungen mit der Pharmaindustrie näher anschauen, erst noch ein zweites Beispiel dafür, wie mit fragwürdigen Studien die Öffentlichkeit manipuliert wird.

Die schicke 4S-Studie

Es handelt sich um die Scandinavian Simvastatin Survival Study, die in Fachkreisen auch als 4S-Studie bekannt ist.[53] In die 4S-Studie wurden 4444 Patienten aufgenommen, die einen mindestens sechs Monate zurückliegenden Herzinfarkt oder eine stabile Angina Pectoris hatten. Eine Angina Pectoris (zu Deutsch: Brustenge) beruht zumeist auf sklerotisch verengten Herzkranzgefäßen. In dieser placebokontrollierten Studie wurde das »böse« LDL-Cholesterin in der Behandlungsgruppe um durchschnittlich 35 Prozent gesenkt. Und scheinbar wirkte es: Bei der Herz-Kreislauf-Mortalität erreichte das Statin gegenüber Placebo eine Verringerung von 8,5 Prozent auf 5 Prozent. Bei Herzinfarkt lag die Gruppe, die das Statin bekam, bei 7,4 Prozent, die Placebogruppe dagegen bei deutlich schlechteren 12,1 Prozent. Das sind auf den ersten Blick ganz klare positive Ergebnisse, die für das Statin sprechen. Allerdings zeigte sich bei näherer Prüfung, dass die Autoren nicht nur bei Patientenzahl und beim Namen der Studie besonderen Wert auf ein »schickes Design« gelegt hatten.

In der Veröffentlichung fehlten nämlich auffälligerweise die üblichen Daten zur Altersverteilung in der Behandlungs- und der Placebogruppe. Nähere Prüfungen ergaben dann, dass diverse altersabhängige Erkrankungen in der Placebogruppe von Anfang an häufiger auftraten. Mit anderen Worten: Die Autoren hatten sich offenbar – anders lassen sich die Daten nicht interpretieren – von Anfang an eine ältere und kränkere Placebogruppe zusammengestellt. Krass, oder? Außerdem wurden weitere medikamentöse Behandlungen nicht wie sonst üblich dokumentiert. Das legt den Verdacht nahe, dass eine Beeinflussung der koronaren Herzkrankheit auch durch eine wirksamere Begleittherapie in der Behandlungsgruppe etwa mit ASS oder Betablockern erreicht wurde. Auch zeigte sich, dass die Studie nicht wirklich verblindet war, da in der Behandlungsgruppe bei Patienten, bei denen die Cholesterinsenkung nicht wie erwünscht funktionierte, auch noch Wochen nach Studienbeginn die Statin-Dosis verdoppelt wurde. Das ist ein Skandal! Diese Studie wurde manipuliert. Die Autoren hatten offenbar den Auftrag, die Öffentlichkeit in die Irre zu führen und ein gefälschtes Argument für die »wissenschaftliche Kommunikation« zu erschaffen. Das unabhängige *Arznei-Telegramm* kommt zu dem Schluss: »Die mit Riesenaufwand betriebene Studie bestätigt lediglich: Ältere Koronarpatienten sterben häufiger als jüngere.«[54]

Manipulierte Wissenschaft: ein Kavaliersdelikt?

Manipulierte Studien oder das Verheimlichen negativer Studiendaten ist in der Medizin tatsächlich eher die Regel als die Ausnahme. Denn neun von zehn Studien werden von den Herstellern der in den Studien getesteten Medikamente finanziert. Angesichts der gewaltigen Summen, um die es auf dem Pharmamarkt geht, ist es offenbar normal, dass die Studien geschönt, manipuliert oder – in Einzelfällen – sogar frei erfunden sind.[55] Für mich ist es dennoch einfach nicht nachvollziehbar, warum das Verfassen solcher irreführenden Studien nicht mit harten Strafen geahndet wird. Ein Mörder, der »gerade mal« einen einzigen Menschen umgebracht hat, landet in der Regel für 10 bis 15 Jahre hinter Gittern. Die Manipulation von Studien oder das Zurückhalten von negativen Studienergebnissen, die im Ernstfall für Tausende von Toten verantwortlich sind (siehe zum Beispiel der Cholesterinsenker Lipobay), gilt dagegen als Kavaliersdelikt. Diese Logik kann ich nicht verstehen. Und damit sind wir schon fast wieder bei unserem Schwerpunkt »Krank durch Früherkennung«. Doch um unseren kleinen Exkurs zur Manipulation der Öffentlichkeit abzurunden, werfen wir noch einen Blick auf die für unser aktuelles Thema zuständige medizinische Gesellschaft.

Die Deutsche Lipid-Liga und die Industrie

In Deutschland ist es die Deutsche Gesellschaft zur Bekämpfung von Fettstoffwechselstörungen und ihren Folgeerkrankungen (DGFF, volkstümlich: Lipid-Liga), die sich das Thema »Cholesterin« groß auf ihre Fahnen geschrieben hat. Was sie auf ihrer Website über ihre Gründung schreibt, lässt tief blicken: Weil »die öffentliche Kontroverse um den Risikofaktor Hypercholesterinämie (›zu hohe Cholesterinwerte‹) zur Verunsicherung der Ärzteschaft und damit auch der Patienten führte, wurde die Deutsche Gesellschaft zur Bekämpfung von Fettstoffwechselstörungen und ihren Folgeerkrankungen DGFF (Lipid-Liga) e. V. am 19. Oktober 1988 in Wiesbaden gegründet.«[56]

Spätestens in den 80er-Jahren des letzten Jahrhunderts war unabhängigen Wissenschaftlern klar geworden, dass etwas mit der Cholesterinhypothese nicht stimmen konnte. Denn entsprechende Publikationen häuften sich. Diese Stimmen stellten allerdings eine ernsthafte Bedrohung für das äußerst lukrative Cholesterin-Senkungs-Geschäft dar. In diese »öffentliche Kontroverse« (zu Deutsch: »Uns schwimmen die Felle weg!«) wollte die Cholesterin-Lobby zur Stärkung ihrer Position eine Institution mit der Aura des Spezialistentums einschleusen: die Lipid-Liga. »Ah, da sitzen die Fachleute für das Problem«, sollten sich die Laien und Entscheidungsträger im Gesundheitssystem denken. Stellen Sie sich das einmal vor: Ich war als Neuling im Medizinjournalismus vor vielen Jahren tatsächlich so naiv, bei der Lipid-Liga Informationen über das Thema Cholesterin einholen zu wollen. Genauso gut hätte ich beim Deutschen Dachverband der Süßwarenindustrie nach Informationen zum Thema Zucker und Karies suchen können.

Klicken Sie auf der Website der Lipid-Liga mal auf den Link »Förderer«. Hier dankt die Fachgesellschaft einem Dutzend Pharmaunternehmen für die »Förderung ihrer satzungsgemäßen Zwecke«.[57] Dass diese Unternehmen mit Cholesterinsenkern viel Geld verdienen, brauche ich sicher nicht weiter auszuführen. Die Deutsche Lipid-Liga behauptet auf ihrer Website mehrfach, eine unabhängige Institution zu sein. Aber wer ist schon unabhängig von seinen Geldgebern? Niemand!

Lipid-Liga gegen das Bundesinstitut IQWiG

Einen für die Lipid-Liga in diesem Zusammenhang ausgesprochen entlarvenden Vorgang stellt die Veröffentlichung einer Analyse im Jahr 2006 dar.[58] Die Studie gab vor, nachzuweisen, dass das Statin Atorvastatin/Lipitor von Pfizer, das den Cholesterinspiegel stärker als andere Statine senkt, bei einem vorgeschädigten Herz-Kreislauf-System (stabile koronare Herzkrankheit) besonders gut vor Herzinfarkt schützt. Interessanterweise war das Bundesinstitut für Qualität und Wirtschaftlichkeit im Gesundheitswesen (IQWiG – wir sind ihm schon begegnet, das Institut ist der unabhängige deutsche Medizin-TÜV) in seiner großen Cholesterin-Studie zu dem Ergebnis gekommen, dass Lipitor keinen Vorteil bietet.[59] Dass der stärkere Cholesterinsenker bei Risikopatienten nicht besser wirkt als schwächere Cholesterinsenker ist übrigens ein weiteres Argument für die Einschätzung, dass die Wirkung der Statine bei Herzpatienten mit der Cholesterinsenkung gar nichts zu tun hat. Die entsprechende IQWiG-Expertise hatte zur Folge, dass der »Cholesterin-Senkungs-Primus« Pfizer sein bis dato besonders teures Statin Lipitor nur noch für einen deutlich geringeren Festbetrag verkaufen konnte. Empfindliche Umsatzrückgänge waren die Folge.

Auf der Website, auf der die Lipid-Liga ihre Lipitor-freundliche Studie veröffentlichte, gab es keinen Hinweis auf die Auftraggeber der Studie. Die Fachgesellschaft gab sich wieder wissenschaftlich unabhängig. Tatsächlich wurde die Studie jedoch wesentlich vom Lipitor-Hersteller Pfizer finanziert. Co-Autor war der damalige Lipid-Liga-Vorstand Prof. Winfried März. Prof. März musste später eingestehen, dass er weitere »Beraterhonorare« auch in Form von Aktienoptionen von Pfizer erhalten hat.[60] Ich finde, damit hat sich die Deutsche Lipid-Liga deutlich als verlängerter Arm der Pharmaindustrie gekennzeichnet. Inzwischen hat die Lipid-Liga diese mehr als fragwürdige und ganz sicher nicht »unabhängige« Studie aus ihrem Informationsangebot gelöscht. Für mich ein deutliches Eingeständnis, dass es sich hier nicht um wissenschaftlich saubere Informationen, sondern um Lobbyarbeit gehandelt hat.

Die »Ethik« der Deutschen Lipid-Liga

Noch eine Bemerkung zur aktuellen Situation. In den USA ist die Cholesterin-Grenzwert-Debatte wieder in Bewegung geraten. Unter dem Druck der kritischen Berichterstattung und der wissenschaftlichen Evidenz hat sich die amerikanische Fachgesellschaft nämlich zu einer Umorientierung entschieden. Es werden nun nicht mehr verschiedene Cholesterin-Zielwerte für unterschiedliche Risikogruppen angepeilt (je höher das Risiko, desto tiefer muss der Cholesterinspiegel gesenkt werden). In den USA gilt jetzt die Devise: Ab einem (ziemlich kleinen) Herzinfarktrisiko wird eine Dosis Statin verordnet. Egal, wo der Cholesterinwert im Blut des »Patienten« dadurch landet.[61] Das ist schlicht die Reaktion auf die Erkenntnis, dass Statine bei Kranken einen kleinen Nutzen haben können, der aber mit dem Cholesterinwert nichts zu tun hat. Theoretisch hört sich das nach einem guten Ansatz an. Wenn auch größte Zweifel bestehen, dass die konkrete Handhabung dieser Strategie letztlich zu weniger Statin-Verordnungen führen wird.[62]

Die Deutsche Lipid-Liga hat mit diesem Sinneswandel allerdings ein großes Problem. Würde man den USA hier folgen, käme das ja dem Eingeständnis gleich, dass die geballte wissenschaftliche Expertise der Gesellschaft 30 Jahre lang »auf dem falschen Dampfer war«. Wie peinlich, die Öffentlichkeit so hartnäckig mit falschen Informationen versorgt zu haben. Und das zudem immer gegen die Argumente der Kritiker, die sich auf die wissenschaftliche Datenlage bezogen hatten. Das Ansehen der Institution liefe Gefahr, schweren Schaden zu nehmen, und die wissenschaftliche Reputation der Gesellschaft würde darunter sicher leiden. Das wollen die Eminenzen auf der Kommandobrücke der Lipid-Liga natürlich nicht riskieren. Nein, die Lipid-Liga hat daher beschlossen, weiterhin so zu tun, als ob das Cholesterin der »böse Bube« wäre, als den man ihn Jahrzehnte lang hingestellt hat. Die Liga hält also an der Cholesterinhypothese und an ihrer »zielwertorientierten Behandlung« fest. Und hat als Reaktion auf die

Auflösung allgemeinverbindlicher Cholesteringrenzwerte durch die amerikanische Fachgesellschaft erklärt: »Zur zielwertorientierten Anpassung der Dosierung von Statinen gibt es aus ethischen Gründen keine Alternative.«[63] »Aus ethischen Gründen « – was für eine Lachnummer!

Eigentlich befinden wir uns ja im großen Kapitel »Check-up 35« und es geht um die »kostenlose« allgemeine Früherkennungsuntersuchung, zu der uns die Ärzte alle zwei Jahre einladen, wenn wir die 35 überschritten haben. Dem Cholesterinwert wird bei diesem Check-up besondere Aufmerksamkeit geschenkt. Bei unserem Exkurs in das Themengebiet »Tricksen, täuschen, tarnen – Manipulation der Öffentlichkeit« haben wir gesehen, warum an der Cholesterinfixierung gegen die unabhängige wissenschaftliche Expertise festgehalten wird. Kehren wir jetzt aber zu unserem eigentlichen Thema zurück: »Krank durch Früherkennung«.

Schädliche Cholesterinsenkung

Wir haben zu Beginn des Cholesterin-Kapitels schon eine ganze Reihe von Funktionen kennengelernt, die Cholesterin in unserem Körper hat und derentwegen diese Substanz für uns unverzichtbar ist. Unter anderem für die Bildung von bestimmten Hormonen, für die Viskosität der Zellmembran, die Zellkommunikation und für das Immunsystem. Eine wichtige Funktion habe ich bisher noch nicht genannt: Cholesterin spielt eine bedeutende Rolle im Gehirn. Es ist dort unter anderem wichtig für die Ausbildung neuer Synapsen. Das sind Schaltstellen zwischen Nervenzellen, die frisch angelegt werden, wenn etwa das Gedächtnis neue Inhalte abspeichert. In diversen Studien wurde nachgewiesen, dass eine Senkung des Cholesterinspiegels im Blut mit einem Nachlassen der Gedächtnisleistung und auch mit einer Verringerung der Aufmerksamkeit einhergeht. Überlegen Sie mal, wie viele ältere Menschen über diese Probleme klagen. Im Alter steigt aber natürlicherweise der Cholesterinspiegel. So gerät diese Klientel fast schon zwangsläufig in die Cholesterinsenkungsmühle. Nach den Studienergebnissen ist das allerdings ein Angriff auf die Leistungsfähigkeit des Gehirns. Viele von Gedächtnisproblemen Betroffene versuchen dann, mit weiteren Präparaten – zum Beispiel mit Vitamin B oder Ginkgo – ihrem Gehirn auf die Sprünge zu helfen. Ohne Erfolg. Viele nehmen diese nutzlosen Präparate weiter, denn ohne sie könnte es ja schließlich noch schlechter werden. Eine perfide pharmazeutische Bewirtschaftung vor allem von älteren Personen.

Gedächtnisstörungen, Depression, Krebs

Ein weiteres Problem, das bei älteren Personen häufig auftritt, ist die Depression, die Altersdepression. In vielen Fällen mag das mit den Lebensumständen zusammenhängen, in denen sich viele ältere Menschen objektiv befinden: Einsamkeit, Gebrechlichkeit, Verlust von Lebenspartnern – um nur einige zu nennen. Eindeutig gehört aber ein zu niedriger Cholesterinspiegel ebenfalls mit zu den Risikofaktoren für Altersdepression. Eine der vielen Studien, die entsprechende Hinweise liefern, war placebokontrolliert. Die über 70-jährigen Studienteilnehmer bekamen also entweder echte Cholesterinsenker oder wirkungslose Scheinmedikamente. Das Ergebnis: In der tatsächlich mit Cholesterinsenkern behandelten Gruppe zeigte sich gegenüber der Placebogruppe eine signifikant verschlechterte Stimmungslage.[64]

Ob noch eine weitere bedeutende Krankheit durch niedrigen Cholesterinspiegel begünstigt wird, ist in der Fachwelt seit vielen Jahren umstritten. Dabei geht es um Krebs. Es gibt zahlreiche Veröffentlichungen, in denen ein Zusammenhang zwischen dem langjährigen Konsum von Statinen und einem erhöhten Krebsrisiko hergestellt wird. In einer der jüngsten Studien, die im Jahr 2013 publiziert wurde, ist annähernd von einer Verdoppelung des Brustkrebsrisikos durch die zehnjährige Einnahme von Statinen die Rede.[65] Allerdings handelt es sich dabei um keine Studie der höchsten Qualitätsklasse, sondern nur um eine Fall-Kontrollstudie. Die Wissenschaftler verglichen etwa 2000 Frauen mit Brustkrebs mit 900 willkürlich aus der Bevölkerung ausgewählten »Kontrollfrauen«. Alle waren im Alter zwischen 55 und 74 Jahren. Dieser Studientyp ist anfällig für Verzerrungen. Unter anderem, weil die verglichenen Gruppen sich von Anfang an unterschieden. In der Fallgruppe waren eben alle Frauen krebskrank. Vielleicht haben sie ja einen gemeinsamen Risikofaktor, den die Durchschnittsfrauen nicht in gleicher Höhe haben.

Andererseits ist das Ergebnis so stark – das Krebsrisiko steigt um den Faktor 1,9 –, dass die Studie auf jeden Fall ernst genommen werden muss. In anderen Studien scheinen die Statine als Tumorsuppressoren zu wirken und sich geradezu als Kandidaten für eine künftige Krebsmedizin zu empfehlen.[66] Ich warte noch auf die große Metastudie, die diese widersprüchlichen Studienergebnisse in Beziehung zu ihrer Finanzierung stellt. Es würde mich nicht überraschen, wenn öffentlich finanzierte Studien überwiegend eine Erhöhung des Krebsrisikos zeigen würden und herstellerfinanzierte Studien eine Absenkung des Risikos feststellten.[67]

Die häufigsten schädlichen Nebenwirkungen der Statine sind allerdings die sogenannten toxischen Myopathien. Das sind Muskelschmerzen und Muskelveränderungen, die durch von außen zugeführte Giftstoffe (Statine!) entstehen. Die Hersteller der Statine versuchen, dieses schwerwiegende Risiko herunterzuspielen. Prof. Thomas Münzel, Direktor der Kardiologie der Mainzer Uniklinik, erläuterte mir bei einem Interview vor einigen Jahren die Manipulationstechnik, mittels derer die Risikoangaben für Myopathien in den Beipackzetteln der Statine auf etwa 3 Prozent gesenkt werden können. Laut Münzel gab es bei Statin-Studien mehrwöchige »Anlaufphasen«, in denen zunächst die Statin-Toleranz der Probanden ermittelt wurde. Daraufhin wurden diejenigen, die etwa über Muskelschmerzen klagten, nach Hause geschickt. Die eigentliche Studie wurde dann nur mit den Statin-Toleranten durchgeführt. Prof. Münzel schätzt aus seiner persönlichen Erfahrung den tatsächlichen Anteil der Statin-Konsumenten, die Muskelprobleme entwickeln, nicht auf 3 Prozent, sondern auf 30 Prozent.

Die gravierendste Form der Myopathie ist die Rhabdomyolyse. Hierbei handelt es sich um einen Zerfall nicht nur der Skelettmuskulatur, sondern auch der Muskulatur des Herzens und des Zwerchfelles. Im Jahr 2001 musste beispielsweise Bayer das Statin Lipobay vom Markt nehmen, da es bei gleichzeitiger Einnahme eines weiteren Cholesterinsenkers zu zahlreichen Todesfällen gekommen war. Dazu passt auch eine 2013 veröffentlichte Studie, der zufolge Herz-Kreislauf-Training bei gleichzeitigem Statin-Konsum einen deutlich geringeren Fitnesszuwachs erbringt als ohne Statine.[68]

Es gibt noch zahlreiche andere unerwünschte Nebenwirkungen, die durch Statine verursacht werden. Dazu gehört unter anderem eine Erhöhung des Risikos, Diabetes zu entwickeln.[69] Weitere Studien zeigen, dass Statin-Konsumenten aggressiv werden und vermehrt Albträume entwickeln können. Eine 2012 veröffentlichte norwegische Studie ergab, dass vor allem Frauen mit Cholesterinwerten, die deutlich über dem Grenzwert liegen, die höchste Lebenserwartung haben und auch ansonsten gesunde Männer mit Werten über dem Grenzwert älter werden als die, die leitliniengerecht »eingestellt« wurden.[70] Aber ich glaube, es reicht langsam. Das Cholesterinkapitel ist ohnehin schon recht umfangreich geworden. Doch angesichts der außerordentlichen Bedeutung dieses Themas, angesichts der Überbehandlung von Millionen von Menschen mit einem nebenwirkungsreichen Medikament ist das sicher kein Fehler. Und schließlich haben wir beim Cholesterin ein Muster vorliegen, das uns noch häufiger bei der kritischen Analyse der Früherkennungsmedizin begegnen wird: Es werden Laborwerte zu Feinden erklärt. Werte, die in Bezug auf den Einzelnen allerdings oft medizinisch vollkommen irrelevant sind.

Fassen wir das Wichtigste kurz zusammen

Dass mit der Senkung des Cholesterinspiegels im Blut das Risiko für negative Herz-Kreislauf-Ereignisse gesenkt wird, konnte trotz über 100 Jahren Forschungsarbeit zu diesem Thema nicht belegt werden. Deshalb habe ich in diesem Buch auch darauf verzichtet, die diversen Grenzwerte für das LDL-Cholesterin im Zusammenhang mit verschiedenen Risikoklassen zu diskutieren.

Sekundärprävention

Statine zeigen dennoch in der Sekundärprävention (also bei einer bereits bestehenden Herz-Kreislauf-Erkrankung) eine geringe positive Wirkung. Diese positive Wirkung geht offenbar hauptsächlich von ihren gefäßaktiven, antientzündlichen Wirkungen aus. Die Angaben zum Benefit durch die Anwendung der Statine bei diesen Patienten schwanken. In der evidenzbasierten Medizin versucht man, den Nutzen mit der Zahl der Patienten anzugeben, die ein Jahr behandelt werden müssen, um ein »negatives Ereignis« oder einen Todesfall zu verhindern. Es ist die nnt, die *number needed to treat*. Nach den besten Studien müssen 60 bis 170 Patienten ein Jahr lang behandelt werden, um ein gravierendes Koronarereignis zu verhindern. Der Einfluss auf die Sterblichkeit ist noch geringer: 160 bis 280 Patienten müssen ein Jahr Statine nehmen, um ein Menschenleben zu retten.[71]

Primärprävention

Ist der Nutzen bei Herz-Kreislauf-Patienten schon nicht besonders groß, so liegt er bei der Behandlung von Gesunden, die lediglich hohe Cholesterinwerte aufweisen, wenn überhaupt vorhanden, an der Grenze zur statistischen Signifikanz. Die nnt bezüglich der Mortalität liegt hier über 1000! 1100 bis 1400 Grenzwertverletzer müssen ein Jahr lang Statine nehmen, damit ein Leben gerettet wird. Wie viel Gedächtnisverlust, Depression, Muskelschmerzen, Diabetes und was nicht noch alles dafür in Kauf genommen werden müssen, ist nach meiner Recherche bisher in keiner Studie detailliert aufgelistet worden. Über 1000 Personen mit teuren und nebenwirkungsreichen Pharmazeutika zu behandeln, damit eine Person profitiert, das ist Wahnsinn! Aber natürlich auch für die Hersteller wahnsinnig lukrativ. Und das ist letztlich der Grund dafür, dass die monströse Cholesterin-Hypothese bei uns weiterhin am Leben gehalten wird.

Zum Abschluss des Kapitels hier noch zwei Kopien aus einem Blog zum Thema Cholesterinsenker im Internet. Ich weiß, das ist nur anekdotisch und taugt nicht als Argument in einem wissenschaftlichen Diskurs. Aber den führen wir auch nicht. Hier geht es um eine Zusammenschau verschiedener Aspekte zum Thema »Krank durch Früherkennung«. Immer wieder natürlich mit Bezug auf wissenschaftliche Daten. Aber was die menschliche, die lebenswirkliche Dimension der unerwünschten Nebenwirkungen von Statinen anbelangt, zeigen die zwei folgenden persönlichen Schilderungen besser als jede Studie.

Betroffene schildern Nebenwirkungen

07.01.2015, 17.26 Uhr, Heide Lore sagt:

Nebenwirkungen Simvastatin

Ich bin über 60 Jahre alt und habe mein ganzes Leben lang mit leicht erhöhten Cholesterinwerten gut gelebt ohne Beschwerden. Statine habe ich nie genommen auf Rat meiner damaligen Ärztin, ich fühlte mich immer sehr wohl und fit, war immer sehr schlank und konnte alles essen ohne Gewichtszunahme, war so gut wie nie krank. Nachdem meine damalige Ärztin in Rente ging, suchte ich mir einen neuen Arzt. Hier wurde mir Simvastatin verordnet aufgrund des erhöhten Cholesterins. Schon nach einem Jahr Einnahme fühlte ich mich nur noch krank, bekam starke Muskelschmerzen in Knien, Rücken und Schultern, war müde und schlapp, bekam Trigeminusschmerzen im Gesicht, Herzschmerzen, starke Kopfschmerzen, plötzlich auch Grauen Star, ständige Arztbesuche und Untersuchungen fielen an, aber keine Verkalkung o. Ä. war vorhanden. Simvastatin nahm ich täglich über mehr als drei Jahre ein. Ich nahm während dieser drei Jahre auch 12 Kilogramm zu.

Der Arzt verordnete mir trotz der ständigen Beschwerden und trotz der nur leicht erhöhten Cholesterinwerte weiterhin die Tabletten und war der Meinung, dies alles läge nicht am Simvastatin, sondern wären altersbedingte Beschwerden, und Simvastatin wäre notwendig. Nach dreieinhalb Jahren täglicher Einnahme habe ich das Medikament schließlich einfach eigenständig abgesetzt – das war vor vier Jahren. Seitdem geht es mir wieder sehr gut, alle o. a. angeführten Schmerzen sind verschwunden, mein Körpergewicht normalisiert sich allmählich auch wieder. Ein Arztbesuch fällt kaum noch an. Allerdings habe ich eine Fettleber bekommen, obwohl ich so gut wie nie Alkohol trinke. Ich hoffe nun, dass sich meine Leber auch wieder regeneriert. Ich versuche, mich gesund zu ernähren, und fühle mich ohne dieses Teufelszeug wieder sehr gut.

15.03.2012, 05.19 Uhr, More Anton sagt:

Nebenwirkungen von Statinen

Meine Frau nimmt seit ihrer Bypass-OP im Jahr 2006 Sortis ein. Sie hat am ganzen Körper Schmerzen, rastet bei der winzigsten Kleinigkeit aus, hat Albträume und ist aggressiv geworden, obwohl sie ein seelenguter Mensch ist. Wir wollen von diesem Teufelszeug wegkommen, aber kein Arzt traut sich das.

Blut(hoch)druck

Der zweite Blutwert, dem beim Check-up 35 besondere Bedeutung zugemessen wird, ist der Blutdruck. Außerdem ist er der Grund für die meisten Hausarztbesuche in Deutschland. Bekanntlich werden hier zwei unterschiedliche Größen betrachtet: die Systole und die Diastole. Die Systole, der arterielle Blutdruck, wird gemessen, wenn das Herz beim Auswurf des Blutes in die Arterien die maximale Druckleistung aufbringt. Hier liegt der momentan weithin anerkannte obere Grenzwert bei 140 mmHg. Die Maßeinheit Millimeter Quecksilber (mmHg) stammt noch aus der Zeit, als das Blutdruckmessgerät den Wert mittels einer Quecksilbersäule auf der Messskala anzeigte.

Die Diastole bezeichnet den minimalen Druck, der in den Gefäßen herrscht, wenn sich das Herz mit Blut füllt und damit das Gefäßsystem entlastet. Nach aktuellen Vorgaben der Fachgesellschaften sollte dieser Wert unter 90 mmHg liegen. Verschiedene Faktoren können den Blutdruck beeinflussen: die Elastizität der Gefäße, denn starre Gefäße erhöhen den Druck. Die Pumpleistung des Herzens natürlich, sie steigt bei körperlicher Anstrengung. Und auch die Menge des Blutes beziehungsweise sein Wassergehalt wirkt sich auf den Blutdruck aus. Je mehr Flüssigkeit sich im »Leitungssystem« befindet, desto höher der Druck. Auf all diese Größen kann mit blutdrucksenkenden Medikamenten mit verschiedenen pharmazeutischen Strategien Einfluss genommen werden.

Nach den derzeit geltenden Grenzwerten haben 40 Prozent der Erwachsenen in Deutschland zu hohen Blutdruck. Bei den über 70-Jährigen sind es sogar drei Viertel. Erstaunlicherweise ist der Grund für etwa 90 Prozent dieser »Erkrankungen« unbekannt. Die Mediziner sprechen von »essentieller Hypertonie« und meinen damit eigentlich: keine Ahnung, woran es liegt. Verschwörungstheoretiker erklären, dass sich in der Medizin auch niemand dafür interessiere, wodurch hoher Blutdruck ausgelöst werde. Es bestünde ja die Gefahr, dass man Ursachen erkennen und die Krankheit damit heilen könnte. Was natürlich viel weniger lukrativ sei, als Hypertoniker lebenslänglich zur Kundschaft zu haben und den Absatz diverser Pharmazeutika zu sichern. Letzteres stimmt zwar, aber dennoch suchen viele Wissenschaftler nach den Gründen für hohen Blutdruck.

An der Universität Greifswald beispielsweise läuft seit Jahren ein äußerst ambitioniertes Projekt. Tausende Probanden werden über Jahre engmaschig betreut. Blut- und Urinproben werden ausgewertet und in einem riesigen, computergesteuerten, tiefgekühlten Probenparkhaus eingelagert. Damit rückwirkend weitere Stoffwechselmerkmale in den Proben untersucht werden können, falls die Probanden später Bluthochdruck entwickeln. In der Hoffnung, frühe Marker für die Krankheit zu finden und die Ursachen und den Verlauf zu verstehen. Bisher ist der Aufwand leider ohne Ergebnis. Darf ich an dieser Stelle einmal eine zunächst vielleicht etwas verwegen klingende Hypothese einbringen: Könnte es nicht sein, dass es sich zumindest bei der milden Form von essentieller Hypertonie gar nicht um eine Krankheit handelt? Sondern dass Blutdruck einfach ein Parameter ist, für den es eine erhebliche interindividuelle Variation gibt. Ohne dass diese Abweichung vom angeblichen »Optimum« gleich unbedingt pathologisch ist. Dafür spricht die Tatsache, dass viele Hypertoniker steinalt werden, ohne jemals etwas von ihrer »Krankheit« erfahren zu haben. Dafür spricht aber auch, dass sich die Mortalität durch die Blutdrucksenkung bei mildem Bluthochdruck kaum beeinflussen lässt. Eine Bemerkung in diesem Zusammenhang zum Thema Schlaganfall, mit dem regelmäßig für Hochdruckangst geworben wird: Nur einer von zehn Schlaganfällen wird durch ein geplatztes Gefäß verursacht. Neun von zehn Schlaganfällen sind Gefäßverschlüsse.

Ab wann ist der Blutdruck zu hoch?

Dass hoher Blutdruck ein Risiko für Herz-Kreislauf-Erkrankungen darstellt, scheint allerdings auf den ersten Blick plausibel. Hoher Druck bedeutet Stress für die Gefäße und die Organe und erhöht das Risiko, dass Gefäße platzen. Die entscheidende Frage ist aber: Ab wann ist Blutdruck »zu hoch«? Bei näherem Hinsehen stellt sich nämlich heraus, dass sich schon ganz prinzipiell der auf den ersten Blick so naheliegende Zusammenhang zwischen Blutdruck und Herz-Kreislauf-Problemen wissenschaftlich gar nicht so leicht beweisen lässt. Wir haben zwar eine epidemiologisch gesicherte Korrelation zwischen hohem Blutdruck und negativen Herz-Kreislauf-Ereignissen, also einen statistischen Zusammenhang zwischen Hochdruck und Herz-Kreislauf-Problemen, doch daraus die Kausalität »Hoher Blutdruck verursacht diese Ereignisse« abzuleiten, ist problematisch. Unter anderem, weil der Blutdruck – wie Dutzende andere Parameter auch – sich natürlicherweise mit dem Alter verändert. Er steigt. So, wie auch die Zahl der negativen Herz-Kreislauf-Ereignisse im Alter steigt. Genauso finden wir aber auch eine Korrelation zwischen der Anzahl der grauen Haare und der Herz-Kreislauf-Mortalität. Oder eine inverse (umgekehrte) Korrelation der Anzahl der Haare und der Herz-Kreislauf-Mortalität. Auch zum Hormonstatus/Potenz, Sehkraft, Anzahl der Falten in der Haut et cetera lässt sich eine statistische Korrelation mit der Herz-Kreislauf-Mortalität ermitteln. Doch niemand käme auf die Idee, hieraus ursächliche Zusammenhänge, also

Kausalitäten abzuleiten. Im Alter steigt das Risiko für eine Herz-Kreislauf-Erkrankung. Könnte es nicht sein, dass dieses Risiko die Folge des natürlichen Verschleißes ist, dem die Gefäße und der stetig pumpende Hohlmuskel Herz nun einmal unterliegen? Und dass es dabei kaum eine Rolle spielt, ob die Systole bei 140 oder bei 160 mmHG liegt? Wir werden gleich sehen, dass die besten wissenschaftlichen Studien genau in diese Richtung weisen.

Am Ende unseres Lebens sterben wir …

Ich bin 50 Jahre alt und mein Herz hat bisher etwa zwei Milliarden Mal geschlagen. Was für eine Leistung! Falls ich das statistische Durchschnittsalter der Männer meines Jahrganges erreichen sollte, werden es über drei Milliarden Herzschläge gewesen sein. Wir Menschen erreichen mittlerweile mit etwa durchschnittlichen 80 Jahren ein für Säugetiere geradezu biblisches Alter. Vor diesem Hintergrund kommen mir Aussagen zum Thema Herz-Kreislauf-Mortalität, wie sie sich etwa auf der Website der Deutschen Hochdruckliga finden, unangemessen vor: »Herz-Kreislauf-Erkrankungen sind für die meisten Todesfälle verantwortlich.«[72] Verstehen Sie mich bitte nicht falsch. Ich möchte nicht behaupten, dass das nicht stimmt. Aber die Einordnung dieser Aussage ist seltsam. Da muss bei mir als Laie der Eindruck entstehen: »Herz-Kreislauf ist eine riesige Krankheitsproblematik, der du dich unbedingt mit allerlei Medikamenten entgegenstemmen musst.«

Gestatten Sie mir, für einen Moment ein anderes Schlaglicht auf die Herz-Kreislauf-Mortalität zu werfen. Ich glaube, es wird Sie nicht sonderlich überraschen: Am Ende unseres Lebens sterben wir. Und es ist nicht weiter verwunderlich, dass die Haupttodesursache das Versagen des Systems ist, das über so viele Jahrzehnte in jeder Sekunde unermüdlich seinen Dienst verrichtet hat und dabei permanent mechanischem Stress ausgesetzt war. Eben dieses System aus pumpendem Hohlmuskel und einem Netz aus »Rohrleitungen«, das mit jedem Pulsschlag eine erhebliche Druckschwankung abzufedern hat. Und so werden wir auch noch in 50 Jahren, wenn die durchschnittliche Lebenserwartung vielleicht auf 90 Jahre gestiegen sein wird, von der Deutschen Hochdruckliga hören: »Herz-Kreislauf-Probleme gehören zu den häufigsten Todesursachen.«

Aber kommen wir zu unserer wichtigsten Frage zurück: Ab wann ist der Blutdruck zu hoch? Ab wann gefährdet er tatsächlich unsere Herz-Kreislauf-Gesundheit? Beziehungsweise: Ab wann ist der Blutdruck so hoch, dass eine medikamentöse Senkung des Drucks mehr Nutzen als Schaden bringt? Denn blutdrucksenkende Medikamente haben ja zum Teil gravierende Nebenwirkungen. Doch bevor wir einen Blick auf die wissenschaftliche Studienlage zum Grenzwert-Thema werfen, lassen Sie uns zunächst die Entwicklung der Grenzwerte nachzeichnen. Schließlich definieren diese Grenzwerte, wer als krank gilt und die blutdrucksenkenden Medikamente schlucken soll.

Im Sinkflug: Grenzwert für den Risikofaktor Blutdruck

Erst nach dem Zweiten Weltkrieg begann man, an breiter Front mit systematischen epidemiologischen Studien Gesundheitsrisiken zu erfassen und zu quantifizieren. Für den Blutdruck galt dabei lange Zeit die Formel: 100 plus Lebensalter. Also als 70-Jähriger wäre ich mit einem Blutdruck von 170 mmHG systolisch zu dieser Zeit vollkommen unverdächtig gewesen. Für die Diastole interessierte man sich damals noch nicht. Die Tatsache, dass der Blutdruck im Laufe des Lebens steigt, akzeptierte man früher einfach als eine medizinische Gegebenheit, die ja auch positive Aspekte haben konnte. Vielleicht eine sinnvolle Reaktion des Körpers, der damit eine durch alternde Gefäße bedingte schlechtere Durchblutung kompensieren könnte?

Dann wurde als allgemeiner Schwellenwert für eine medikamentöse Blutdrucksenkung die Grenze von 160 zu 100 definiert. Die Diastole (100) wurde in den Grenzwertkatalog mitaufgenommen, weil man erkannte, dass dieser Wert den Druck in den Herzkranzgefäßen angab, in die das Blut einströmt, wenn sich das Herz mit Blut füllt. Bei der Blutdruckmessung wurde allerdings jahrzehntelang eine wichtige Störgröße ignoriert, die in der Summe sicherlich Hunderttausende Blutdruckpatienten erschaffen hat: die »Weißkittelhypertonie«. Dieser Terminus bezeichnet die Tatsache, dass viele Patienten in spe durch die stressige Situation bei der Blutdruckmessung in der Arztpraxis höhere Druckwerte aufweisen als in ihrer gewohnten Umgebung. Deshalb gilt heute eigentlich erst eine 24-Stunden-Blutdruckmessung mit einem tragbaren Messgerät als vernünftige Referenz für die Diagnose einer »Blutdruckstörung«. Stützt Ihr Hausarzt sich immer noch auf eine einzige Messung in der Praxis, würde ich vermuten, dass er die Weißkittelhypertonie bewusst ausnutzt, um seinen Kundenstamm zu erweitern. Krank durch Früherkennung!

Zu den ersten Ländern, die den Grenzwert auf 140 zu 90 senkten, gehörte Anfang der 90er-Jahre die Schweiz. Es waren die Richtlinien der Schweizerischen Hypertoniegesellschaft, die bei den Eidgenossen über Nacht eine Million neue Patienten erschuf. Finden Sie nicht auch, dass es ein putziges Detail ist, dass das Sekretariat der Schweizerischen Hypertoniegesellschaft von der Firma Roche betrieben wurde, die mit Blutdrucksenkern Milliardenumsätze macht? Da haben wir sie wieder, die unheilvolle Verzahnung der Fachgesellschaften mit der Industrie. In der Schweiz brachte die Grenzwertsenkung eine Million neue Patienten, in den USA bescherte die Neubesinnung bei den Grenzwerten 13 490 000 neue Patienten, in Deutschland dürften es etwa 4 000 000 gewesen sein.

Grenzwerte und die industrienahe Fachgesellschaft

In einem Beitrag für das Zukunftsmagazin *nano* in 3sat habe ich im Jahr 2014 liebevoll aufzeigen dürfen, wie eng die Fachgesellschaft Deutsche Hochdruckliga und besonders die Mitglieder der Grenzwertkommission für Bluthochdruck mit den Herstellern von Blutdrucksenkern »verbandelt« sind. Zunächst ging es um das »Kuratorium fördernder Mitglieder«, also um die Finanziers der Hochdruckliga. Natürlich sind das ganz überwiegend Vertreter von Firmen, die mit Blutdrucksenkungspharmazie Geld verdienen. Wie kann das sein? Wie kann sich eine Gesellschaft, die in ihren Leitlinien die Grenzwerte für eine zu behandelnde Krankheit festlegt und damit massiv auf die Gewinnmöglichkeiten der entsprechenden Pharmaindustrie Einfluss nimmt, wie kann sich die Fachgesellschaft von eben dieser Pharmaindustrie finanziell »fördern« lassen? Das ist so ähnlich, als würde ein Gericht, in dem Drogendelikte verhandelt werden, von der Drogenmafia mitfinanziert. Würden Sie an die Unabhängigkeit dieses Gerichtes glauben?

Wie immer geht es sogar noch eine Stufe krasser: Die Mitglieder der Grenzwertkommission, jenes Gremiums also, das direkt über den Verkaufserfolg der Blutdrucksenkungsindustrie entscheidet, hatten ausnahmslos finanzielle Kontakte zu dieser Industrie. Sie bekamen »Beraterhonorare« oder durften gut dotierte, linientreue Vorträge auf Fachveranstaltungen halten und damit die Fachkollegen auf einen pharmafreundlichen Kurs einschwören. Der Staatsanwalt, der Richter, die Beisitzer des Gerichts – um noch mal unseren Vergleich zu ziehen –, sie alle würden persönliche finanzielle Zuwendungen vom Drogenkartell erhalten. In diesem Fall wäre sofort von Korruption die Rede. Und von einer widersinnigen Kombination eigentlich auseinanderlaufender Interessen: maximaler Absatz beim Drogenkartell und Objektivität und Gerechtigkeit beim Gericht. In der Medizin ist diese widersinnige Kooperation seit Jahrzehnten die Normalität. Dabei lässt sich natürlich nicht beweisen, dass diese Zuwendungen die Objektivität der Herren in den Grenzwertkommissionen beeinflusst haben. Aber »unabhängig« sind sie damit keinesfalls. Ihre finanzielle Abhängigkeit von den Herstellern ist dokumentiert.

Korruption im Gesundheitswesen

In Deutschland ist das Bewusstsein für Korruption im Gesundheitswesen stark unterentwickelt. Noch im Jahr 2012 stellte der Bundesgerichtshof in einem Grundsatzentscheid fest, dass »Sonderzuwendungen« der Pharmaindustrie an Ärzte nach dem Strafgesetzbuch nicht den Tatbestand der Korruption erfüllen. Da es sich bei den Medizinern nicht um Behördenvertreter handelt, sondern um Selbstständige. Erst im Februar 2015 entstand ein Gesetzesentwurf, der den Straftatbestand der Korruption im Gesundheitswesen auch für selbstständige Ärzte definieren soll.[73] Dabei geht es zwar zunächst hauptsächlich um Zuwendungen, die niedergelassene Ärzte von einzelnen Pharmaherstellern bekommen, wenn sie deren Produkte besonders fleißig verschreiben, oder um die Rückerstattungen von Kliniken für die Überweisung von Patienten durch niedergelassene Ärzte – aber ein Anfang ist immerhin gemacht.

Zurück zur Hochdruckliga. Das Kuratorium fördernder Mitglieder (das kleine Who is who der Blutdrucksenkungspharmazie) finden Sie weiterhin auf der Website der Deutschen Hochdruckliga. Dort heißt es: »Wirtschaftlich tätige Unternehmen gehören der Deutschen Hochdruckliga als fördernde Mitglieder an. Jedes der Unternehmen sendet einen Vertreter in das Kuratorium. Die Kuratoriumsmitglieder beraten den Vorstand und werden regelmäßig über die Aktivitäten der Deutschen Hochdruckliga informiert.«[74] Das hört sich wirklich nach einer fruchtbaren Zusammenarbeit an, finden Sie nicht? Das Drogenkartell unterstützt das Gericht nicht nur finanziell, es berät das Gericht auch noch »inhaltlich«. Irre! Die Website mit der Kommission »Grenzwerte bei Bluthochdruck« hat die Liga nach Ausstrahlung meines Beitrages aus ihrem »Informationsangebot« genommen. Offenbar fand man es nicht mehr in Ordnung, dass die Öffentlichkeit erfährt, wer diese Entscheidungen trifft. Zumal die Verbindungen der einzelnen Kommissionsmitglieder zur entsprechenden Industrie im Internet leicht zu recherchieren sind.

Ist »milder Hochdruck« Hochdruck?

Aber kommen wir jetzt endlich zur entscheidenden Frage: Ab wann ist Blutdruck zu hoher Blutdruck? Das entscheidet ja immerhin mit einer nicht gerade kleinen Wahrscheinlichkeit, ob auch Sie als »neuer Patient« aus der nächsten Früherkennungsuntersuchung kommen oder nicht. Im Sommer 2012 veröffentlichte Dr. Diana Diao von der University of British Columbia in Vancouver im Auftrag des Cochrane-Netzwerkes eine Metaanalyse zur pharmakologischen Intervention bei »Patienten« mit moderatem Bluthochdruck.[75] Dieser reicht von 140 zu 90 bis 159 zu 99 mmHG. Zwar steht in den Leitlinien der Hochdruckliga, dass mit diesen Patienten zunächst über eine Lebensstiländerung der Versuch unternommen werden solle, den

Blutdruck zu senken. Wenn das nicht gelinge, sei aber die Behandlung mit Blutdrucksenkern angezeigt.

Diana Diao fand vier Studien, die sich mit der pharmakologischen Behandlung von »mildem Bluthochdruck« beschäftigten. Wir müssen uns dabei vergegenwärtigen, dass natürlich die weitaus meisten Blutdruckpatienten« Menschen mit mildem Bluthochdruck« sind. Je stärker wir uns mit den Grenzwerten dem Durchschnittswert in der Bevölkerung nähern, desto mehr Personen werden natürlich pro Grenzwert-Intervall zu Kranken erklärt. Unabhängig davon, ob es sich um Cholesterin, Blutdruck oder Blutzucker handelt. In Deutschland gehören tatsächlich drei Viertel der Blutdruckpatienten zu der Gruppe mit mildem Bluthochdruck.[76] In der kanadischen Metastudie von Diana Diao waren 8912 dieser »Grad-1-Hypertoniker« eingeschlossen. Es ging dabei – und das ist wichtig – um ansonsten gesunde Probanden, die also noch kein Herz-Kreislauf-Ereignis gehabt hatten. Es handelte sich also um Primärprävention, um die vorsorgliche Behandlung von Gesunden. Ein Konzept, das wir schon beim Cholesterin als sinnloses medizinisches Riementreiben erlebt haben. Die mittlere Beobachtungsdauer lag bei vier bis fünf Jahren. Es handelte sich um vier kontrollierte Studien. Das heißt, die Hälfte der Behandelten bekam keine Medikamente, sondern nur ein Placebopräparat. Ohne dass sie wussten, welcher Gruppe sie angehörten.

Das Ergebnis der kanadischen Metaanalyse ist frappierend. Die Autoren erklären, es sei mit den Studien nicht nachzuweisen, dass die ansonsten gesunden Grad-1-Hypertoniker von der Behandlung mit den Blutdrucksenkern profitieren.[77] Außerdem hatte fast jeder Zehnte der Probanden die Studie wegen gravierender Nebenwirkungen durch die Medikamente abgebrochen.

Kritik an der Studie

Auch diese Cochrane-Metaanalyse ist wie alle anderen Studien dieser Art, die extrem umsatzstarke, gut etablierte Geschäftsmodelle angreifen, heftig kritisiert worden. Die Patientenzahl sei zu klein, um fundierte Aussagen daraus ableiten zu können. Außerdem sei die jüngste Generation der Blutdrucksenker in der Studie nicht ausreichend berücksichtigt. Die Nachbeobachtungszeit sei zu kurz. Solche Argumente können Sie beispielsweise bei der Deutschen Hochdruckliga finden[78], deren Nähe zur entsprechenden Industrie wir schon beleuchtet haben und deren Experten nicht frei von Interessenkonflikten sind. Demgegenüber sind die Cochrane-Studien von unabhängigen Fachleuten durchgeführt worden und gelten in der Welt der evidenzbasierten Medizin als Studien, die höchsten methodischen Ansprüchen gerecht werden.

Wirkungsloser Eingriff bei Therapieresistenten

Erwähnt werden muss an dieser Stelle auch, dass 20 bis 30 Prozent der Patienten mit essentieller Hypertonie (Ursache unbekannt) therapieresistent sind. Auch mit drei oder mehr Medikamenten gelingt es nicht, ihren Blutdruck in den »Zielkorridor« zu bringen. Seit 2009 wird für diese Patienten zunehmend ein Katheter-Eingriff angeboten, bei dem bestimmte Nerven in den Nieren verödet werden. Die Nieren schleusen Stoffwechselendprodukte wie Harnstoff und vor allem Wasser aus dem Blutkreislauf aus. Sie haben also Einfluss auf die Flüssigkeitsmenge im Blutkreislauf und regulieren so maßgeblich den Blutdruck. Durch die Verödung der Nervenverbindungen der Niere mit dem Gehirn sollte die Steuerung der Nieren dahingehend beeinflusst werden, dass sie mehr Wasser aus dem Blutkreislauf ausschleusen und den Blutdruck so senken. Tierversuche und kleinere Studien hatten angeblich teils überragende Ergebnisse erbracht. Noch im Dezember 2013 hieß es auf dem Jahreskongress der deutschen Hochdruckliga euphorisch: »Blutdruck einfach wegoperieren.« Doch schon 2014 folgte ein Schock für die Fachwelt, denn damals wurde die erste gut gemachte Studie zu diesem Verfahren veröffentlicht und zwar mit einem erschütternd schwachen Ergebnis. Wieder einmal ein Beispiel dafür, dass randomisierte und placebokontrollierte Studien (auf die sich die Cochrane-Wissenschaftler wann immer möglich ausschließlich beziehen) erforderlich sind, um Medikamente und medizinische Prozeduren wirklich bewerten zu können.

Für die Studie (SYMPLICITY- HTN-3) wurden 535 Teilnehmer mit einem systolischen Blutdruck über 160 mmHG rekrutiert und anschließend zufällig auf zwei Gruppen verteilt, eine Placebo- und eine Behandlungsgruppe. Auch in der Placebogruppe bekamen die Patienten einen Katheter in die Nierenarterie eingeführt. Nur in der Behandlungsgruppe wurden die Nerven tatsächlich verödet. In dieser Gruppe ergab sich nach sechs Monaten eine Senkung des Blutdrucks um 14,1 mmHG. Was sich zuerst nach einem – wenn auch nicht überragenden – Erfolg anhört. Doch in der Placebogruppe sank der Blutdruck ebenfalls. Und zwar um 11,7 mmHG, sodass die echte Wirksamkeit der Therapie auf statistisch nicht mehr signifikante 2,4 mmHG zusammenschrumpfte.[79] Außerdem erlitten 1,4 Prozent der Teilnehmer der Behandlungsgruppe schwere Komplikationen, in der Placebogruppe waren es nur halb so viele. Da diese Ergebnisse noch recht »frisch« sind, lässt sich die Reaktion der Fachwelt derzeit nicht gut beurteilen. Aber die Tatsache, dass mit dieser sogenannten renalen Denervation bei jedem Eingriff etwa 5000 Euro Umsatz erzielt werden, legt für mich die Annahme nahe, dass die interventionellen Radiologen sich schwertun werden, die Ergebnisse dieser methodisch hochwertigen Studie zu akzeptieren und sich von ihrem lukrativen Geschäftsmodell zu verabschieden.

Schaden durch Blutdrucksenkung

Das Programm dieses Buches lautet ja, Nutzen und Schaden durch Früherkennungsmaßnahmen und die durch sie ausgelösten medizinischen Interventionen zu benennen. Damit Sie eine gut informierte Entscheidung treffen können, welche Maßnahmen Sie wahrnehmen möchten und welche lieber nicht. Deshalb am Ende dieses Kapitel die Einschätzung der Nebenwirkungen der Blutdrucksenker, die für die meisten Patienten (Grad-1-Hypertoniker) – wie wir gesehen haben – eigentlich sinnlos sind. Es ist wichtig, diese Nebenwirkungen im Ernstfall als solche zu erkennen, damit die Medikamente abgesetzt werden können und nicht etwa weitere Mittel verschrieben werden, um sie zu bekämpfen.

Generell gilt für alle Maßnahmen zur Blutdrucksenkung, dass sie das Risiko für Ohnmacht und Stürze erhöhen. Wer Blutdrucksenker nimmt und längere Zeit schwitzt und/oder wenig trinkt, riskiert einen Blutdruckabfall, bei dem die Versorgung des Gehirns mit ausreichend Sauerstoff nicht mehr sichergestellt ist. Das allein hört sich schon relativ gefährlich an. Das wirklich Gravierende aber sind die möglichen Folgen des Sturzes. Denn gerade bei älteren Betroffenen ist ein solcher Sturz oftmals der Einstieg in eine Behandlungskarriere, die mit dem Tod endet. Immobilität durch eine Sturzverletzung führt zu einer Verschlechterung praktisch aller Körperfunktionen. Der Aufenthalt im Krankenhaus ist unter anderem wegen der zunehmenden Gefahr durch multiresistente Keime eine ernste Bedrohung für Leib und Leben. Die deutsche Gesellschaft für Krankenhaushygiene schätzt die Zahl der Todesfälle, die in Deutschland jedes Jahr durch antibiotikaresistente Keime verursacht werden, auf 40 000. So sind Stürze unmittelbar oder mittelbar verantwortlich für mehr als ein Prozent aller Todesfälle in Deutschland. Ebenfalls für alle blutdrucksenkenden Mittel gilt, dass sie Hautreaktionen und Allergien befördern und häufig Magen-Darm-Beschwerden wie Übelkeit, Verstopfung oder Durchfall auslösen. Schauen wir uns jetzt die Antihypertonika einmal im Einzelnen an.

ACE-Hemmer verhindern durch die Blockade eines Enzyms (**A**ngiotensin-**C**onversions-**E**nzym) die Produktion eines Botenstoffes, der die Spannung in den Wänden der Blutgefäße erhöht. So wird der Blutdruck gesenkt. Bis zu einem Drittel der Konsumenten von ACE-Hemmern leiden unter trockenem Husten, der so belastend sein kann, dass die Therapie mit diesem Mittel abgebrochen wird. Bei etwa 5 bis 10 Prozent der Patienten ergibt sich im Blut eine gefährliche Erhöhung des Kaliumspiegels (Hyperkaliämie). Kalium ist ein Elektrolyt (es erhöht die elektrische Leitfähigkeit des Blutes) und beeinflusst deshalb bioelektrische Prozesse. Der Herzschlag ist einer der wichtigsten bioelektrischen Prozesse. Ein zu hoher Kaliumspiegel führt zum Herzstillstand.

Auch **AT1-Antagonisten** senken den Blutdruck durch Entspannung der Blutgefäße. Allerdings verhindern sie nicht die Produktion des entsprechenden Botenstoffes wie die ACE-Hemmer, sondern sie blockieren die

Anlagerung von Angiotensin (»Blutgefäß-Anspanner«) an einen Rezeptor der Zellen der Gefäßmuskulatur. Dieses Andocken ist für die Muskelzellen das Signal, sich zusammenzuziehen und damit den Druck in den Blutgefäßen zu erhöhen. Wird das Andocken durch die AT1-Antagonisten verhindert, wird der Blutdruck gesenkt. Die AT1-Antagonisten gelten insgesamt als nebenwirkungsarm. Auch der Verdacht, dass sie das Krebsrisiko leicht erhöhen, konnte in einer großen Metastudie mit über 300 000 Probanden nicht bestätigt werden.[80]

Kalziumantagonisten wirken ebenfalls entspannend auf die Muskulatur der Blutgefäße und senken so den Blutdruck. Die Antagonisten (Gegenspieler) verringern das Einströmen von Kalziumionen in die Muskelzellen, was deren Kontraktibilität verringert. Dieselbe (erwünschte) Wirkung haben diese Substanzen auch auf die Muskulatur des Herzens. Dadurch wird dessen Schlagkraft und -frequenz gesenkt, was den Blutdruck zusätzlich verringert. Zu den häufigsten Nebenwirkungen der Kalziumantagonisten gehören Schwellungen der Beine (Ödeme), Kopfschmerz, Schwindel, schwere Zahnfleischentzündungen und Impotenz. Kalziumantagonisten sollten nicht gleichzeitig mit Betablockern eingenommen werden, da diese Kombination zu einer lebensgefährlichen Verlangsamung des Herzschlags führen kann.

Betablocker blockieren die Adrenorezeptoren im Herzmuskel und in der Muskulatur der Blutgefäße. Dadurch werden die muskelaktivierenden Botenstoffe Adrenalin und Noradrenalin in ihrer Wirkung eingeschränkt und der Blutdruck gesenkt. Betablocker können zu zentralnervösen Störungen führen: Müdigkeit, Schwindel, Kopfschmerzen, Verwirrtheit, Schwitzen, Schlafstörungen, depressive Verstimmungen und Halluzinationen gehören dazu. Da viele dieser Symptome ohnehin mit dem Altern einhergehen, werden sie häufig nicht als Nebenwirkungen der Betablocker erkannt und ihrerseits mit weiteren Medikamenten behandelt. Eine gefährliche Erweiterung des ohnehin oft schon zu umfangreichen Pharmacocktails, den vor allem viele ältere Menschen in den westlichen Ländern einnehmen. Die schädlichen Wechselwirkungen der Medikamente, die weitere Symptome hervorrufen, die dann mit noch mehr

Mitteln behandelt werden, sind ein in der Öffentlichkeit vollkommen unterschätztes Problem. Experten schätzen, dass in Deutschland jedes Jahr 25 000 vermeidbare Todesfälle auf das Konto von Nebenwirkungen und Wechselwirkungen von Arzneimitteln gehen.[81] Die potenziell lebensgefährliche Wechselwirkung von Betablockern mit Kalziumantagonisten wurde oben schon beschrieben. Häufig kommt es unter der Einnahme von Betablockern auch zu einer erheblichen Gewichtszunahme und zu Potenzstörungen.

Diuretika senken den Blutdruck, indem sie die Wasserausscheidung über die Nieren fördern. Dadurch verringert sich das Volumen des Blutes und der Blutdruck fällt. Diuretika gelten als allgemein gut verträglich, sie sind die ältesten und mit Abstand billigsten Medikamente zur Senkung des Blutdruckes. Eine Tatsache, die der pharmazeutischen Industrie Sorgen bereitet. So kostet beispielsweise Pfizers Kalzium-Antagonist Istin das Zwanzigfache eines Diuretikums. Das hat dazu geführt, dass die Pharmaunternehmen in vielen Ländern den Vertrieb der kostengünstigen Diuretika einfach eingestellt haben.[82] Dabei kommt das Deutsche Bundesinstitut für Qualität und Wirtschaftlichkeit im Gesundheitswesen (IQWiG) in einer Metaanalyse der Untersuchungen über Wirkungen und Nebenwirkungen von Blutdrucksenkern zu dem Ergebnis, dass Diuretika für viele Patienten das Mittel der ersten Wahl sein sollten.[83] Die eher seltenen beziehungsweise teils harmlosen Nebenwirkungen sind erhöhte Thromboseneigung, Austrocknung, Salzmangel und – das Funktionsprinzip der Diuretika – vermehrter Harndrang.

Blut(hoch)druck: Schluss

Wirklich hoher Bluthochdruck ist ein über alle medizinischen »Lager« und Denkschulen hinweg allgemein anerkannter gravierender Risikofaktor für Herz-Kreislauf-Erkrankungen. Der milde Bluthochdruck von 140 zu 90 bis 159 zu 99 mmHG (und zu dieser Gruppe gehören wie schon erwähnt 75 Prozent der deutschen »Hochdruckpatienten«) ist im Gegensatz dazu »bestenfalls« ein Faktor mit ausgesprochen niedrigem Krankheitsrisiko. Auch die große dänische Metaanalyse zu den allgemeinen Gesundheits-Check-ups, die wir uns gemeinsam angesehen haben, konnte ja keinen Benefit bei den Herz-Kreislauf-Erkrankungen durch die Früherkennung nachweisen. Eine Früherkennung, bei der die Blutdruckmessung bekanntermaßen einen besonders hohen Stellenwert einnimmt. Eine Früherkennungsmaßnahme, die in Deutschland einige Millionen »Kranke« generiert hat, die von den Medikamenten, die sie einnehmen, keinen oder nur einen geringen Nutzen haben, sehr viel häufiger aber die negativen Nebenwirkungen zu spüren bekommen.

Blutzucker

Der dritte Blutwert, der beim Check-up 35 kontrolliert wird, ist der Blutzucker. Diabetes ist ja angeblich die schlimme weltweite Epidemie der letzten Jahrzehnte. Immer wieder wird in den Medien darüber berichtet. Aber diesen Hype hat in erheblichem Ausmaß die Medizin selbst zu verantworten. Wodurch? Sie ahnen es: durch Absenkung der Grenzwerte. So wurde die Zahl der Zuckerkranken in den letzten drei Jahrzehnten durch strengere Grenzwerte ständig gesteigert. Und die Umsätze der entsprechenden Medikamente schießen ebenfalls nach oben. Ein großer Teil der angeblichen Epidemie rührt auch einfach von der Tatsache her, dass die Menschen in den Industrieländern immer älter werden und dass es mehr von den Älteren gibt. Wir müssen die ganze Geschichte nicht mehr so detailliert durchspielen wie bei Blutdruck oder Cholesterin, denn die Muster wiederholen sich. Industrienahe Mediziner in den amerikanischen oder deutschen Fachgesellschaften haben die Alarmwerte von 144 mg/dl (Milligramm pro Zehntelliter Blut) zunächst auf 140 mg/dl und dann auf 126 mg/dl gesenkt. Und heute bezeichnen die Mediziner gesunde Menschen auch schon mit Werten über 120 mg/dl gerne als »Prädiabetiker«, für die eine verschärfte Beobachtung angeraten ist. Werden noch weitere Risiken identifiziert wie zum Beispiel Cholesterin, sollte bald über eine pharmakologische Strategie nachgedacht werden. Eine Beratung wie diese ist Standard in deutschen Hausarztpraxen. Leider. Wir sprechen dabei übrigens über den sogenannten Typ-II-Diabetes. Hier gibt es in der

Wissenschaft tatsächlich seit vielen Jahren scharfe Kritik an fragwürdigen strengen Grenzwerten und dem Sinn von Früherkennung und früher therapeutischer Intervention.

Anders verhält es sich beim Typ-I-Diabetes (etwa 5 bis 10 Prozent der Diabetiker in Deutschland, circa 300 000 Betroffene). Hier ist durch einen Autoimmunprozess das insulinproduzierende Gewebe in der Bauchspeicheldrüse zerstört. Das ist fatal, denn das Insulin reguliert den Blutzuckerspiegel auf zweierlei Arten entscheidend. Zum einen sorgt es bei hohem Zuckerspiegel – etwa nach dem Essen – dafür, dass Körperzellen vermehrt Zucker aus dem Blut aufnehmen. Zum anderen stoppt es die Ausschüttung von Zucker aus der Leber ins Blut. Fehlt das Insulin, kommt es deshalb unter anderem zu einer extremen Erhöhung des Blutzuckerspiegels. Diese und weitere Folgen des Insulinmangels sind absolut lebensbedrohlich.

Typ-1-Diabetes

Dieser Typ-1-Diabetes ist teilweise genetisch, aber auch durch Umweltfaktoren (Virusinfektionen, Erkrankung im Kleinkindalter) bedingt und entwickelt sich oft in wenigen Wochen. Früherkennung spielte dabei in der Vergangenheit praktisch keine Rolle. Doch seit Januar 2015 läuft in Bayern eine Studie zur Früherkennung von Typ-1-Diabetes bei Kindern. Etwa 30 000 Kinder und Jugendliche in Deutschland leiden an dieser Krankheit. Da es sich bei dieser Form um eine Autoimmunerkrankung handelt, lassen sich schon bis zu 20 Jahre vor ihrem Auftreten Anzeichen für ein entsprechendes Risiko erkennen. Autoantikörper gegen die insulinproduzierenden Zellen lassen sich nachweisen. Sie zeigen, dass sich das körpereigene Immunsystem zum Kampf gegen diese Zellen rüstet.

Nur was bringt das? Die Medizin hat keine präventiven Maßnahmen anzubieten. Die Kinder und die Familien wissen im Schnitt viele Jahre im Voraus, dass sie (eventuell) von dieser ernsten Krankheit heimgesucht werden, ohne dass es ein Mittel gäbe, das zu verhindern. Die Familien erhalten ein »umfangreiches Aufklärungspaket für den Umgang mit der

Krankheit« und können sich so gut »auf die Krankheit vorbereiten«. Na toll! Gegen diese Früherkennung spricht meines Erachtens eindeutig, dass die Familien und die Kinder unbeschwerte Jahre verlieren, dass sie sich auch schon in der Zeit, in der die Krankheit noch nicht die Lebensqualität beeinflusst und mittel- bis langfristig potenziell auch das Leben bedroht, als designierte Krankheitsopfer fühlen. Mir erschließt sich der Sinn dieser Früherkennung nicht.

Die gravierenden Symptome der Krankheit werden sowieso erkannt, wenn die Krankheit auftritt: Sehstörungen, Müdigkeit, Gewichtsabnahme, starker Durst und häufiger Harndrang. Patienten, die davon betroffen sind, suchen einen Arzt auf. Der diagnostizierte Typ-I-Diabetes und die Patienten müssen daraufhin ihr Leben lang Insulin ersetzen. Da gibt es nichts zu diskutieren.

Typ II: Resistenz gegen Insulin

Anders verhält es sich bei Typ-II-Diabetikern. Hier entwickelt sich die Krankheit in der Regel über viele Jahre. Bei Typ-II-Diabetikern sind die insulinproduzierenden Zellen nicht das Problem. Sie stellen fleißig das Insulin her, doch es wirkt nicht mehr. Die übrigen Körperzellen – vor allem Muskel- und Nervenzellen – werden bei dieser Diabetes-Form zunehmend insulinresistent. Sie reagieren auf das Hormon immer schlechter, nehmen immer weniger Zucker aus dem Blut auf. Lange Zeit kann der Körper das ausgleichen, indem er immer mehr Insulin produziert. Irgendwann gehen die insulinproduzierenden Zellen quasi an Erschöpfung zugrunde. Spätestens dann wird Diabetes klinisch. Ab einem Blutzucker von 160 mg/dl beginnt der Körper (wie auch beim Typ I) den Zucker über die Nieren aus dem Blut auszuscheiden. Der Harndrang steigt, die Betroffenen verlieren viel Flüssigkeit und haben deshalb ständig Durst. Fünf Liter Wasser pro Tag zu trinken, ist für diese Patienten nicht ungewöhnlich. Betroffen sind überwiegend adipöse Menschen. Sowohl eine falsche und zu reichliche Ernährung als auch mangelnde Bewegung begünstigen offenbar die Entstehung dieser früher als Altersdiabetes bezeichneten Krankheit.

Krankheitssymptome wie der diabetische Fuß, Zahnfleischentzündungen und Sehstörungen sind zum großen Teil verursacht durch eine Schädigung der Gefäßwände durch zu viel Zucker im Blut. Durch die Schädigungen kommt es in großen und kleinen Blutgefäßen zu Ablagerungen und zu Verengungen. Das Blut kann durch feinste Blutgefäße nicht mehr so leicht zirkulieren. So verschlechtert sich sowohl die Versorgung des Gewebes zum Beispiel mit Sauerstoff und Spurenelementen als auch die Entsorgung von Stoffwechselendprodukten (etwa CO2 und Harnstoff). Dadurch gehen Nervenzellen zugrunde. In der Folge werden kleine Verletzungen an den Extremitäten oft lange Zeit nicht wahrgenommen. Das ist besonders deshalb gefährlich, weil sich mit der schlechteren Durchblutung automatisch auch eine schlechtere Versorgung mit den Agenten des Immunsystems ergibt. Weiße Blutkörperchen, die Eindringlinge direkt entsorgen oder mit Antikörpern eine Immunreaktion einleiten können, haben es schwerer, zum Einsatzort vorzudringen. Eine Steilvorlage für Krankheitserreger wie Bakterien oder Pilze, die sich im zuckerreichen Blut der Wunden zudem besonders wohlfühlen. Schlecht heilende Wunden und Dauerentzündungen (diabetischer Fuß) sind die Folge. Aber nicht nur die Gefahr für diese Mikro-Angio-Pathien (Klein-Gefäß-Erkrankungen), auch die Gefahr für Makro-Angio-Pathien (Groß-Gefäß-Erkrankungen) wie Herzinfarkt oder Schlaganfall steigt. So oder so ähnlich wird uns das Krankheitsrisiko durch Diabetes in Dutzenden Informationsbroschüren seit Jahrzehnten nahegebracht. Wir werden später noch sehen, dass ganz wesentliche Probleme des Diabetes mit diesem Modell offenbar nur sehr unzureichend erfasst werden.

Sinnvolle Früherkennung?

Für diese Klientel macht Früherkennung Sinn – sollte man denken. Eine Früherkennung von hohen Zuckerwerten sollte es möglich machen, gegen die – durch die Veränderung der Gefäße bedingten – Spätschäden der manifesten Krankheit vorzubeugen. Endlich einmal ein positives Beispiel für ein Screening? Leider nein! Wie so oft wird die plausible Theorie von der medizinischen Wirklichkeit dummerweise weitgehend ignoriert. Genauso, wie Mediziner die Ergebnisse guter wissenschaftlicher Studien, in denen

Diabetes-Früherkennung getestet wurde, seit Jahrzehnten geflissentlich ignorieren. Studien, in denen diese Früherkennung schlecht abschneidet. Wieder drängt sich die Frage auf: Wie kann das sein, dass Wissen aus der medizinischen Forschung nicht bei den Ärzten ankommt? Im nächsten Kapitel »Früherkennungsmedizin: resistent gegen wissenschaftliche Studien« werden wir uns noch einmal intensiver mit dieser Frage befassen. Wenn Sie dieses Gebiet interessant finden und nach tieferen Einblicken suchen, kann ich Ihnen zu diesem Thema auch mein Buch *Die weiße Mafia - wie Ärzte und Pharmaindustrie unsere Gesundheit aufs Spiel setzen* empfehlen. Aber lassen Sie uns jetzt wieder zum eigentlichen Thema dieses Kapitels zurückkehren: Früherkennung von hohen Blutzuckerwerten.

Was die Studien zum Diabetes-Screening sagen

In großen epidemiologischen Studien zu den fatalen Hauptrisiken des Diabetes – nämlich Schlaganfall und Herzinfarkt – konnte gezeigt werden, dass der starke Risikoanstieg für diese Ereignisse schon stattfindet, bevor die Zuckerkonzentration im Blut diabetische Werte erreicht.[84] Ich höre schon die Vertreter der Industrie jubeln: »Super, dann müssen wir die Grenzwerte noch weiter herabsetzen und können noch früher mit den Medikamenten anfangen. Gut fürs Geschäft!« Doch weitere Studien lassen darauf schließen, dass das definitiv der falsche Weg wäre. Aktuelle Studien zur frühen und intensiven Kontrolle des Zuckerspiegels bei Diabetes-Patienten konnten nämlich nicht belegen, dass diese Therapie zu einem Unterschied bei der Gesamt-Mortalität führt gegenüber einer konventionellen Therapie, die den Zuckerspiegel nicht so tief senkt. Warum sollten die Gesunden also von dieser Maßnahme profitieren, wenn nicht einmal die Diabetiker einen Benefit davon haben?[85, 86]

In dieselbe Richtung – allerdings mit einer noch kritischeren Schlussfolgerung – weist eine Studie mit 10 000 Diabetikern.[87] Auch hier wollten Wissenschaftler – in diesem Falle des unabhängigen amerikanischen National Institute of Health – herausfinden, ob eine besonders intensive medikamentöse Senkung des Blutzuckers das Risiko für Herzinfarkt oder

Schlaganfall besser als die Standardtherapie reduziert. Die Hälfte der Probanden wurde mit einer Diabetes-Standardtherapie behandelt. Dabei erreicht der Blutzucker zwar keine Idealwerte, wird aber auf ein Niveau gesenkt, das akzeptabel erscheint. Bei der anderen Hälfte sah die Behandlungsstrategie vor, die Patienten möglichst nah an den angeblichen Idealwert zu bringen. Im Jahr 2008 wurde die Studie, die eigentlich noch ein weiteres Jahr hätte andauern sollen, abgebrochen. Der Grund: In der Idealwertgruppe war das Sterberisiko relativ zur Standardgruppe um 25 Prozent gestiegen. Absolut macht das zwar nur 1 Prozent Risikosteigerung aus, doch bei einigen Millionen Patienten kommen hier schnell große Zahlen zusammen.

Aber wie lässt sich das Ansteigen der Mortalität in der Idealwertgruppe erklären? Die Antwort ist relativ einfach: Zu den gefährlichsten Nebenwirkungen einer intensiven Senkung des Blutzuckers gehört die Unterzuckerung. Schließlich schwankt der Blutzuckerspiegel über den Tagesverlauf sowie durch andere Faktoren wie Ernährung oder die Aufnahme von Alkohol. Und so steigt bei einer Einstellung der Patienten auf ein niedriges Blutzuckerniveau das Risiko, auch einmal in den Bereich des Unterzuckers zu geraten. Darauf reagiert das Gehirn allerdings besonders empfindlich: Ein Schwächeanfall oder gar eine Ohnmacht – und damit Stürze – können die Folge sein. Dies sind gerade für ältere Personen ernste Gefahren. Selbst wenn sie nicht direkt zum Tod führen, stehen sie oft am Anfang einer Krankengeschichte, bei der sich der Gesundheitszustand ständig verschlechtert – häufig bis zum fatalen Ende. Auch das Risiko, an Demenz zu erkranken, steigt bei Unterzuckerung an.

Tod durch »Idealwert-Strategie«

Die Studie zeigt auch, wie fragwürdig die niedrigen Idealwerte sind, die von den Fachgesellschaften heute vertreten werden. Wenn es bei Diabetikern gefährlich ist, die Blutwerte aggressiv auf die strengen Grenzwerte zu senken, dann liegt der Verdacht nahe, dass diese strengen Grenzwerte – zumal für Menschen ohne Krankheitssymptome – Nonsens sind.

Aber nicht nur mit Bezug auf die fatalen »Endpunkte« Schlaganfall oder Herzinfarkt werden die niedrigen Grenzwerte von der Wissenschaft nicht gestützt. Wissenschaftliche Studien zeigen seit Jahrzehnten, dass die Blutzuckersenkung bei diesen makroangiopathischen Endpunkten nichts nützt. Auch mit Blick auf mikroangiopathische Endpunkte hat sich die Einschätzung allerdings geändert. Viele Jahre galt etwa das Risiko für die Entwicklung einer Retinopathie schon bei Werten unter 130 mg/dl Hg als erhöht. Eine Retinopathie ist die Erkrankung der Retina – der Netzhaut im Auge. Die feinen Blutgefäße der Netzhaut werden durch die oben erwähnten Ablagerungen minderversorgt und die Retina verliert so nach und nach ihre Fähigkeit, die ankommenden Lichtreize in Nervenreize umzuwandeln und an das Sehzentrum im Gehirn zu senden. Deshalb gehören Sehstörungen und Blindheit zu den gravierendsten Beeinträchtigungen, mit denen Diabetes-Patienten zu rechnen haben. Doch die zentrale Studie, die diese Gefahr auch schon bei Werten unter 130mg/dl Hg glaubte nachweisen zu können, erwies sich als statistisch mangelhaft. Den Autoren waren methodische Fehler im Studiendesign und bei der Auswertung der Daten unterlaufen. Und so mussten sie 15 Jahre nach ihrer ersten Veröffentlichung der Studie ihre Warnungen revidieren und erklärten, dass das Bedrohungsszenario durch die nur geringfügig erhöhten Zuckerwerte im Blut und die dadurch ausgelösten Erkrankungen der Netzhaut lediglich ein flüchtiges Schreckgespenst war, ein Fehlgriff der Wissenschaft.[88]

Es erweist sich hier bei der Früherkennung des Typ-2-Diabetes dasselbe Muster wie beim Typ 1: Man kann mit einem Screening der Blutzuckerwerte zwar statistische Hinweise auf das spätere Auftreten dieser Krankheit entdecken. Aber es gibt keine zweckmäßige therapeutische Intervention, also keine Medikamente, mit denen man die Entwicklung der Krankheit auch nur einigermaßen sicher verhindern könnte. Außer dem Hinweis auf eine vernünftige Lebensführung, wie sie aber immer und allgemein gilt. So bringt das Screening des Blutzuckers beim Check-up 35 nicht nur keinen Vorteil, es bringt sogar einen gravierenden Nachteil: Es erhöht die Gefahr, dass die Lebenszufriedenheit sinkt. In einer Studie zeigten sich bei Personen, die in einem Screening »positiv« auf Diabetes getestet wurden, ernste psychische Probleme: Sie nahmen sich als Betroffene mit schlechterer Gesundheit wahr und entwickelten häufiger Angstzustände, Sorgen und Depressionen,[89] sie wurden also krank durch Früherkennung.

Übrig bleibt: Fitness ist gesund

Der Hinweis, dass man nach einem Blutzucker-Screening bei »erhöhten Werten« den Betroffenen zu mehr Bewegung – wenn nicht gar Sport – raten kann und zu einer Vermeidung zuckerreicher Kost, bleibt so als einzig positives Ergebnis einer Überprüfung des Zuckerspiegels bei Gesunden. Wenn Sie zu dieser Gruppe mit einer entsprechenden Diagnose gehören sollten, tun Sie sich den Gefallen: Sport kann die Zellen wieder empfindlicher für das Insulin machen.

Die Reduzierung von leicht verdaulichen Kohlehydraten (Kartoffeln, Nudeln, helles Brot) beruhigt den schwankenden Blutzuckerspiegel und vermindert Stress für die insulinproduzierenden Zellen. Das angeblich so gesunde Obst und die entsprechenden Fruchtsäfte sind eher zu meiden. Denn sie sind leider Zuckerbomben und befördern die Entwicklung von Diabetes. Aber wie schon gesagt: Diese Empfehlungen werden seit Jahren – wenn nicht seit Jahrzehnten – gebetsmühlenartig als allgemeine Gesundheitsempfehlungen an den Mann und an die Frau gebracht. Dazu brauchen wir eigentlich kein Diabetes-Screening.

Die drei Kapitel über die Blutwerte, die beim Check-up 35 eine so wichtige Rolle spielen, haben gezeigt, wie hier Millionen Gesunde durch die Einführung immer niedrigerer Grenzwerte bei zum Teil irrelevanten Laborparametern zu Kranken gemacht werden. Wir haben auch gesehen, weshalb die allgemeinen Gesundheits-Check-ups in der Metaanalyse der Kopenhagener Cochrane-Gruppe so schlecht abschneiden: Das Risiko für die große Mehrheit dieser Pseudokranken durch ihre »abnormen Werte« tatsächlich ernsthaft zu Schaden zu kommen, ist vor allem bei moderaten »Grenzwertverletzungen« ausgesprochen gering. Das Risiko hingegen, durch unnötige Medizin zur Vorbeugung gegen bisher nicht vorhandene Erkrankungen geschädigt zu werden, ist deutlich höher.

Die große Welle von »Risikopatienten«

Das Perfide an dieser Grenzwert-Gläubigkeit ist Folgendes: Selbst wenn die Mediziner wissen, dass ein leicht erhöhter Cholesterinwert, ein leicht erhöhter Blutdruck oder ein leicht erhöhter Blutzucker eigentlich kein Problem sind, so treten in der Praxis oft mehrere dieser niedrigen Grenzwertverletzungen gleichzeitig auf. Und dann wird aus einem Risiko von – bildlich gesprochen – drei Mal 0,2 Prozent ein Summenrisiko von 30 Prozent konstruiert. Mehrfach praktisch kein Risiko ergibt nach dieser Logik ein erhebliches Risiko. Das ist Unsinn! Doch mit dieser Philosophie gelingt es, gigantische Mengen an Pharmazeutika unters Volk zu bringen, ohne dass die medikamentöse Behandlung einen durch Studien belegten Sinn hat. Mehrere Risikofaktoren – das hört sich eben schlimm an. Und dann ist da auch noch der Body-Mass-Index. Sie haben einen BMI von 26? Mein Gott, Sie haben ja auch noch Übergewicht! Bangemachen ist marketing-technisch ein ungeheuer kluger Schachzug. Die pharmazeutische Bewirtschaftung von Millionen gesunden Personen wird so möglich. Denn die niedrig erhöhten Werte befinden sich – wie schon mehrfach erwähnt – logischerweise nah an den durchschnittlichen Werten. Durchschnittliche Werte aber haben die meisten. Und so erbringt die Ausweitung der Zone der Behandlungsbedürftigen in Richtung Durchschnittswert einen gigantischen Zuwachs an Kundschaft. Kundschaft für die Ärzte und Kundschaft für die Pharmaindustrie. So entsteht Krankheit durch Früherkennung.

Das deutsche Gesundheitswesen zeichnet sich trotz erheblicher Anstrengungen in den letzten Jahren noch immer durch eine große Intransparenz aus. Viele Daten, die uns etwa die Folgen von strukturellen Entscheidungen im Gesundheitswesen klar vor Augen führen könnten, bleiben der Öffentlichkeit unzugänglich. Im anglo-amerikanischen Raum sieht es da erheblich besser aus. Glücklicherweise lassen sich viele Daten von dort in etwa auf deutsche Verhältnisse übertragen. Zumal es ja nicht um die Zahl hinter dem Komma geht, sondern um Größenordnungen. Deshalb am Ende dieses Kapitels über die wichtigsten Parameter der Check-up-35-Früherkennung noch eine Grafik, die deutlich macht, wie sich die Absenkungen der Grenzwerte, die in den USA großflächig kurz vor dem Jahrtausendwechsel

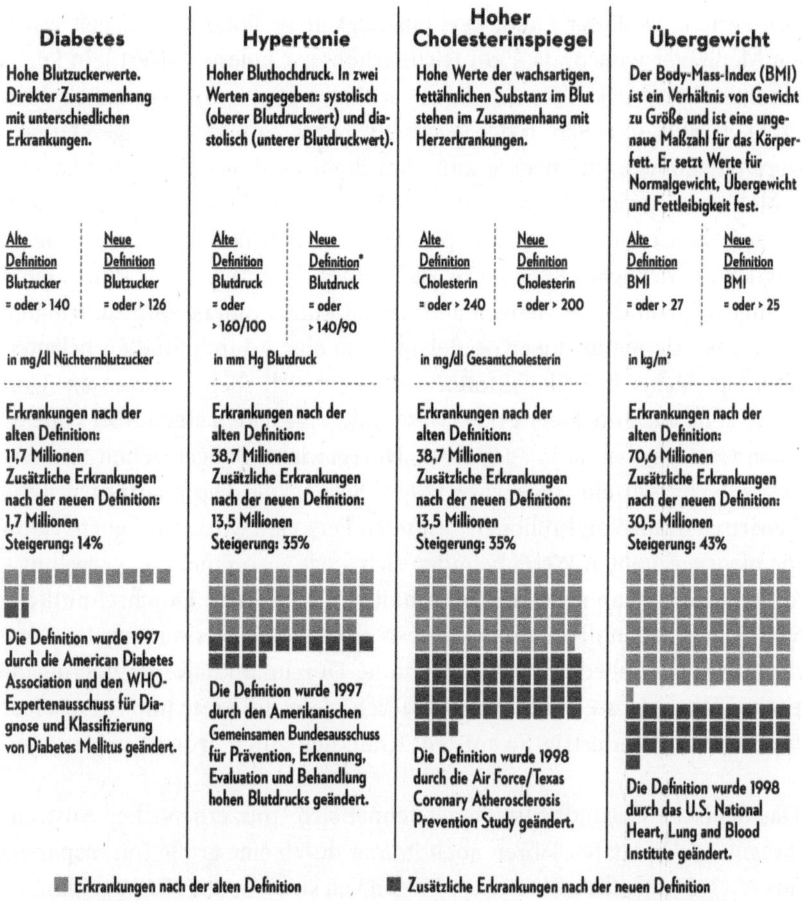

* Prähypertonie (eine 2003 eingeführte Kategorie): Blutdruck von 120/80 bis 139/89; betrifft 45 Millionen Personen

Der Anstieg der »Patienten«-Zahlen durch die letzten großen Grenzwertabsenkungen in den USA.[90]

vorgenommen wurden, auf den Krankenbestand ausgewirkt hat. Die deutschen medizinischen Fachgesellschaften haben die strengeren Werte gerne übernommen, sodass die Prozentzahlen für unser Land in etwa den amerikanischen Werten entsprechen dürften.

Dazu abschließend noch ein Zitat aus dem Buch *Die Diagnosefalle – wie Gesunde zu Kranken erklärt werden.* Autor ist der amerikanische Professor für Versorgungsforschung, Dr. Gilbert Welch: »Es gibt weitverbreitete Bedenken gegen die Unabhängigkeit der Experten, die für die besprochenen Krankheiten Grenzwerte festlegten. Der Leiter des Diabetes-Grenzwert-Gremiums war ein bezahlter Berater von Aventis Pharmaceuticals, Bristol-Myers Squibb, Eli Lilly, GlaxoSmithKline Novartis, Merck und Pfizer – die alle Diabetesmedikamente herstellen. Neun der elf Autoren der kürzlich veröffentlichten Richtlinien zum Bluthochdruck waren (als bezahlte Berater, bezahlte Sprecher oder Subventionsempfänger) finanziell mit Pharmakonzernen verbandelt, die Medikamente gegen Bluthochdruck herstellen. Acht der neun Experten, die den Cholesteringrenzwert senkten, waren bezahlte Berater von Pharmakonzernen, die Cholesterinmedikamente herstellen.«[91]

Bevor wir uns in der Folge wieder den Krebs-Früherkennungs-Untersuchungen widmen, um zu sehen, wie es hier mit potenziellem Nutzen und den Risiken steht, möchte ich gerne mit Ihnen einen Zwischenstopp einlegen. Und mit Ihnen darüber nachdenken, woher unsere Vorsorgesucht kommt und warum auch Mediziner nicht von der Früherkennung ablassen möchten, obwohl die wissenschaftlichen Daten für die meisten dieser Maßnahmen gelinde gesagt keinen klaren Nutzennachweis erbringen.

3. Früherkennungsmedizin: resistent gegen wissenschaftliche Studien

Jahrtausendelang war Früherkennungsmedizin undenkbar. Das lag nicht nur am fehlenden Verständnis für die Krankheiten, deren mögliche Vorboten die heutige Früherkennungsmedizin glaubt entdecken zu müssen. Das war auch nicht nur durch die fehlenden Mess- und Untersuchungstechniken bedingt. Natürlich war eine Ursache, dass die Menschen vor Jahrtausenden gar nicht so alt wurden, dass sie von den Zivilisationskrankheiten, vor denen wir uns heute fürchten, heimgesucht wurden. Es lag aber ebenso daran, dass der systematische Versuch, Krankheiten zu erkennen, die eigentlich noch gar nicht da sind, ein ungeheures Luxusunterfangen darstellt. Das muss sich eine Gesellschaft erst mal leisten können: Tausende Früherkennungswillige über viele Jahre regelmäßig zu checken, damit eine, zwei oder vier Personen davon profitieren. Schon ohne den dadurch immer auch verursachten Schaden durch Überdiagnosen und Überbehandlungen hat dieser Ansatz für mich etwas Monströses.

Andererseits ergibt sich der massenhafte Zulauf, den Früherkennungsmaßnahmen verzeichnen, natürlich auch aus einem zutiefst menschlichen Wesenszug: aus der Sorge um die Zukunft. Und was für – aus heutiger Sicht – sonderbare Prozeduren wurden und werden abgehalten im Glauben, etwas über die Zukunft in Erfahrung bringen zu können: Schamanen versetzen sich in Drogenrausch, um in der Geisterwelt an Informationen über zukünftige Ereignisse zu gelangen, die das Schicksal eines Ratsuchenden beeinflussen könnten. Römische Auguren lasen im Flug der Vögel oder in den Innereien verschiedenster Tiere, um zu sehen, ob die Zeichen für die Entscheidungen der Mächtigen günstig standen. Die Astrologie ist ein jahrtausendealtes Früherkennungssystem, das kosmische Konstellationen als bestimmend für das menschliche Schicksal ansieht. Ein großer Teil der deutschen Bevölkerung neigt dazu, astrologischen Hinweisen Glauben zu schenken. Obwohl schon allein die Tatsache, dass sich unsere geometrische Perspektive auf die Tierkreiszeichen seit babylonischer Zeit, in der die Astrologie entstand, erheblich geändert hat, ausreichen müsste, die Astrologie zu diskreditieren.

Astrologie kann nicht stimmen

Das liegt vor allem an der taumelnden Erdachse, die alle 26 000 Jahre einen vollständigen Kreis umläuft (Präzession). Das bedeutet aber, dass sich die am Himmel stehenden Tierkreiszeichen aus unserer Perspektive seit babylonischer Zeit um etwa ein Zeichen gegeneinander verschoben haben. Wer heute die Fische als Sternzeichen hat, ist nach dem ursprünglichen Horoskop also eigentlich unter dem Wassermann geboren. Abgesehen davon, dass es keinen plausiblen (nicht magischen) Erklärungsansatz gibt, wie die Planetenkonstellationen während unserer ersten vier Lebensminuten »regulierend« auf unser Leben einwirken sollten, stimmt die ganze babylonische Systematik mit der heutigen Situation am »Himmelszelt«, wie wir sie sehen, einfach nicht mehr überein.

Dazu kommt, dass ein Drittel unserer Planeten den Babyloniern unbekannt war (Uranus, Neptun, Pluto). Warum sollten diese aber keinen Einfluss haben und nur diejenigen, die vor 5000 Jahren schon entdeckt waren? Dazu kommen zahlreiche Studien, die zeigen, dass die hohe Bereitschaft, sich mit »seinem« Geburtshoroskop zu identifizieren, vor allem von den vagen Formulierungen getriggert wird, die ins allgemein Menschliche zielen, also Fragen betreffen, mit denen sich viele Menschen immer wieder in ihrem Leben auseinandersetzen. Mit der Früherkennungsmedizin verhält es sich über weite Bereiche wie mit der Astrologie. Die Wissenschaft sagt: Es gibt keinen Hinweis, dass das funktioniert. Aber die Leute machen einfach weiter.

Der kleine astrologische Ratgeber in Sachen Liebe, Gesundheit und Geld, der wöchentlich vor allem in Print- und Hörfunkmagazinen auftaucht, erfreut sich größter Beliebtheit. Weil wir so gerne glauben möchten, dass wir mit diesen Informationen unsere Geschicke positiv beeinflussen können. Oder sei es nur die Vorstellung, den Vorhang einen Spalt breit öffnen zu können, um einen flüchtigen Blick in die Zukunft zu werfen. Wahrsagerei, Tarot, das Lesen aus der Handfläche, der Kristallkugel oder dem Kaffeesatz bis hin zum Bleigießen an Silvester: Die Zukunft zieht uns magisch an. Das ist Wasser auf die Mühlen der Früherkennungsmedizin. Und wenn uns dann noch erzählt wird, hier ginge es wissenschaftlich zu, und wir mit dubiosen Prozentzahlen unsere Risikominimierung schöngerechnet bekommen, sind viele von uns nur allzu gerne bereit, den Versprechungen der Profiteure von Screening und Check-up zu glauben.

Früherkennungspropaganda

Das Dilemma ist, dass medizinische Laien mit Pro-Früherkennungs-Informationen geradezu überflutet werden: Medizinische Lobbyorganisationen wie die Kassenärztliche Bundesvereinigung machen massiv Werbung für die Früherkennung. Gut meinende Organisationen wie die Felix-Burda-Stiftung fahren große Kampagnen in der Presse und im Fernsehen mit Stars wie Vitali Klitschko, Uschi Glas oder Paul Breitner. Niedergelassene Ärzte und Krankenhäuser gehen proaktiv auf Menschen zu, die noch nicht das Gefühl haben, erkrankt zu sein, um ihnen die vorsorglichen Untersuchungen nahezubringen. Oder sollen wir besser sagen: aufzunötigen? Wenn ich per Post eine amtliche »Einbestellung« zur Mammografie bekomme, wie soll ich als Laie da eine kritische Position einnehmen. Ich muss mich ja schon fast als renitent oder zumindest als fahrlässig einstufen, wenn ich mich »widersetze«.

Im Jahr 2013 wurde im Sozialgesetzbuch festgeschrieben, dass auch für die Gebärmutterhalskrebs-Früherkennung und für die Darmkrebs-Früherkennung künftig derartige amtliche Einladungen verschickt werden. Das halte ich für höchst bedenklich. Die Trennung von Staat und Kirche ist eine der wesentlichen Errungenschaften der abendländischen Zivilisation. Für eine selbstständige, freie Entscheidung in Glaubenssachen. Bei Medizin und Staat zeichnet sich momentan eine gegenläufige Entwicklung ab: Dem medizinisch-industriellen Komplex gelingt es offenbar in zunehmendem Maße, staatliche Strukturen zu instrumentalisieren, um die »Medikalisierung der Gesellschaft« voranzutreiben. Das ist natürlich ein ungemein schlauer Coup, denn mit der institutionellen Autorität des Staates im Hintergrund werden diese Maßnahmen in den Augen von Laien vollends zu einer unhinterfragbaren Selbstverständlichkeit.

In dieser Propaganda-Schlacht mächtiger Lobbyverbände hat die evidenzbasierte Medizin mit ihren kritischen Positionen leider einen relativ schwachen Stand. Studienergebnisse unabhängiger Wissenschaftler, die der Früherkennungsmedizin über weite Bereiche ein vernichtendes Zeugnis ausstellen, erscheinen in der Presse unter »ferner liefen …«. Wenn Prof. Jürgen Windeler, der Präsident des Instituts für Qualität und Wirtschaftlichkeit im Gesundheitswesen (IQWiG) mit Bezug auf den Check-up 35 sagt: »Früherkennung bringt nichts, das wissen wir schon lange«, dann verhallt das in der Öffentlichkeit weitgehend ungehört. Als der Ärztepräsident Dr. Frank Ulrich Montgomery im Frühsommer 2014 erklärt, die ganze Früherkennungsmedizin müsse auf den Prüfstand, schimmert für ein zwei Tage kurz mediales Interesse an dem Thema auf. Doch Konsequenzen bleiben aus. Ein kurzer Ausschnitt aus der *Ärztezeitung* zeigt, auf welche geradezu schizophrene Art das Medizinsystem auf solche Störungen seiner Routine reagiert.

Kassen begrüßen die Kritik und fahren fort wie gehabt

Ärztezeitung, 26. 5. 2014

»Patienten müssten wissen, dass es dabei auch um wirtschaftliche Interessen der Ärzte gehe. Montgomery betonte: ›Wenn die Wissenschaft, insbesondere Herr Windeler vom Institut für Qualität im Gesundheitswesen, Zweifel an bestimmten Massenscreenings hat, dann müssen wir das ernst nehmen.‹ Die Krankenkassen begrüßten die Ankündigung.

Die KBV (Kassenärztliche Bundesvereinigung) hat erst vor wenigen Tagen zusammen mit den KVen (Krankenversicherungen) eine Kampagne mit Plakaten und Flyern für Hautkrebs-Früherkennung gestartet. Denn nur knapp jeder dritte Bundesbürger über 35 Jahre nutze seinen Anspruch darauf. ›Dabei kann Hautkrebs sehr gut erkannt werden und ist im Frühstadium gut heilbar‹, so die KBV. (dpa/eb)«[92]

Um sich nicht verdächtig zu machen, begrüßen die Krankenkassen die kritische Ankündigung von Montgomery. Ach wie kooperativ! Wenige Zeilen später erscheint aber unbeirrt die Empfehlung, an dem höchst umstrittenen Hautkrebs-Screening teilzunehmen. Man kann die kritischen Stimmen zum Screening einfach so stehen lassen ja man kann sie sogar »begrüßen« und der Bevölkerung gleichzeitig ein schlechtes Gewissen machen, weil nicht alle zum Hautkrebs-Screening gehen. Im Vertrauen darauf, dass die verwirrten Laien im Zweifel die vermeintlich sichere Variante wählen und eben doch die Möglichkeit der Früherkennung nutzen. Kritische Stimmen zur Früherkennung müssen offenbar gar nicht argumentativ bekämpft werden. Es genügt, einfach die Aufforderung am Screening teilzunehmen dagegenzustellen. Wie soll denn der Laie wissen, was richtig ist?

Um die Position der Krankenkassen in dieser Gemengelage zu verstehen, ist ein Hinweis wichtig: Über viele Jahrzehnte hinweg hat es sich für Krankenkassen gerechnet, ihre Gesundheitskommunikation rational und evidenzbasiert zu betreiben und nur auf sinnvolle Medizin zu setzen. Denn die Kassen bekamen ihr Geld als gesicherten Beitrag von ihren Mitgliedern. Nutzlose Medizin hat damals unnötig Geld verbraucht und die Bilanz der Krankenkassen verschlechtert. Seit der Einführung des Gesundheitsfonds hat sich das allerdings geändert. Jetzt bekommen die Kassen ihr Geld aus dem großen Topf, in den alle einzahlen. Die Kassen erhalten vom Fonds zunächst eine Pauschale für jeden Versicherten. Dann aber gibt es Zuschläge für Krankheitsrisiken und »Morbiditäten«. Deshalb haben die Kassen seitdem ein Interesse daran, möglichst viel Krankheit beziehungsweise Krankheitsrisiken unter ihren Mitgliedern zu verwalten. Je mehr Kranke, desto mehr Mittel fließen der Kasse zu. Spätestens seitdem gehören auch die Krankenkassen tendenziell zu den glühenden Befürwortern von möglichst viel Früherkennung.

Hier wird wieder das große strukturelle Dilemma unseres Gesundheitssystems deutlich: die totale Ökonomisisierung von Krankheit. Krankheit ist nach dieser Logik nicht mehr vordringlich das, was behandelt werden muss, sondern das, womit man Geld verdienen kann. Sie fragen sich vielleicht, ob das unter dem Strich einen großen Unterschied macht. Leider ist der Unterschied gewaltig. Denn Krankheit lässt sich in vielen Fällen nur unscharf von Gesundheit abgrenzen. Wenn aber Krankheit Geldverdienst verspricht, werden die Grenzen der Krankheit ganz selbstverständlich weiter und weiter gefasst. Und genau das ist über die Absenkung der Grenzwerte in der Vergangenheit geschehen. Das ist aber nicht nur »gesundheitlich« höchst bedenklich. Das ist auch ökonomisch mittelfristig untragbar. Nach Hochrechnungen müssen wir im Jahr 2050 – wenn die Kostensteigerung im Gesundheitswesen wie in den letzten Jahren anhält – 43 Prozent unseres Bruttolohnes an die Krankenversicherung abführen. Und sagen Sie jetzt bitte nicht: »Gesundheit ist unser höchstes Gut.« Zumal wir ja immer wieder bestätigt fanden: Mehr Medizin ist mitnichten gleichbedeutend mit mehr Gesundheit.

Unabhängige Fortbildung für Mediziner?

Es gibt viele Gründe dafür, dass die Kritik an der Früherkennungsmedizin bisher so wenig fruchtet. Zum einen die Sorge von uns »Patienten« um unsere gesundheitliche Zukunft. Ökonomische Fehlanreize: je mehr Krankheit, je ernster die Krankheit, umso mehr kann verdient werden. Die Tatsache, dass es sich hier um ein Milliardengeschäft handelt, das von Lobbyisten beschützt und wo irgend möglich ausgebaut wird. Schließlich geht es nicht nur um die zunächst vergleichsweise billigen Tests. Es geht vor allem darum, mit den Behandlungen oder den möglichst lebenslänglich einzunehmenden Pharmazeutika Geld zu verdienen. Aber was ist mit den Ärzten? Das sind akademisch ausgebildete Fachleute. Die müssten sich in puncto wissenschaftliche Studien zur Früherkennung auf dem Laufenden halten.

Die Wahrheit ist leider, dass es um die Fortbildung der deutschen Mediziner ziemlich traurig bestellt ist. Zwar müssen sie, um ihre Kassenzulassung zu behalten, eine bestimmte Menge von Fortbildungspunkten pro Jahr sammeln. Doch neun von zehn dieser Fortbildungsveranstaltungen oder entsprechende Angebote im Internet werden von der Industrie finanziert. Da sitzen unsere Ärzte also und lassen sich beispielsweise von den Herstellern neuer Präparate erklären, wie wunderbar diese neuen Mittel wirken. Und das, obwohl jeder »in der Szene« weiß, dass die Hersteller mit Sicherheit die Letzten sind, die ihre Produkte objektiv präsentieren. Ein befreundeter Arzt sagte mir einmal, er habe seine Kassenzulassung schon vor Jahren zurückgegeben, weil er keine Lust mehr hatte, zur Teilnahme an diesen Werbeveranstaltungen gezwungen zu werden. Das sei reine Zeitverschwendung.

Wenn Sie an die industriegesponserten Fortbildungsveranstaltungen denken, wird sofort klar, warum hier eine Kommunikation des wissenschaftlichen Standes zum Thema Früherkennungsmedizin nicht stattfindet. Oder können Sie sich eine entsprechende Veranstaltung folgenden Inhalts vorstellen:

Fortbildung für Kassenärzte (zehn Fortbildungspunkte):

»Cholesterinkontrolle zur Primärprävention – ein Modell von gestern.« Wie mittlerweile mehrere sorgfältig durchgeführte Studien und Metaanalysen ergeben haben, bringt die Abklärung der Blutfettwerte bei Personen ohne manifeste Herz-Kreislauf-Erkrankungen keinen Benefit. Durch die bisher üblichen Grenzwerte werden Millionen Personen ohne Beschwerden zu Kranken definiert und global Milliarden Euro jährlich unnötig für Medikamente ausgegeben. Schädliche Nebenwirkungen der Medikamente führen zu weiteren überflüssigen pharmazeutischen Interventionen.

In dieser Fortbildung lernen Sie, wie Sie Ihren Kunden den Wegfall der Früherkennungsmaßnahme schonend beibringen und sie dennoch weiter als Kunden in Ihrer Praxis halten können. Außerdem lernen Sie, welche unserer Medikamente Sie in der Zukunft für diese Indikation nicht mehr verschreiben sollten.

Ja natürlich, das ist genau das Programm von Roche, Pfizer und Co: Ärzte über unnötige Medizin aufzuklären, weil die Pharmafirmen so dringend an einer Senkung ihres Umsatzes interessiert sind. Nein im Ernst: Den Pharmakonzernen kann man das nicht einmal vorwerfen, dass sie sich nicht um eine entsprechende Aufklärung der Mediziner kümmern. »Big Pharma« ist schließlich nicht angetreten, um uns gesünder zu machen, sondern um Gewinne zu generieren. Aber dass die Landesärztekammern massenhaft industriell geförderte Fortbildungsangebote zertifizieren, die eigentlich nichts anderes sind als Marketingkampagnen für neue, teure Medikamente, die in der überwiegenden Zahl nicht einmal einen Vorteil gegenüber etablierten Medikamenten haben, das ist schon ein Skandal.

Das Versagen der Landesärztekammern

Auf der anderen Seite ist das Versagen der Landesärztekammern als Kontrollorgan dann wieder auch nicht wirklich überraschend. Landesärztekammern sind die Träger der berufsständischen Selbstverwaltung der Ärzte. Zu ihren Aufgaben gehört auch die Interessenvertretung der Ärzteschaft. Und mal ganz unter uns gesagt: Umsatz gehört durchaus zu den wichtigsten Interessen der meisten Ärztinnen und Ärzte. Dass ein guter Teil dieses Umsatzes auch mit medizinisch unsinnigen Maßnahmen erzielt wird, ist ein peinliches Detail, das die Ärztekammern nicht unbedingt in den Fokus der Öffentlichkeit rücken wollen. Da haben sie die gleichen Interessen wie die Pharmaindustrie. Das wäre ja geschäftsschädigend. Das kann man keinem zumuten.

Das ist ein prinzipieller Webfehler in unserem Gesundheitssystem: Sehen Sie sich die sogenannten wissenschaftlichen medizinischen Fachgesellschaften an, die Landesärztekammern oder die Bundesärztekammer beziehungsweise die Bundeszahnärztekammer. Überall, wo eigentlich auch Kontrolle ausgeübt werden soll, sitzen die Interessenvertreter der Berufsgruppe, die kontrolliert werden soll. Das kann nicht funktionieren. Das heißt, den Bock zum Gärtner machen. Solange die Kontrollfunktionen nicht auf unabhängige Gremien übertragen werden, so lange werden Mediziner uns überflüssige Produkte und Prozeduren verkaufen. Und dafür ist Früherkennung das perfekte Instrument. Unabhängige Gremien könnten Früherkennung infrage stellen und – wenn es die wissenschaftliche Datenlage nahelegt – abschaffen. In unserem System der »medizinischen Selbstkontrolle« wird die Früherkennung als Mittel der Umsatzmaximierung aber weiter ausgebaut.

Der Bock als Gärtner

Um das Versagen der »standeseigenen Kontrolle« zu illustrieren, hier noch ein Beispiel: Das SWR-Verbrauchermagazin *Marktcheck* machte 2012 einen Versuch mit einem Lockvogel: Ein SWR-Mitarbeiter wurde von einem Sachverständigen der Zahnärztekammer eingehend untersucht und diagnostiziert. Augenscheinlich hatte der Lockvogel perfekte Zähne. Mit Röntgentechnik ließen sich jedoch zwei Stellen entdecken, an denen eine frühe Karies im Entstehen war. Danach wurde der Lockvogel mit versteckter Kamera in sechs Zahnarztpraxen geschickt. Was mich hier besonders schockiert hat, ist nicht der an sich schon unglaubliche Skandal, dass in zwei von sechs Zahnarztpraxen massive Überbehandlungen angeboten wurden. Die Zahnärzte wollten Löcher stopfen, die nach Aussage des Fachgutachters gar nicht vorhanden waren. Was mich vor allen Dingen fassungslos machte, war das Auftreten eines Vorstandsmitgliedes der Zahnärztekammer im Studio nach dem Beitrag. Sagte der Standesvertreter vielleicht: »Das ist ein Skandal. Wir werden der Sache nachgegen. Wir werden eigene Ermittlungen einleiten«? Nein! Er versuchte die Sache vielmehr kleinzureden, sprach von Entscheidungen, die Ermessenssache seien et cetera. Das ist es wieder: Der Bock als Gärtner funktioniert nicht. Mediziner können sich nicht selbst kontrollieren. Vernünftig wäre es zwar auch in ihrem Sinne, wenn sie diese Kontrolle anständig ausübten. Weil sie ihre Zunft ohne fachgerechte, wissenschaftlich begründete Kontrolle mittelfristig schwer in Verruf bringen werden. Wenn sie weiter agieren wie bisher, werden sie bald wieder als zwielichtige »Quacksalber« und »Pillendreher« wahrgenommen werden, wie es über Jahrhunderte der Fall war. Momentan ist das Sozialprestige der Medizinerinnen und Mediziner in unserer Gesellschaft immer noch ausgesprochen hoch. Und ganz offenbar rangieren kurzfristige Gewinninteressen in der medizinischen Zunft vor Ethik oder auch nur einer langfristigen Planung zu Image und Status der Ärzteschaft in unserer Gesellschaft.

Aber wir waren ja eigentlich beim Thema Fortbildung der Ärzte. Prinzipiell hätten Medizinerinnen und Mediziner die Möglichkeit, gute wissenschaftliche Informationen zu bekommen. Bei unabhängigen (werbefreien) Organen wie dem *Arznei-Telegramm* oder dem *Pharmabrief*. Auch das IQWiG oder das Cochrane-Netzwerk gehören zu den verlässlichen Quellen, die relevante und aktuelle Fragestellungen behandeln. Die Bereitschaft deutscher Ärzte, sich aus diesen Quellen zu informieren, ist aber gering. Ganz offensichtlich versiegt bei den meisten Ärztinnen und Ärzten nach dem Studium der Wille zur medizinischen Bildung und man überlässt die

Initiative den Pharmavertretern und weichgespülten industriellen Fortbildungsangeboten.

Selbstzensur der Fachjournale

An dieser Stelle muss ein weiteres medizinisches »Schlachtfeld« erwähnt werden, auf dem vor allem die pharmazeutische Industrie einen ständigen Kampf um die Manipulation der Fachöffentlichkeit führt: die medizinischen Fachjournale, in denen eigentlich die besten, seriösesten und relevantesten Studien zur jeweiligen medizinischen Disziplin der Fachöffentlichkeit zugänglich gemacht werden sollten. Das Problem ist aber: Diese Fachmagazine – angefangen von einem eher provinziellen deutschsprachigen Magazin bis hinauf in die Weltliga zum *Lancet* oder *New England Journal of Medicine* – sind wirtschaftlich nicht unabhängig. Die kleinen können sich nicht über die Einnahmen durch den Verkauf der Journale finanzieren und brauchen daher die Anzeigenkunden. Und die großen Journale hoffen darauf, dass die Pharma-Riesen die außergewöhnlich lukrativen Sonderausgaben/Auskoppelungen aus diesen Fachjournalen bestellen, wenn sie positive Berichte zu deren Produkten enthalten. Denn mit einem Sonderdruck eines Fachmagazins aus der Champions-League der Medizinjournale im Aktenkoffer kann der Pharmareferent oder der Vertreter eines Medizintechnik-Herstellers beim niedergelassenen Mediziner richtig Eindruck schinden. So kommen Beiträge, die sich positiv über die Testmethoden oder die Pharmazeutika der inserierenden Hersteller aussprechen, leichter in die Fachjournale, auch wenn sie methodisch-wissenschaftlich von minderer Qualität sind. Umgekehrt haben Studien, die mit kritischen Ergebnissen zu Produkten dieser Hersteller aufwarten, kaum eine Chance, ins gedruckte Heft zu gelangen.

Erst im Februar 2015 hat wieder einmal ein frustrierter Herausgeber eines solchen Blattes das Handtuch geworfen. Dieter Köhler, der ehemalige Chefarzt und Präsident der deutschen Gesellschaft für Pneumologie, kritisierte als Herausgeber der Zeitschrift *Kompakt Pneumologie* eine »wissenschaftlich abstruse und moralisch verwerfliche Studie im Auftrag von Novartis«.[93] Dumm nur, dass Novartis zu den Hauptanzeigenkunden des Blattes gehört, ohne deren Werbung *Kompakt Pneumologie* nicht überleben kann. Köhlers Text wurde von der Redaktion daher bis zur Unkenntlichkeit zusammengestrichen. Der Herstellername wurde getilgt und die kritische Einordnung verwässert. Aber man müsse Ross und Reiter nennen, meinte Köhler, und wer solle der Fachöffentlichkeit Orientierung geben, wenn nicht das Fachjournal? Doch er konnte sich mit seiner anständigen Haltung nicht durchsetzen. Dies ist nur einer von vielen ähnlich gelagerten Fällen in den letzten Jahren, die zeigen: Zu leicht sind viele der Beteiligten an Meinungsbildungsprozessen bereit, um des ökonomischen Erfolges willen die fachliche Integrität aufzugeben. Dadurch ist aber die gesamte Datenbasis für medizinische Entscheider verzerrt. Auch die Anbieter von Früherkennungsmedizin laufen Gefahr, dieser Manipulation zum Opfer zu fallen. Obwohl es – wie schon mehrfach dargestellt – auch unabhängige Quellen gäbe, aus denen sie sich besser informieren könnten.

Wie ausgeprägt ist der Selbstbetrug?

Was ich mich immer wieder frage, ist: Wie ausgeprägt ist der Selbstbetrug der beteiligten Mediziner? Oder lassen sie mich ein Wort des Frankfurter Philosophen Adorno verwenden: Wie massiv ist der »Verblendungszusammenhang«, in den sich die Mitglieder der Ärzteschaft, die Früherkennungsmedizin anbieten, einspinnen? Denn natürlich habe ich als niedergelassener Arzt – um nur ein Beispiel zu nennen – eher die Tendenz, positiv über mein Fach zu sprechen. Positive Veröffentlichungen über die von mir reichlich angebotenen Früherkennungsmaßnahmen kommuniziere ich lieber. Lese ich einen Aufsatz, in dem über die in die Jahre gekommene Datenbasis der Cochrane-Metastudie zum Check-up 35 gespottet wird, dann mache ich mir diese Argumente gerne zu eigen und bringe sie vor, wenn einmal im Kollegenkreis über die unbequeme Studie gesprochen wird.

Ich würde gerne wissen: Wie ausgeprägt ist dieser Selbstbetrug wirklich? Wie viele Gynäkologen haben ein gutes Gewissen, wenn sie ihren Kundinnen die Ultraschalluntersuchung zur Früherkennung von Eierstockkrebs anbieten, obwohl unter anderem IQWiG und sogar der Deutsche Gynäkologenverband (DGGG) offiziell von dieser IGeL-Leistung abraten. Weil Studien keinen Nutzennachweis erbringen konnten. Weil die Zahlen der unnötigen Operationen und Verstümmelungen unverhältnismäßig hoch sind. Dabei ist diese wissenschaftlich unumstritten schädliche Maßnahme tatsächlich die zweithäufigste IGeL-Leistung, die deutsche Gynäkologen ihren Kundinnen aufschwatzen. Wie viele dieser Gynäkologen glauben wohl tatsächlich an den Nutzen dieser Maßnahme? Weil sie sich vielleicht sagen: »Na ja, in Einzelfällen könnte es aber doch sein, dass Frauen davon profitieren.« Um dann abrupt mit dem Nachdenken darüber aufzuhören.

Verblendungszusammenhang: Jeder weiß, dass auf den industriefinanzierten Medizinkongressen handverlesene Redner den Ton angeben, großzügig von der Industrie honoriert, die ganz sicher nicht den Auftrag haben, etablierte Geschäftsmodelle infrage zu stellen. Nein im Gegenteil: Die Helden sind die, die der Disziplin neue Geschäftsmodelle erschließen, die den Wirtschaftsraum erweitern, die mehr Kranke entdecken. Die Argumente gegen Kritiker hören sich etwa so an: »Kritiker sind Querulanten. Oft sind es ja nur Versager, die es in ihrem Fach zu nichts gebracht haben und jetzt versuchen, ihren Frust mit Nörgeleien zu kompensieren.« Die Diskreditierung von Personen, die sich nicht konform im Mainstream bewegen, ist ein wichtiges stabilisierendes Moment im Verblendungszusammenhang.

Früherkennungsfreunde unter sich

Die früherkennungsfreundliche Kommunikationsblase, in der sich Mediziner bewegen, die Früherkennungsmaßnahmen anbieten, ist gefüllt mit Dogmen, Sprachregelungen, Grundüberzeugungen zum eigenen medizinischen Tun, die als ewige Wahrheiten angesehen werden: »Je früher, desto besser.« »Dann sind die Heilungschancen größer.« »Das gute Gefühl, wenn da nichts ist.« »So hat man sich im Ernstfall später nicht vorzuwerfen, etwas versäumt zu haben.« Weil man sich dann in einer behaglichen Kultur der gegenseitigen Versicherung aufgehoben fühlt. Ja, wir machen das Richtige!

Ein menschlich äußerst nachvollziehbarer kollektiver Automatismus, der einen Verblendungszusammenhang entstehen lässt, der offenbar über ungeheure Widerstandskräfte gegen kritische Angriffe von außen verfügt, wie die bisherige Wirkungslosigkeit der wissenschaftlichen Kritik an medizinischer Früherkennung zeigt.

Und trotzdem quält mich die Frage, wie viel Prozent der vorsorglich Eierstock-schallenden Gynäkologen – um bei diesem Beispiel zu bleiben – wissen, dass sie eine laut medizinischer Sachlage gefährliche Maßnahme in Anschlag bringen. Wie viele Mediziner überreden ihre Kundschaft wohl wissentlich zu nutzlosen oder sogar schädlichen Früherkennungsmaßnahmen, weil sie so mehr verdienen? Wie viele Mediziner üben bewusst nutzlose oder sogar gefährliche Früherkennung aus, weil ihre Kundschaft das einfordert und sie Angst haben, diese Kundschaft zu verlieren? Manchmal überfällt mich die Horrorvision, dass sie alle die wissenschaftlichen Studien zu ihrer Früherkennungsmedizin kennen und dennoch weitermachen, um den Profit zu optimieren. Und dass sie sich gegenseitig und der Öffentlichkeit nur Theater vorspielen, wenn sie so tun, als würden sie nach »bestem Wissen und Gewissen« handeln. Eine schlimme Vorstellung. Da fühle ich mich wie Donald Sutherland in der Schlusseinstellung des Films *Die Körperfresser kommen*, als er erkennen muss, dass alle um ihn herum, die Normalität vorspielen, längst Zombies sind.

4. Gynäkologische Früherkennung

Schon im Jahr 1996 veröffentlichte meine Kollegin Dr. Eva Schindele das Buch *Pfusch an der Frau – krank machende Normen, überflüssige Operationen, lukrative Geschäfte.* Sie wies bereits damals anhand vieler Beispiele darauf hin, dass Gynäkologen die Tendenz haben, ihre Kundinnen maximal zu bewirtschaften. Dadurch und durch das streitbare Auftreten der Gynäkologin Dr. Barbara Ehret (damals Ehret-Wagner) kam es um die Jahrtausendwende zu einer öffentlichen Diskussion über ausufernde Gynäkologie. Vorübergehend sank dann etwa die Zahl der Gebärmutterexplantationen, die bis dahin bei Frauen nach der Menopause auch gerne mal so zum Üben oder zum Erreichen der nötigen Zahl der chirurgischen Eingriffe im Zuge der Facharztzulassung veranstaltet wurden. Doch die Gynäkologen haben sich – scheint es – von der Kritik an ihrer Geschäftstüchtigkeit erholt und die Eingriffe und Prozeduren an ihren Kundinnen wieder über die alten Höchststände hinausentwickelt. Ein besonders entlarvendes Beispiel hierfür ist das schon im vorigen Kapitel angesprochene vaginale Schallen der Eierstöcke zur Krebs-Früherkennung.

Eierstockkrebs-Früherkennung

Das Untersuchen der Eierstöcke per Ultraschall ist eine Kassenleistung, wenn Schmerzen oder weitere Verdachtsmomente bestehen, die auf eine Erkrankung der Eierstöcke hinweisen. Zur Früherkennung von Eierstockkrebs bei symptomlosen Frauen ist die Maßnahme hingegen eine IGeL-Leistung. Eine Individuelle Gesundheitsleistung, die von den Frauen privat bezahlt werden muss. Und das aus gutem Grund. Große Studien haben nämlich ergeben, dass diese Technik nicht nur eine extrem schlechte Spezifität hat (ein Drittel der Tumoren wird nicht entdeckt), hier wird also »falsch negativ« Entwarnung gegeben. Noch schlechter sieht es bei der Sensitivität aus: Nur ein Bruchteil der mit der Methode »entdeckten Verdachtsfälle« stellt sich beim weiteren Abklären tatsächlich als Krebs heraus. Hier werden also massiv »falsch positive« Diagnosen gestellt. Das sind die Ergebnisse der größten Studie zum Thema. Schauen wir uns die wirklich bitteren Zahlenverhältnisse zu dieser Methode, die deutsche Gynäkologen immer noch so gerne anbieten, genauer an. Es handelt sich um die amerikanische PLCO-Studie (Prostate, Lung, Colorectal and Ovarian Cancer Screening Trial)[94], in der unter anderem 68 000 Frauen zwischen 55 und 74 Jahren in zwei Gruppen eingeteilt wurden. Sie kennen das kontrollierte Studiendesign mittlerweile. Die Frauen der Untersuchungsgruppe wurden jedes Jahr per transvaginalem Ultraschall auf Eierstockkrebs hin untersucht. Zusätzlich wurde ein Tumormarker im Blut überprüft. Die andere Hälfte der Frauen erhielt die konventionelle medizinische Betreuung ohne entsprechende Früherkennungsmedizin. Die Studie lief 13 Jahre. Das Ergebnis: In der Früherkennungsgruppe mit Ultraschall-Screening starben 118 Frauen an Eierstockkrebs. In der Gruppe ohne Überwachung waren es nur 100. Das hatte keiner erwartet.

Die Wissenschaftler erklärten, aus den Zahlen lasse sich nicht ableiten, dass die Ultraschalluntersuchung und die eventuell sich anschließende Behandlung Frauen umbringe. Die Differenz erreiche keine statistische Signifikanz. Aber dass diese Untersuchung als Screening-Maßnahme nicht dazu geeignet ist, Leben zu retten, gilt seitdem in der wissenschaftlichen Fachwelt als unbestritten. Doch das ist erst die erste Hälfte des Ergebnisses. Es kommt noch schlimmer: Weil die Methode in der Gruppe der untersuchten Frauen so viele Verdachtsmomente ergab, entfernten die Ärzte bei 1292 Frauen in der Vorsorgegruppe zumindest einen Eierstock. Eine Nadelbiopsie zur Abklärung des Verdachts wird hier nicht empfohlen, da sich hierdurch Krebszellen im Bauchraum verteilen könnten. Es muss also zuerst explantiert werden, bevor der Krebsverdacht über eine mikroskopische Untersuchung des entfernten Gewebes bestätigt oder entkräftet werden kann.

Großzahl der Frauen sinnlos kastriert

Was glauben Sie: Wie viele der 1292 Frauen, die infolge der vaginalen Sonografie zumindest einen Eierstock herausoperiert bekamen, hatten am Ende tatsächlich Krebs? Es waren 212. Bei 1080 Frauen hatte man die Eierstöcke überflüssigerweise entfernt. Sind beide Eierstöcke betroffen, so bedeutet das für Frauen vor der Menopause de facto eine Kastration. Dann werden durch den Eingriff in der Regel massive Wechseljahrssymptomatiken und Depressionen ausgelöst. Auch noch nach der Menopause sind Eierstöcke ein Organ mit endokriner Funktion. Das heißt, sie geben Stoffe in den Körper ab, die für Gesundheit und Wohlbefinden von größter Wichtigkeit sein können. Sehr viele Frauen erleben die Entfernung ihrer Eierstöcke als schlimmen Verlust.[95] Und wohl gemerkt: Trotz der 212 in der Untersuchungsgruppe tatsächlich entdeckten Krebsfälle starben in der Untersuchungsgruppe mehr Frauen an Krebs und nicht weniger. Einmal mehr der Hinweis, dass das Mantra der Früherkennungsfreunde »Früh erkannt, Gefahr gebannt« weit entfernt ist von der immer wieder behaupteten Allgemeingültigkeit. Diese Technik als Screening bei symptomlosen Frauen richtet darüber hinaus bei fünf von sechs Frauen, bei denen sich ein Verdacht ergibt, definitiv ein sinnloses Gemetzel an. Weil sie gar keinen Tumor am Eierstock haben. Warum dürfen die Gynäkologen das hierzulande immer noch anbieten? Eigentlich unfassbar. Die Hoffnung, das medizinische System könnte sich selbst unter Kontrolle halten, erweist sich hier erneut als traurige Fehleinschätzung.

Profit rangiert vor Patientennutzen

Die Verbraucherzentrale Nordrhein-Westfalen machte im Jahr 2012 eine repräsentative Untersuchung. In Web-Auftritten von 157 gynäkologischen Praxen (etwa ein Viertel aller entsprechenden Praxen in NRW) suchte sie nach Hinweisen, wie dort mit dieser in meinen Augen menschenverachtenden IGeL-Leistung umgegangen wird.[96] Das Ergebnis macht betroffen. Etwa 40 Prozent der Praxen empfahlen diese schädliche Leistung. Schon beim Mamma-Screening hatten wir gesehen, wie dreist Frauen in diesen Internetauftritten in die Irre geführt werden. Die Unverfrorenheit, mit der Frauen hier zum vaginalen Ultraschall belogen werden, übertrifft das in meinen Augen noch einmal. Auf der Website der Verbraucherzentrale heißt es: »Da wurde die Ultraschalluntersuchung als ›wunderbare Möglichkeit‹ angepriesen, um ›Zysten und Tumore rechtzeitig zu erkennen und zu behandeln, was die Heilungschancen bei bösartigen Veränderungen zu einem hohen Prozentsatz erhöhe‹. Mal steigerte die ›medizinisch sinnvolle Zusatzleistung die Aussagekraft der Krebsvorsorge erheblich‹, mal prognostizierte ein Webauftritt, dass ›krankhafte Veränderungen in rund 70 Prozent aller Fälle früher als mit der üblichen Tastuntersuchung zu erkennen‹ seien. Eine andere Webseite berief sich darauf, dass erfahrene Gynäkologen weltweit ›diese Untersuchung nicht nur empfehlen, sondern für dringend erforderlich halten‹. Ein Düsseldorfer Frauenarzt log seine Kundinnen auf seiner Praxis-Homepage frech an und behauptete, dass der Sinn der Zusatzleistung ›durch wissenschaftliche Studien belegt‹ sei.«[97]

Wie gesagt: Es handelt sich dabei schlicht um Lügen. 40 Prozent der Praxen preisen so ein Verfahren als heilsbringend an, dessen Durchführung nach meinem Gefühl mit einer Gefängnisstrafe wegen versuchter Körperverletzung geahndet werden müsste. Bitte sehen Sie diese Formulierung nicht als den Versuch, eine Bagatelle zu skandalisieren. Ich finde, die Ergebnisse der großen seriösen Studien rechtfertigen diese Einstellung. Mir drängt sich sogar der Verdacht auf, dass diese »Früherkennungstechnik« genau deshalb von deutschen Gynäkologen so gerne angewandt wird, weil sie für *eine* richtig positive Diagnose zusätzlich fünf falsch positive Diagnosen erbringt, die ökonomisch einfach sehr willkommen sind. Wie finden Sie das? Und meinen Sie nicht auch, dass es angesichts dieses zynischen Umgangs dieser Ärzte mit den Frauen, die sich vertrauensvoll in ihre Hände begeben, erstaunlich ist, dass der Beruf des Arztes oder der Ärztin in Deutschland weiterhin das höchste Sozialprestige genießt?

Gebärmutterhalskrebs-Früherkennung

In den weitaus meisten Informationsmaterialien zur Gebärmutterhalskrebs-Früherkennung werden Sie wie allgemein üblich in der Früherkennungsmedizin euphorische Berichte zum Nutzen dieser Maßnahme finden. Vorteile werden hervorgehoben, Probleme werden überwiegend verschwiegen oder verharmlost. Da heißt es dann etwa: In den letzten fünf Jahrzehnten konnte die Sterberate am Zervixkarzinom in Deutschland durch die Einführung des PAP-Tests um zwei Drittel verringert werden.[98] Tatsächlich erkrankten im Jahr 2014 etwa 4600 Frauen in Deutschland an diesem Krebs. Für etwa ein Drittel davon verlief die Krankheit tödlich.[99] Damit steht das Zervixkarzinom in der Rangfolge der krebsbedingten Todesursachen nur noch auf Platz zwölf. Eine Erfolgsgeschichte? In gewisser Weise ja.

Beim PAP-Test (so benannt nach dem griechischen Arzt Dr. George Papanicolaou, der den Test schon vor über 80 Jahren entwickelte) werden mit einem Spatel oder einer Bürste Zellabstriche vom Gebärmutterhals und dem Muttermund genommen. Die Abstriche werden unter dem Mikroskop auf Veränderungen hin untersucht. Der PAP-Test unterscheidet fünf verschieden schwere Grade der Zellveränderung. PAP I ist ein normaler Befund, PAP V bedeutet Krebs. Der Grund für diese Veränderungen liegt zumeist in einer Infektion mit Humanen Papillomviren (HPV). Etwa 80 Prozent aller Frauen stecken sich bei sexuellen Kontakten im Laufe ihres Lebens mit diesen Viren an. Demzufolge ergeben sich auch bei etwa 80 Prozent der untersuchten Frauen irgendwann einmal auffällige PAP-Befunde, deren weitere Entwicklung in der Regel engmaschig überprüft wird. Meist empfehlen die Gynäkologen nach einem Jahr ohne Besserung ab PAP-Stufe III D, spätestens aber ab PAP IV eine Entfernung des Gewebes durch eine sogenannte Konisation. Ein »kleiner Eingriff« am Gebärmuttermund, bei dem ein kegelförmiger Gewebeschnitt mit den veränderten Zellen entnommen wird. Damit sei die Gefahr gebannt.

Das klingt alles sehr überschaubar und rational. Was sollte an dieser Früherkennungsmedizin, die ganz offensichtlich sogar das Potenzial hat,

Krebserkrankungen zu verhindern, falsch sein? Prof. Ingrid Mühlhauser, die an der Universität Hamburg Gesundheitswissenschaften lehrt, prangert dennoch seit vielen Jahren die negativen Seiten des PAP-Tests an, zumindest bezüglich der Praxis des PAP-Tests, wie sie in Deutschland geübt wird: nämlich inflationär.

Deutsche Gynäkologen sind »PAP-hyperaktiv«

In anderen europäischen Ländern wird der medizinischen Tatsache Rechnung getragen, dass sich auffällige Befunde bei jungen Frauen häufig ergeben. In der ganz überwiegenden Mehrzahl der Fälle bilden sich diese Befunde allerdings in einem Zeitraum von zwei bis drei Jahren wieder zurück. Diese Erkenntnis hat beispielsweise in Finnland dazu geführt, dass das Einstiegsalter für diese Untersuchung bei 30 Jahren liegt und die Untersuchung nur alle fünf Jahre durchgeführt wird. Dann allerdings auf persönliche Einladung und mit einer aufwendigen Qualitätskontrolle, die sicherstellt, dass die Gewebeproben fachkundig ausgewertet werden.

Diese Zeit lassen die deutschen Gynäkologen ihren Kundinnen in der Regel nicht. Schon mit 20 sollen sie zur Früherkennung von Gebärmutterhalskrebs antreten. Und dann alle Jahre wieder. Deutsche Gynäkologen sind überhaupt viel »gründlicher«. Oft greifen sie schon zum Skalpell, wenn sie eine Gewebeveränderung entdecken und sie nach einem Jahr immer noch nachweisen können. Dabei herrscht eigentlich kein Grund zu übertriebener Eile: Bis sich aus einer Dysplasie, also aus Zellveränderungen, ein Karzinom entwickelt, dauert es im Schnitt mehr als zehn Jahre. Die Konisation, schätzt Prof. Mühlhauser, wird in Deutschland etwa 140 000 Mal pro Jahr durchgeführt. Das liegt um den Faktor zehn über der Zahl der Krebserkrankungen, die in Deutschland selbst ohne diese Krebs-Früherkennung auftreten würden. Da scheint etwas am Verhältnis nicht zu stimmen. Hier haben wir wieder das Problem: Früherkennung produziert massenweise sinnlose präventive Eingriffe, und das ohne einen positiven Effekt. Denn im europäischen Vergleich der Zervixkarzinom-Mortalität nehmen wir trotz der PAP-Hyperaktivität unserer Gynäkologen nur einen mittleren Platz ein.[100] Mit dem engmaschigen PAP-Aktionismus deutscher Gynäkologen werden aber vor allem junge Frauen durch Früherkennung krank gemacht. Bei uns lautet die Devise: viel untersuchen und dann nicht zu lange warten, dass uns bloß kein »problematischer Befund« durch die Lappen geht.

Zum selben kritischen Ergebnis kam übrigens auch schon vor zehn Jahren eine Studie, die vom Deutschen Gesundheitsministerium in Auftrag gegeben wurde. Eine Untersuchung, die die internationale Studienlage scannen sollte, um ein optimales Intervall für den PAP-Test zu finden. Schon diese Studie kritisierte die gängige deutsche Praxis scharf. In dem Papier heißt es: »Die zwei Hauptgründe für die hohe Ineffizienz [des einjährigen Untersuchungsintervalls] sind die hohen Kosten für die hohe Anzahl der erforderlichen Screeningtests und die Kosten der Behandlung von entdeckten Dysplasien, die vor dem nächsten Screening verschwunden wären, würde ein längeres Untersuchungsintervall angewendet.«[101] Lesen Sie sich den letzten Satz bitte noch einmal durch. Man soll nicht zu oft das Wort Skandal verwenden. Denn es besteht die Gefahr, dass es sich abnutzt und dass der entsprechende Text »alarmistisch« wirkt. Aber welches Wort halten Sie für angemessener? Was mich außerdem stört: In dem Satz ist nur von den hohen Kosten die Rede. Wie zynisch. Hier geht es schließlich um zigtausende überflüssige chirurgische Eingriffe an Frauen. Da sollte in meinen Augen nicht nur von Kosteneffizienz die Rede sein. Hier geht es um Körperverletzung. Darf ich noch etwas deutlicher werden? Deutsche Gynäkologen verstümmeln vorsätzlich und sinnlos eine unnötig große Zahl der Frauen, die sich ihnen vertrauensvoll ausliefern. Es ist für mich unfassbar, welche »Freiheiten« sich Mediziner in Deutschland herausnehmen dürfen.

Konisation – Eingriff mit Nebenwirkungen

Prof. Ingrid Mühlhauser hat auch immer wieder darauf hingewiesen, dass die Konisation kein unproblematischer Eingriff ist.[102] Bei etwa vier von 100 Eingriffen, die in der Regel unter Vollnarkose durchgeführt werden, kommt es zu Komplikationen: Schwere Blutungen, Verletzungen des Mastdarms oder der Blase und Infektionen treten dabei am häufigsten auf.

Auch ein Verschluss des Gebärmutterhalses kann entstehen. Die Folge ist dann ungewollte »Empfängnisverhütung«. Selbst wenn sich zunächst keine Komplikationen ergeben, kann die operative Verkürzung des Gebärmutterhalses für Probleme sorgen. In Schwangerschaften steigt das Risiko für frühere Wehen, für mehr Frühgeburten und Neugeborene, die intensivmedizinisch versorgt werden müssen. Diese Risiken bestehen. Das Auftreten der Komplikationen wird aber nicht systematisch erfasst, kritisiert Frau Prof. Mühlhauser. Ich spüre die Empörung bei der aus Wien stammenden Gesundheitswissenschaftlerin, als ich sie für Dreharbeiten für die Dokumentation *Krank durch Früherkennung* im Sommer 2014 in Hamburg besuche: »Hier wird hunderttausendfach jährlich ein chirurgischer Eingriff durchgeführt, ohne dass das bisher mit einer vernünftigen Qualitätssicherung begleitet worden wäre.« Auch der Einfluss der Konisation auf die sexuelle Empfindungsfähigkeit der Frau und ihre Lebensqualität sei bisher nicht ausreichend erforscht. Die Qualitätssicherung soll angeblich kommen, wenn zur Gebärmutterhalskrebs-Früherkennung künftig – wie es bisher schon fatalerweise für die Mammografie geschieht – eine schriftliche Einladung ergehen wird. Die Qualitätssicherung ist natürlich zu begrüßen. Es steht allerdings zu befürchten, dass es durch die schriftliche Einladung für Frauen psychologisch noch schwerer wird, sich der zu engmaschigen Überwachung und Bewirtschaftung durch eine aus dem Ruder gelaufene gynäkologische Medizin in Deutschland zu entziehen.

5. Krebs-Früherkennung, die Zweite

Darmkrebsvorsorge

Denken Sie bitte nicht, ich sei ein notorischer Miesmacher. Ein Nörgler, der sich nur wohlfühlt, wenn er anderen in die Suppe spucken kann. Und dass ich aus diesem Grunde nicht imstande sei, auch nur ein gutes Haar an der Früherkennung zu lassen. Ich habe auch nicht den Beruf des Journalisten ergriffen, um gegen gesellschaftliche Missstände ins Feld zu ziehen. Ich habe keine Robin-Hood-Neurose! Teilchenphysik, Astrophysik, Biotechnologie – das ist Wissenschaft, für die ich mich seit meiner Schulzeit begeistern kann. Über diese Themen – so dachte ich als Berufseinsteiger – würde ich gerne berichten. Doch innerhalb weniger Jahre wurde mir klar: Auf dem weiten Feld des Wissenschaftsjournalismus gibt es kein anderes Thema, das so dringend der kritischen journalistischen Begleitung bedarf wie die Medizin. Medizin reicht immer wieder auf das Intensivste in unser Alltagsleben hinein. Sie kann phasenweise buchstäblich die Führung unseres Lebens übernehmen. In den letzten 100 Jahren hat sie ein gewaltiges Potenzial entwickelt und ohne Frage Millionen Menschen das Leben gerettet.

In der Medizin geht es aber leider auch um unglaublich viel Geld. Etwa 300 Milliarden Euro schleusen wir allein in Deutschland jedes Jahr durch unser Gesundheitssystem. Das entspricht etwa unserem Staatshaushalt. Und die

Philosophie des Geldes in einer freien Marktwirtschaft lautet: Wachstum. Mehr Umsatz, mehr Ertrag. Mag diese Philosophie schon in anderen Wirtschaftsbereichen kritisch zu hinterfragen sein, in der Medizin ist sie fatal. Denn es steht dadurch nicht mehr das im Zentrum, worum es in der Medizin eigentlich immer gehen sollte: das Wohl der Menschen. Nein, die Philosophie des Geldes fordert die Ausweitung des Geschäftsfeldes. Ob es den »Kunden« bekommt oder nicht, ist für die Strategen an den Schalthebeln dieser Industrie – höflich formuliert – zweitrangig. Sie werden von ihrer Umgebung daran gemessen, inwieweit sie das Geschäftsfeld weiterentwickeln – und entsprechend honoriert oder gefeuert.

Früherkennung ist hier in jedem Fall ein genialer Schachzug. Denn der Begriff hört sich toll an, geradezu humanitär. Ganz nebenher erweitert die Maßnahme den Wirkungsbereich einer Fachdisziplin schon bei der Untersuchung immens. Und der richtig lukrative Zugriff erfolgt dann noch einmal bei den angeblich erforderlichen Eingriffen. Tatsächlich sind aber – wie schon wiederholt gezeigt – viele dieser oftmals sehr belastenden Eingriffe schlicht überflüssig. Dieser Kollateralschaden wird vom medizinischen System nicht nur billigend in Kauf genommen, sondern – das ist meine Überzeugung nach über 15 Jahren intensiver Recherche auf diesem Gebiet – ganz bewusst angesteuert. Denn auch der Umsatz, der mit überflüssiger Medizin erzielt wird, ist ja Umsatz.

Das bedeutet natürlich nicht, dass Medizinerinnen und Mediziner, die Früherkennung betreiben, alle skrupellose Beutelschneider sind. Viele von ihnen sind Überzeugungstäter und glauben wirklich fest daran, sich für eine gute Sache einzusetzen. Denke ich zumindest. So wie auch Sophie Kleist, die eigentlich anders heißt.

Zwei Bekannte an der Darmspiegelung gestorben

Ich treffe Frau Kleist im Frühjahr 2013 bei den Dreharbeiten zu einem Bericht über die Darmspiegelung zur Früherkennung von Krebs im Dickdarm. Sophie Kleist arbeitet in einem beruflichen Weiterbildungszentrum in der Nähe von Stuttgart und hatte ihren Schülerinnen und Schülern einen Info-Nachmittag zum Thema Darmkrebs organisiert. Sophie Kleist ist eine glühende Anhängerin der Darmspiegelung. Auch als sie mir erzählt, dass zwei Menschen aus ihrem Bekanntenkreis daran gestorben sind, merke ich: Das tut ihrer Begeisterung für die Sache keinen Abbruch. Der eine hatte eine Herzschwäche und hätte auch bei vielen andern Gelegenheiten umkommen können, erklärt sie mir. Mit einem nachsichtigen Lächeln, das zu dem Satz »Manchmal laufen die Dinge echt blöd!« passen würde. Das zweite Spiegelungsopfer hatte eine schwere Unverträglichkeit gegen das Beruhigungsmittel. Dafür könne natürlich auch niemand etwas. Ich bin einigermaßen verwirrt angesichts so großer »Schicksalsergebenheit«.

Frau Kleist hatte von der Burda-Stiftung das größte begehbare Darmmodell der Welt zur Verfügung gestellt bekommen. Hier können Besucher 20 Meter durch eine imposante aufblasbare Plastikhöhle gehen und Vor- und Frühstadien von Krebs in der Darmwand betrachten. Auch ein ausgewachsener Tumor ist zu besichtigen. Ein knotiges, unregelmäßiges Etwas, das dunkelrot aus der Darmwand hervorwächst. Aber diesen Tumor soll es ja gar nicht geben, wenn man regelmäßig zur Darmspiegelung geht. Das zumindest verspricht eine Schrifttafel, auf der von der fast 100-prozentigen Risikoreduktion durch die Spiegelung die Rede ist. Doch das ist ein Irrtum. Nein, ich möchte es anders formulieren. Ich möchte lieber von bewusster Irreführung oder von vorsätzlicher Täuschung sprechen, da ich mir nicht vorstellen kann, dass der Auftraggeber dieser aufwendigen Darminszenierung sich nicht mit den wissenschaftlichen Studien zum Thema Darmspiegelung beschäftigt hat.

Spiegelung mit positivem Nutzen-Schadens-Verhältnis

Um es hier gleich zu sagen: Darmkrebs-Früherkennung gehört zu den wenigen Früherkennungsmaßnahmen, die mit hoher Sicherheit ein positives Nutzen-Schadens-Verhältnis aufweisen. Konkret: Der Schaden ist noch einmal kleiner als der (ziemlich kleine) Nutzen. Auch wenn es die »Früherkenner« hier wieder einmal mit der Qualitätssicherung nicht so genau nehmen. So werden »negative Vorkommnisse« – wie die zwei Todesfälle in der Bekanntschaft von Sophie Kleist – in der Regel nicht systematisch erfasst. Doch die Darmspiegelung hat gegenüber anderen Krebs-Früherkennungsmaßnahmen den entscheidenden Vorteil, dass der eventuell ausgelöste präventive Eingriff in der Regel ausgesprochen harmlos ist. Es folgt keine große Operation, keine Chemotherapie oder Bestrahlung. Adenome, gutartige Vorstufen, die sich nur mit einer gewissen Wahrscheinlichkeit zu Krebs entwickeln, können überwacht und bei Bedarf mit einem vergleichsweise kleinen Eingriff operiert werden. Andere potenzielle Krebsvorstufen, sogenannte Polypen, werden mit einer Drahtschlinge per Endoskop aus der Darmwand entfernt. Mit diesem Verfahren gelingt es tatsächlich, Darmkrebs zu verhindern. So ist Darmspiegelung neben dem (leider zu engmaschig durchgeführten) PAP-Test die einzige Maßnahme, die zur Krebsverhinderung taugt. Aber wie oft gelingt das tatsächlich? Wie sehr senke ich mein Risiko, an Darmkrebs zu sterben, wenn ich diese Maßnahme wahrnehme? Schauen wir uns die Studienlage (die über viele Jahre sehr dürftig war) gemeinsam an.

Bis vor Kurzem kamen die wohl besten Daten zum Nutzen durch die Darmspiegelung von der amerikanischen PLCO-Studie, die wir auch schon bei der Bewertung der Gebärmutterhalskrebs-Früherkennung kennengelernt haben.[103] Etwa 150 000 Teilnehmer in der Studie insgesamt sind schon eine ganz ordentliche statistische Basis. Die Hälfte der Teilnehmer hat sich einer sogenannten Sigmoidoskopie unterzogen, die andere Hälfte hatte keine Darmspiegelung. Die Sigmoidoskopie ist eine kleine Darmspiegelung, bei der nur die letzten 40 Zentimeter des Dickdarms untersucht werden, die Strecke vom Anus bis zur ersten »Abbiegung« des Dickdarms im Oberbauch. Beim deutschen Screening auf Darmkrebs wird hingegen eine Koloskopie durchgeführt, also die Spiegelung des ganzen Dickdarms mit einem flexiblen Endoskop. Es ist bekannt, dass im Darmabschnitt, der mit einer Sigmoidoskopie erfasst wird, etwa zwei Drittel der Dickdarmtumoren entstehen. So lässt sich die Zahl der Geretteten aus der amerikanischen Studie etwa mit dem Faktor 1,5 multiplizieren und wir dürften grob die Zahlen erhalten, die für die deutsche Spiegelung zutreffen.

Der Nutzen: 50 Prozent oder 1 Promille?

Die Nachbeobachtungszeit bei der PLCO-Studie betrug zehn Jahre. Nach der Auswertung der Studie verkündeten die Wissenschaftler, dass durch die »kleine Darmspiegelung« die Mortalität durch Krebs im unteren Darmabschnitt in der Screening-Gruppe im Vergleich mit der Gruppe ohne diese Untersuchung um 50 Prozent gesenkt werde. Das hört sich nach einem bedeutenden Erfolg an. Auch wenn es ein gutes Stück von den »fast 100 Prozent« entfernt ist, die uns im Darmmodell der Burda-Stiftung versprochen wurden. Außerdem handelt es sich wieder um das irreführende Spiel mit den relativen Zahlen. Absolut sah das Ergebnis folgendermaßen aus: Von 1000 Studienteilnehmern, die sich der Früherkennung unterzogen, erkrankten sechs Personen am Krebs im unteren Darmabschnitt und eine Person verstarb daran. In der Kontrollgruppe ohne die Spiegelung erkrankten neun Personen und zwei verstarben an diesem Krebs. Eine Reduktion von zwei auf eins also. Tatsächlich, eine 50-prozentige Reduktion der Mortalität. Leider nur relativ zwischen den Gruppen. Absolut allerdings wurde nur eine von 1000 Personen durch die kleine Darmspiegelung gerettet.

Die Studie hat außerdem mindestens zwei »Schönheitsfehler«: Zum einen wurde nur rund ein Viertel der Tumoren wirklich bei der kleinen Darmspiegelung entdeckt,[104] die anderen Krebsfälle wurden außerhalb der Reihenuntersuchung auffällig. Zum anderen konnten die Wissenschaftler in dieser Studie keinen positiven Effekt für Frauen nachweisen. Heute haben wir insgesamt vier weitere randomisierte, kontrollierte Studien, in denen die Sigmoidoskopie untersucht wurde.[105] Mit einer Nachbeobachtungszeit von durchschnittlich elf Jahren. Die Zahlen weisen alle in dieselbe Richtung. So lässt sich eine gut gesicherte Aussage treffen: Bei Männern reduziert sich das relative Risiko für die Krankheitsentstehung um 20 Prozent. Das relative Risiko zu sterben sogar um etwa 30 Prozent. Relatives Risiko heißt – um diesen wichtigen Punkt noch einmal anzusprechen –, der Risikounterschied für Tod durch Darmkrebs zwischen der Screening-Gruppe und der Kontrollgruppe ohne Screening. Da aber das Risiko, an diesem

Krebs zu erkranken, natürlich insgesamt nicht besonders groß ist, sehen die absoluten Zahlen so aus:

Nimmt man die Zahlen der Studien, so müssen zwischen 191 und 295 Personen am Screening teilnehmen, um einmal das Auftreten von Darmkrebs zu verhindern. Um einen Todesfall zu vermeiden, müssen zwischen 400 und 900 Personen zum Darmkrebs-Screening gehen. Die erhebliche »Streubreite« der Zahlen zeigt eine gewisse Unsicherheit, doch dass das Screening mit der kleinen Darmspiegelung das Retten von Menschenleben ermöglicht, scheint durch die internationale Studienlage als gesichert. Übertragen auf die deutsche Koloskopie, die sich im Gegensatz zur Sigmoidoskopie den ganzen Dickdarm ansieht, lässt sich vermuten, dass zwei bis drei von 1000 Untersuchten so vor dem Tod durch Darmkrebs gerettet werden können. Aber wie gesagt: Eigentlich ist das nur eine – wenn auch gut begründete – Ableitung aus den amerikanischen Daten. Gute Studien, in denen die deutsche Koloskopie gründlich geprüft wurde, gibt es derzeit nicht.

Der deutsche Sonderweg

Vielleicht werden Sie sich jetzt fragen, warum das so ist. Und warum praktisch in allen anderen westlichen Ländern die – mittlerweile gut gesicherte – Sigmoidoskopie zur Darmkrebsvorsorge angewendet wird und nur in Deutschland der Sonderweg mit der schlecht evaluierten Koloskopie beschritten wird. Eine interessante Vermutung hierzu äußerte Dr. Klaus Giersiepen von der Universität Bremen auf der Fortbildungsveranstaltung »Sauberes Wissen« der Ärztekammer Berlin im November 2014. Bei der »deutschen« Koloskopie wird die Säuberung des gesamten Darms durch ein Abführmittel benötigt. Zwei Liter einer übel schmeckenden Lösung müssen getrunken werden. Eine Prozedur, vor der nicht wenige Screening-Willige kapitulieren. Die Entleerung des Darms findet dabei zu Hause statt. Bei der Sigmoidoskopie reicht ein Einlauf, der in der Praxis direkt vor der Untersuchung vorgenommen wird. Dazu aber müssten die deutschen Gastroenterologen zusätzliche Toiletten bauen und mehr Personal einstellen. Der Aufwand dafür sei den deutschen Ärzten offenbar zu hoch, so der Bremer Gesundheitswissenschaftler Giersiepen. Eine Vermutung. Ich gehe davon aus, dass die deutschen Gastroenterologen eher mit der »deutschen Gründlichkeit« für ihre Untersuchungsmethode argumentieren.

In Deutschland ist es die Felix Burda Stiftung, die seit vielen Jahren tüchtig die Werbetrommel für die Darmkrebs-Früherkennung rührt. In ihrem Darmmodell ist – wie bereits erwähnt – von einer nahezu 100-prozentigen Verhinderung von Darmkrebs durch das Screening die Rede. Das ist jedoch blanker Unsinn. In einer Werbekampagne aus dem Frühjahr 2015 stand gar die Behauptung, man habe seit Beginn des Screenings (2002) bereits über 80 000 Todesfälle durch Darmkrebs verhindert. Wenn wir Zahlen der internationalen Studien auf deutsche Verhältnisse übertragen, können es aber nicht mehr als 12 000 bis 15 000 Gerettete sein. Das lässt sich leicht errechnen, wenn man die bisher vier Millionen Teilnehmer durch die Zahl 350 teilt. Etwa 350 Teilnehmer müssen sich untersuchen lassen, um einen zu retten. Warum versucht die Stiftung uns aber mit Zahlen zu ködern, die weit über dem tatsächlichen Erfolg des Screenings liegen?

Ich frage mich zudem: Wenn Organisationen wie die Felix Burda Stiftung so überzeugt von ihrem Verfahren sind, warum sorgen sie dann nicht für gut gemachte, aussagekräftige Studien, die den Sinn tatsächlich beweisen. Für die Darmspiegelung spricht – wie gesagt – dass der zugehörige präventive Eingriff, das Entfernen der Polypen beispielsweise, in der Regel ein Bagatelleingriff ist. Dagegen spricht, dass das Trinken der Flüssigkeit zur Säuberung des Darms richtig Überwindung kostet. Sie müssen abwägen. Relativ halbieren sie vielleicht ihr Risiko, absolut könnte die Risikoreduktion zwischen 0,1 und 0,3 Prozent in zehn Jahren betragen. Mit einer mathematisch-statistisch nicht unanfechtbaren, aber sehr plastischen Formulierung der Zusammenhänge ließe sich auch sagen: Sie müssen zwischen 3000 und 5000 Jahre lang alle zehn Jahre zur Darmspiegelung gehen, um ihr Leben einmal statistisch zu retten. Wenn man überlegt, wie viele Leute Lotto spielen, muss man sagen, dass im Vergleich dazu die Darmkrebs-Früherkennung eine realistische Option auf einen deutlichen persönlichen Profit ist. Nicht riesengroß, aber immerhin vorhanden.

Stuhltest: verborgenes Blut

Jahrzehntelang war der Test auf verborgenes Blut im Stuhl eine gängige Früherkennungsmethode. Darmtumoren können dieses Blut nämlich in den Stuhl absondern, allerdings oft in so geringen Mengen, dass es mit bloßem Auge nicht zu erkennen ist. Auch Polypen können dieses Blut abgeben, wenn sie größer werden und ihr Risiko steigt, durch die Stuhlpassage verletzt zu werden. Der Fachbegriff für den Test lautet »guajakbasierter fäkaler Okkultbluttest«, abgekürzt gFOBT. Das Problem des Okkultbluttests: Er liefert 95 Prozent falsch positive Ergebnisse. Denken Sie an unseren Vergleich mit der Radartechnik auf hoher See: 20 Mal wird ein Eisberg angezeigt, 19 Mal ist es ein Fehlalarm. Es reicht da schon, wenn Sie vor dem Test ein Steak medium gegessen haben. Denn der Test kann nicht zwischen Ihrem Blut und dem Blut aus Nahrungsmitteln unterscheiden. Aber auch als Vegetarier sind Sie nicht auf der sicheren Seite. Peroxidasehaltige Lebensmittel wie Rettich oder Blumenkohl lassen beim Okkultbluttest ebenfalls sinnlos die Glocken läuten.

Das hat zur Folge, dass nur eine von 20 Alarmmeldungen sich in der anschließend zur Überprüfung durchgeführten Koloskopie tatsächlich als Treffer herausstellt. Und dann ist noch nicht einmal gesichert, dass die Quelle für das Blut sich überhaupt zu einem Tumor entwickelt. In meinen Augen ein Unding. Zumal auch die Wahrscheinlichkeit für eine falsch negative Diagnose hoch ist, denn viele Darmtumoren bluten nicht. So kann mich der Test fälschlicherweise in Sicherheit wiegen und mich andere Warnhinweise des Körpers übersehen lassen.

Doch der gFOBT gehört wahrscheinlich ohnehin bald der Vergangenheit an. Der Grund ist: Es gibt mittlerweile einen immunologischen fäkalen Okkultbluttest, der menschliches von tierischem Blut im Stuhl unterscheiden kann und sich auch nicht von Gemüse durcheinanderbringen lässt. Damit ist er immerhin dreimal so treffsicher wie der gFOBT. Wenn Ihr Gastroenterologe Ihnen also immer noch den gFOBT zur Früherkennung anbietet, sollten Sie überlegen, ob Sie nicht den Arzt wechseln wollen. Denn für den gFOBT spricht eigentlich nur noch, dass er dem Arzt dreimal so viele lukrative Abklärungsuntersuchungen mit der Koloskopie beschert wie der neue Test.

Früherkennung von Schilddrüsenkrebs

Die Deutsche Krebsgesellschaft, der wir schon mit ihren vollmundigen Werbeslogans für den PSA-Test zur Prostatakrebs-Früherkennung begegnet sind, zeigt auch bei der Ermutigung zur Früherkennung des Schilddrüsenkrebses echte Marketingqualitäten. Als Hinweise für das Vorhandensein eines Schilddrüsenkrebses wertet sie auf ihrer Website unter anderem Schluckbeschwerden, Heiserkeit und Hustenreiz. Das sind drei von sechs Symptomen, die von der Krebsgesellschaft allen Ernstes als Warnsignale für Schilddrüsenkrebs gehandelt werden. Diese »Allerweltsbeschwerden« können aber bei jeder kleinen Erkältung oder Halsentzündung auftreten. Wieder einmal ein Beispiel dafür, wie ein Lobbyverein die Panik-Trommel rührt, um möglichst viele verängstigte Bürger in die Mühlen der Krebsmedizin zu scheuchen.

Lesen Sie, was die Krebsgesellschaft den Betroffenen beim Auftreten dieser Warnsignale rät: »Achten Sie deshalb auf die Alarmsignale Ihres Körpers und suchen Sie so rasch wie möglich Ihren Arzt auf! Nur er kann entscheiden, ob die Beschwerden von gutartigen oder bösartigen Veränderungen der Schilddrüse herrühren oder aber ganz andere Ursachen haben. Schieben Sie den Arztbesuch keinesfalls vor sich her! Denn: Wird Schilddrüsenkrebs frühzeitig erkannt, sind die Heilungschancen sehr gut!«[106]

»Suchen Sie so rasch wie möglich Ihren Arzt auf«

Schauen wir zunächst, wie gefährlich/verbreitet Schilddrüsenkrebs eigentlich ist. Im Jahr 2010 starben in Deutschland 275 Männer und 431 Frauen an Schilddrüsenkrebs. Epidemiologisch ist das in einem Land mit über 80 Millionen Einwohnern eine winzige Zahl. Folgerichtig gibt es auch kein allgemeines Screening, das etwa von der Kasse bezahlt würde. Ein allgemeines Screening könnte man bei diesen Verhältnissen wirklich nur als »mit Atombomben auf Spatzen schießen« bezeichnen. Doch was tut die Krebsgesellschaft? Sie rät zu dieser Untersuchung, wenn Symptome auftauchen, die in Deutschland jedes Jahr millionenfach bei Bagatellerkrankungen auftreten. Sie und ich würden diesem Rat mit ziemlicher Sicherheit nicht folgen. Aber es gibt viele Menschen, die leiden an Krebsangst. Was, wenn die dem Rat der Deutschen Krebsgesellschaft folgen und diese Symptome beim Arzt oder ihrer Ärztin abklären lassen? Das wäre ziemlich gefährlich.

Denn was würde ein Arzt finden, wenn er diese »Krebspatienten in spe« gründlich an der Schilddrüse untersuchen würde? Sie werden sich wahrscheinlich wundern: Mit etwa 30-prozentiger Sicherheit würde er ein Krebsgeschwür finden. Warum denn das? Weil in Europa etwa 30 Prozent der erwachsenen Bevölkerung Krebsknoten in der Schilddrüse haben. Das weiß man unter anderem aus Obduktionsstudien an Verstorbenen.[107] Wieder ein Beispiel dafür, dass Krebs bei Weitem nicht der »Killer« ist, als der er oft von den Medien dargestellt wird. Zumeist von Journalisten, die sich ihre Informationen zu unkritisch bei den Lobbyisten holen. Beim Prostatakarzinom wird nur etwa jedes 20. bis 30. Geschwür im Laufe des Lebens der Betroffenen tatsächlich zu einem ernsten Problem. Im Falle des Schilddrüsenkrebses ist es sogar nur etwa jedes 200.

Doch wenn man der Statistik des Krebsregisters Glauben schenkt, dann hat die Zahl der Fälle von Schilddrüsenkrebs in den letzten 15 Jahren in Deutschland (und auch in den meisten anderen Industrieländern) scheinbar dramatisch zugenommen.

Sie ahnen sicher bereits, was tatsächlich passiert ist: Durch die Zunahme von Vorsorgeuntersuchungen sind einige Tausend Deutsche in den letzten Jahren unnötig zu Krebspatientinnen und Krebspatienten geworden. Unnötig, weil sich diese Jagd auf die Karzinome nicht in einer Verringerung der Todesfälle niedergeschlagen hat. Von wegen: »Wird Schilddrüsenkrebs frühzeitig erkannt, sind die Heilungschancen sehr gut!« (Deutsche Krebsgesellschaft) Die Statistik zeigt: Bösartige Tumoren sind lebensgefährlich. Daran ändert auch die Früherkennung nichts. Weniger gefährliche Varianten lassen sich ganz offensichtlich auch noch gut behandeln, wenn sie später erkannt werden.

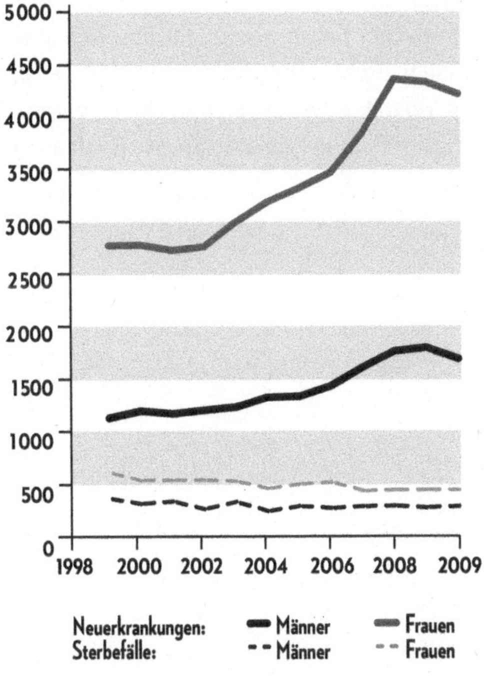

Wer suchet, der findet: Um 70 bis 80 Prozent hat die Zahl der diagnostizierten Fälle von Schilddrüsenkrebs innerhalb von zehn Jahren zugenommen. An der Zahl der Sterbefälle hat sich dadurch fast nichts verändert.[108]

Die rätselhafte Zunahme der Krebsfälle

Es gibt natürlich noch eine andere Möglichkeit, die sehr unterschiedlichen Entwicklungen bei den diagnostizierten Krebsfällen und den Sterbezahlen zu interpretieren: Wir könnten annehmen, dass wir eine unerklärliche Krebsepidemie haben. Eine rätselhafte Zunahme der Erkrankungen. Und die zeitgleich verlaufende Weiterentwicklung der krebsmedizinischen Behandlungsmöglichkeiten hat es vermocht, die Mortalitätsgefahr durch die hinzugekommenen Erkrankungen exakt zu kompensieren. Diese Erklärung hat mir ein Vertreter der Kassenärztlichen Bundesvereinigung, die ja auch so sehr für Früherkennung plädieren, ernsthaft am Telefon angeboten. Zum Lachen!

6. Früherkennung weiterer Alterskrankheiten

Glaukom-Früherkennung

Ein Glaukom – auch »grüner Star« genannt – ist eine tückische Erkrankung. Sie kann sich über Jahre hinweg anschleichen, ohne dass die Betroffenen es bemerken. Denn die ersten Symptome – Ausfälle am Rande unseres Gesichtsfeldes – fallen den erstaunlichen Korrekturfähigkeiten unseres Gehirns zum Opfer. Das Gehirn ergänzt ausgefallene Informationen einfach mit plausiblen Bildinhalten, die es sich aus den noch intakten angrenzenden Bildinformationen und dem Gedächtnis zusammenreimt. Sehen ist schließlich nur zum Teil ein passiver Prozess, in dem Bildinformationen aus der Außenwelt im Gehirn abgebildet werden. Sehen ist immer auch aktives Projizieren von Bewusstseins- und Gedächtnisinhalten in den Wahrnehmungsprozess. Das ist nicht so erstaunlich. Denn im Ernstfall kann es überlebenswichtig sein, Gesehenes auch möglichst rasch zu erkennen. Da »Erkennen« aber ohnehin in der Regel »Wiedererkennen« heißt, bedient sich unser Gehirn beim Sehen ständig bei abgespeicherten Informationen aus unserem visuellen Gedächtnis. Das funktioniert eigentlich prima. Nur verhindert es eben leider auch, dass wir die frühen Ausfallsymptome wahrnehmen, die durch ein Glaukom verursacht werden.

Die Ausfälle im Gesichtsfeld entstehen durch die Beschädigung von Nervenleitungen, die Informationen aus der Netzhaut zum Sehzentrum unseres

Gehirns übertragen. In der Regel ist die Krankheit progressiv, das heißt, sie schreitet fort und kann unbehandelt zur Erblindung des betroffenen Auges führen. Die Ausfälle des Gesichtsfeldes sind irreversibel, also nicht zu korrigieren. Aber je nach Ursache lässt sich das Voranschreiten des Glaukoms mit chirurgischen Maßnahmen oder/und mit Medikamenten stoppen. Das sagen uns zumindest die Augenärzte. Was also könnte dagegen sprechen, nach frühen Anzeichen für das Glaukom zu fahnden? Haben wir hier vielleicht endlich eine Früherkennungsmaßnahme mit einem rundum positiven Profil? Die Deutsche Ophthalmologische Gesellschaft, DOG, also der Fachverband der Augenärzte, ist davon öffentlich überzeugt und empfiehlt den Deutschen, ab dem 40. Lebensjahr alle drei Jahre eine Früherkennung und für Personen ab 65 alle ein bis zwei Jahre die Untersuchung des Augeninnendrucks und der Sehnerven vornehmen zu lassen.

Glaukom-Früherkennung »sehr ans Herz« gelegt

Die Überprüfung kostet 20 bis 40 Euro und ist für Gesunde eine IGeL, eine Individuelle Gesundheitsleistung, die von der Kasse nur bezahlt wird, wenn bereits Verdachtsmomente beziehungsweise Ausfallerscheinungen bestehen. Wäre ich die DOG, wäre ich auch für ein allgemeines Screening. Allein schon, weil es hier grob geschätzt um ein potenzielles jährliches Finanzvolumen von 600 Millionen Euro geht – nur für die Früherkennungsmaßnahme. Behandlungskosten – auch für überflüssige Behandlungen – sind da noch nicht mit dabei. Aber auch ohne die Früherkennung als »Kassenleistung« verdienen die Augenärzte gut mit der Glaukom-Früherkennung. Die Augenärzte legen vor allem ihren älteren Kunden und Kundinnen die Glaukom-Früherkennung oft »sehr ans Herz«. Und die Aussicht, im Ernstfall eine Erblindung verhindern zu können, scheint ein gutes Verkaufsargument zu sein. So ist diese Früherkennung eine der IGeL, die in Deutschland am häufigsten vorgenommen werden.

Und das, obwohl der IGeL-Monitor, der kritische Informationsdienst des Spitzenverbandes der Krankenkassen, die Maßnahme mit »tendenziell negativ« bewertet.[109] Wie kommt er dazu? Sie werden vielleicht denken:

»Na ja, die Krankenkassen wollen sich vor den Kosten drücken.« Aber erstens kommen mit einer fortgeschrittenen Glaukom-Erkrankung erhebliche Kosten auf die Krankenkassen zu. Es würde also durchaus ökonomisch Sinn machen, sie zu verhindern – wenn es denn möglich wäre. Und zweitens sind die Krankenkassen durch das Sozialgesetzbuch dazu verpflichtet, Leistungen zu bezahlen, die nach wissenschaftlicher Studienlage als nützlich einzuschätzen sind. Was stimmt also nicht bei der Glaukom-Früherkennung?

Lassen Sie uns die Maßnahme ein wenig genauer sondieren, damit wir wissen, womit wir es wirklich zu tun haben. Wichtig ist bei der Beurteilung von Früherkennungsangeboten immer die Frage nach der Prävalenz, nach der Häufigkeit der aufzuspürenden Erkrankung. Und hier erreicht das Glaukom schon in der Gruppe der 40- bis 54-Jährigen eine Rate von etwa zwei Prozent. In der Gruppe der über 80-Jährigen haben schon beunruhigende 10 bis 15 Prozent diese Sehstörung. Vor allem bei älteren Personen spricht aus dieser Sicht also viel für eine Früherkennung. Genauso wichtig für die Entscheidung »Screening ja oder nein« ist aber auch die Treffsicherheit. Wenn ein Test haufenweise falsch positive (falsche Warnung) und falsch negative (falsche Entwarnung) Ergebnisse liefert, kann ich mir den Test schenken, auch wenn das Problem, das er untersucht, gravierend ist. Wonach also suchen die Augenärzte bei der Glaukom-Früherkennung und wie treffsicher sind sie dabei?

Umstrittener Parameter: Augeninnendruck

Ein wichtiger Risikofaktor für das Glaukom ist eine fehlerhafte Regulation des Augeninnendrucks. Das zumindest erklären die Augenärzte. Dieser Augeninnendruck ist schon in gesundem Zustand bemerkenswert hoch: 21 mm/HG gelten heute als gesunde Obergrenze. Das entspricht einer Wassersäule von 28 Zentimetern. Früher – vor der letzten Absenkung des Grenzwertes – waren es 25 mg/HG. Zum Vergleich: Im Gewebe außerhalb des Auges liegt der Druck bei 5 mm/HG, also nur ein Viertel oder ein Fünftel so hoch. Unsere Augäpfel gleichen tatsächlich mit Flüssigkeit prall aufgepumpten Bällen. Das ist nötig, damit die von einer weichen Hülle umgebenen Augäpfel ihre annähernd perfekte Kugelform halten können, die unter anderem für eine exakte Geometrie unserer Sehleistung so wichtig ist. Die ständige Neuproduktion von Kammerwasser und ein kompliziertes Drainagesystem zwischen unseren Augenkammern einerseits und den Kammern und der »Außenwelt« andererseits sorgen in der Regel dafür, dass der Augeninnendruck im aktuellen Normbereich von 15 bis 21 mm/HG bleibt.

Bei Störungen der Regulation kann der Druck in unseren Augäpfeln aber auch 80 oder 100 mm/HG betragen. Die Augenärzte argumentieren: Der Druck schädigt die Nerven und erschwert die Durchblutung der Netzhaut. Das klingt im ersten Moment sehr plausibel. Also ist die Messung des Augeninnendrucks eine der drei Säulen der Glaukom-Früherkennung. Dazu wird das Auge mit Tropfen betäubt, damit der Arzt oder die Ärztin den kleinen Kolben der Messapparatur direkt auf die Hornhaut des Auges setzen kann, um dann den Augeninnendruck zu messen. Zwei Punkte machen diesen diagnostischen Ansatz äußerst fragwürdig: Zum einen haben 40 Prozent aller Glaukom-Betroffenen einen vollkommen normalen Augeninnendruck. Zum anderen entwickeln 80 Prozent der Personen, die einen abnorm hohen Augeninnendruck haben, kein Glaukom. Warum sollte man diese Druckmessung also als Diagnosekriterium heranziehen? Man kann bei normalem Druck keine Entwarnung geben und bei erhöhtem Druck auch nicht guten Gewissens eine Gegenmaßnahme einleiten. Denn vier von fünf Betroffenen werden trotz des »hohen« Drucks kein Glaukom bekommen. Diese Zahlenverhältnisse legen daher nahe, dass man beim Augeninnendruck kaum von einer gesicherten Ursache für das Glaukom sprechen kann. Es besteht bestenfalls eine gewisse Korrelation – gelegentliches gemeinsames Auftreten von »Hochdruck« im Auge und Glaukom.

So ziehen verantwortungsvolle Augenärzte in der Regel zwei weitere Untersuchungen heran, um das Glaukom im Frühstadium zu entdecken. Es ist die Gesichtsfelduntersuchung, mit der sich die charakteristischen, vom Rand her eindringenden Ausfallfelder erkennen lassen, und die Untersuchung des Augenhintergrundes, ein Blick durch die Pupille und den Augapfel auf die Netzhaut. Hier erkennt die geübte Ophthalmologin die Nervenschädigungen an der Stelle, an der das Bündel der Sehnerven (unter der Papille) den Augenhintergrund in Richtung Gehirn verlässt. Bei zunehmender Nervenschädigung kommt es dort zu einer typischen Aushöhlung. Doch wie weit muss die Nervenschädigung gehen, dass sich die Aushöhlung sicher entdecken lässt? Wie sehr profitieren die Früherkennungswilligen wirklich von der Untersuchung?

Keine Bestätigung der Methode

Das Institut für Qualität und Wirtschaftlichkeit im Gesundheitswesen (IQWiG) hatte den Auftrag, dieser Frage nachzugehen. Doch die Suche nach belastbaren wissenschaftlichen Studien zu diesem Thema erwies sich als Misserfolg. Es ließen sich in der Literatur bisher keine Studien finden, die in einem kontrollierten Design versucht hätten, den Sinn der Glaukom-Früherkennung nachzuweisen.[110] Das ist erstaunlich bei der immensen medizinischen Bedeutung, die das Glaukom hat. Immerhin gilt es weltweit als zweithäufigste Ursache für Erblindungen. Die volkswirtschaftlichen Belastungen sind immens. Weshalb kümmert sich dann niemand darum, mit einer Studie nachzuweisen, dass es durch Früherkennung möglich ist, das Risiko für diese Erkrankung an breiter Front zu minimieren? Schließlich geht es um Milliarden-Kosten, die durch Sehbehinderungen entstehen. Und um – allein in Europa – Millionen ältere Menschen, deren Lebensqualität durch Sehbehinderung oder Erblindung empfindlich eingeschränkt ist.

Lassen Sie mich hier einen Verdacht aussprechen, den ich natürlich nicht beweisen kann, der sich mir aber nach Sichtung der Sachlage aufdrängt: Die Augenärzte wissen, dass es sich bei der Glaukom-Früherkennung um medizinischen Nepp handelt. Sie wissen, dass sie mit einer Studie Gefahr laufen würden, ihr schönes Geschäftsmodell öffentlich als Nonsens-Medizin zu entlarven. Denn nicht nur der hohe Augeninnendruck ist ein unzuverlässiges Warnsignal. Auch die visuelle Beurteilung des Augenhintergrundes ist eine ausgesprochen komplexe Aufgabe, die diverse optische Diagnoseinstrumente erfordert. Die einzelnen Untersuchungen sind zum Teil mit erheblichen Fehlerraten behaftet. Eine »Wissenschaft für sich«

also, die sicherlich von verschiedenen Ärzten leider nur in – drücken wir es höflich aus – höchst unterschiedlicher Qualität geleistet werden kann. Die DOG selbst betont in ihrem Papier zur Früherkennung, dass sich die Analyse des Augenhintergrundes besonders zur Verlaufskontrolle eignet, also wenn schon deutliche Schäden zu sehen sind.[111] Das hört sich nicht so an, als ob sich »zarte« Vorstufen des Glaukoms mit diesen Techniken sicher identifizieren ließen. Und Ausfälle im Gesichtsfeld zu identifizieren, ist keine vorsorgliche Früherkennung, sondern die Diagnose der manifesten Erkrankung.

Einmal mehr: Behandlung eines »Surrogatparameters«

Ganz entscheidend ist aber Folgendes: Praktisch alle medikamentösen und chirurgischen Eingriffe gegen das Glaukom zielen darauf ab, den Augeninnendruck zu senken. Dass es sich hierbei überhaupt um einen fragwürdigen Parameter bezüglich der Glaukom-Diagnose handelt, haben wir bereits gesehen. Genau wie beim Cholesterinspiegel ist der Augeninnendruck ein Laborparameter, der uns geschickt als Ursache einer Erkrankung verkauft wird. Mit Argumenten, die plausibel erscheinen (hoher Druck erschwert die Durchblutung). Eine Argumentation, die einer genaueren Überprüfung leider nicht standhält.

So bleibt die Glaukom-Früherkennung bis auf Weiteres eine ausgesprochen fragwürdige Maßnahme, für deren Sinnhaftigkeit es keine seriösen wissenschaftlichen Belege gibt. Einen Benefit von dieser Maßnahme haben wieder einmal nur die Ärzte und die Pharmaindustrie. Denn häufig führt die Untersuchung zu chirurgischen Eingriffen am Auge und/oder zum lebenslangen Medikamentenkonsum. Alles mit dem Ziel, einen Laborparameter zu beeinflussen, der mit der Erkrankung allenfalls in einem vagen, bisher noch nicht verstandenen Zusammenhang steht.

Osteoporose-Früherkennung

»Wohl kaum eine Erkrankung ist in den letzten Jahren Gegenstand intensiveren öffentlichen und medizinischen Interesses geworden wie die Osteoporose. Hierunter versteht man die zunehmende Abnahme der Knochenmasse, von der vor allem Frauen unmittelbar vor oder in den Wechseljahren betroffen sind.

Gefürchtete Folgen der Osteoporose sind Knochenbrüche im höheren Lebensalter, insbesondere von Oberschenkelhals und Wirbelkörper, begleitet von chronischen, oft unerträglichen Schmerzen und Immobilität. Diese Knochenbrüche treten bei fortgeschrittener Osteoporose bereits bei geringfügigen Belastungen auf (z. B. Sturz aus dem Bett oder Ausrutschen auf vereistem Gehweg). Die Knochenbrüche sind das letzte Glied in einer Kette, die ihren Ursprung in osteoporotischen Veränderungen der Knochenstruktur hat. Häufig sind Frauen betroffen, die bis zu diesem Zeitpunkt noch recht rüstig waren und sich selbst versorgen konnten. Durch die allgemeine Zunahme der Lebenserwartung ist die sozialmedizinische Bedeutung der Osteoporose enorm: etwa 130 000 Oberschenkelhals- und rund 80 000 Wirbelkörperfrakturen pro Jahr allein in Deutschland verursachen Behandlungskosten von circa 3 Milliarden Euro! Es verwundert nicht, dass die Weltgesundheitsorganisation die Osteoporose zur Volkskrankheit erklärt hat. Tückischerweise hat die Osteoporose keinerlei Frühsymptome: Warnhinweise fehlen also!«[112]

Mit diesem Text werden Frauen auf der Website einer Gemeinschaftspraxis für Frauenheilkunde zur Knochendichte-Messung eingeladen. Tückischerweise keine Frühsymptome – da müssen wir also Früherkennung betreiben! Auch Frauen, die noch rüstig sind – o weh, jetzt müssen sich alle rüstigen Frauen als Risikogruppe empfinden. Betroffen sind vor allem Frauen vor oder in den Wechseljahren – na ja, in allen Fachveröffentlichungen liest man, dass vor allem Frauen nach der Menopause tangiert sind …

Hier wird ganz offensichtlich versucht, den Kreis der Kundinnen auszuweiten. Es ist ein geschickter Text, ein gutes Beispiel für das, was man auf

Neudeutsch als *disease-mongering*, also als Krankheitserfindung oder die Pathologisierung von Gesundheitszuständen, die eigentlich normal sind, bezeichnet. Machen wir zunächst einen kleinen Exkurs in die Geschichte dieser Krankheit.

Eine Krankheit wird definiert

1993 fand bei der Weltgesundheitsorganisation (WHO) gesponsert von den Pharmafirmen Sandoz Pharmaceuticals und SmithKline Beecham ein Expertentreffen statt, bei dem aus dem bis dahin als »altersbedingter Knochenabbau« bekannten, natürlichen Vorgang die Krankheit Osteoporose wurde. Und weil eine Krankheit ohne einen Grenzwert nicht vernünftig bewirtschaftet werden kann, legte die tatkräftige Expertengruppe diesen auch gleich fest: Als Referenzwert nahmen die Fachleute die durchschnittliche Knochendichte von gesunden 20- bis 29-jährigen Frauen. Die Abweichung, bei der fortan die Alarmglocken zu klingeln hatten, wurde mit 20 bis 35 Prozent definiert. Damit war der T-Wert geboren. Ab einem T-Wert von −2,5 (25 Prozent unter dem Durchschnittswert junger Frauen) hatten Frauen jetzt Osteoporose.

Messen kann man die Knochendichte beispielsweise mit einem Röntgengerät. Denn je dichter ein Knochen ist, desto mehr Röntgenstrahlung wird von ihm abgefangen. Na wunderbar, dann können wir ja gleich mit der Früherkennung loslegen. Moment, ich hätte da noch einige Fragen, vor allem: Wie aussagekräftig ist denn diese Knochendichtemessung tatsächlich für das Risiko beziehungsweise für die Vorhersage eines Knochenbruchs? Wer die Studien durchforstet, wird sehen: Die Aussagekraft ist äußerst bescheiden, und zwar aus unterschiedlichen Gründen. Zum einen ist die Knochendichte ein Parameter, der nur sehr unzuverlässig etwas über die Stabilität des Knochens aussagt. Ein Knochen kann trotz höherer Dichte-Werte in einer Messung dennoch fragiler sein als ein Knochen mit geringerer Dichte. Denn nicht nur der physikalische Aufbau, auch die chemische Zusammensetzung (vor allem der Gehalt an Mineralsalzen) des Knochenmaterials spielt dabei eine Rolle.

Weiterhin ist es wichtig, welche Messtechnik zur Ermittlung der Knochendichte verwendet wird. Die Frauenärzte der in diesem Kapitel eingangs zitierten Website bieten das Folgende an: »Hierbei wird mittels Ultraschall – also völlig strahlungsfrei – die Festigkeit eines Knochens (zumeist am Unterarm oder Finger) gemessen.« Völlig strahlungsfrei – das ist wirklich toll! Bedauerlicherweise ist die Ultraschall-Messung die schlechteste von allen möglichen Techniken. Was auf der Website unserer Frauenheilkundler so blumig als perfekte Lösung angepriesen wird, gilt in der Fachwelt fast schon als Scharlatanerie. Es gibt keine Studien, die zeigen, dass diese Technik sichere Aussagen über die Bruchfestigkeit von Knochen ermöglicht. Hier wird nur ein grober Summenwert erfasst. Die Architektur unserer Knochen ist jedoch raffiniert. Die schwammartig verästelte Struktur im Inneren optimiert in Leichtbauweise die Tragkraft unserer Knochen. Für die Bruchfestigkeit ist aber vor allem die massive Außenhülle der Knochen verantwortlich. Die Ultraschalltechnik kann das allerdings nicht unterscheiden.

Die Standardtechnik zur Knochendichtemessung, auf die sich auch der von der WHO definierte T-Wert bezieht, ist die Dual-Röntgen-Absorptiometrie (DXA/DEXA). Hierbei werden zwei Röntgenstrahlen unterschiedlicher Stärke durch den Knochen geschickt. Dichteunterschiede im durchleuchteten Gewebe lassen sich anhand der doppelten Messung zwar genauer charakterisieren, doch auch diese Röntgenmessung liefert nur einen Mittelwert für den gesamten durchleuchteten Knochen. Die dritte Technik, die zur Knochendichtemessung angewandt wird, ist die Quantitative Computertomografie (QCT/pQCT). Computertomografien haben den Charme, dass sie dreidimensionale Darstellungen liefern, die uns Patienten immer sehr beeindrucken. Mit diesem Verfahren lässt sich außerdem die (Röntgen-) Dichte eines jeden Bildpunktes sehr genau quantifizieren. Dafür liegt die Strahlenbelastung dabei um das Hundert- bis Tausendfache über der Belastung durch normale Röntgenuntersuchungen. Alle drei Verfahren liefern Werte, die sich nicht miteinander vergleichen lassen, weil sie unterschiedliche Aspekte der Knochendichte erfassen. Und alle drei Messungen führen – wie gesagt – nur zu einer sehr vagen Einschätzung des Bruchrisikos. Laut einer Veröffentlichung des Gemeinsamen Bundesausschusses (G-BA), der obersten deutschen Behörde zur Beurteilung medizinischer Maßnahmen, ist es nur für die Dual-Röntgen-Absorptiometrie an Lendenwirbeln oder am Oberschenkelhalsknochen überhaupt durch Studien belegt, dass sie eine Hilfe bei der Einschätzung des Frakturrisikos darstellt.[113]

Hat die Hälfte aller Frauen über 70 Jahre Osteoporose?

Allerdings stellt sich die Frage, was es nützt, wenn ich mit diesen Messungen fast 50 Prozent der Frauen über 70 Jahre zu Osteoporose-Patientinnen erkläre. Weil sie aufgrund der natürlichen Alterungsprozesse nur einen T-Wert erreichen, der 25 Prozent oder mehr unter dem von jungen gesunden Frauen liegt. Tatsächlich war in den USA die Zahl der Osteoporose-Patientinnen nach der Einführung des neuen Grenzwertes um 85 Prozent gestiegen. Millionen von Frauen in der westlichen Welt bekamen jetzt Medikamente verschrieben, deren Nutzlosigkeit, ja deren Gefährlichkeit sich erst in den folgenden Jahren herausstellte. Dazu gehörte die Hormonersatztherapie (die auch gegen Wechseljahresbeschwerden verschrieben wurde), die allein in Deutschland pro Jahr mehrere Tausend Krebserkrankungen verursachte, aber auch Fluoride, die die Knochen zwar härter, aber auch spröder machten und sich so negativ auf deren Stabilität auswirkten.

Da die Knochendichtemessung von den Frauenärzten so zahlreich angeboten wurde, ohne dass durch die anschließende Behandlung eine positive Auswirkung auf die Erkrankungsrate oder die Knochengesundheit eindeutig nachgewiesen werden konnte, wurde die Knochendichtemessung in Deutschland im Jahr 2000 aus der Liste der über Krankenkassen erstattungsfähigen Leistungen gestrichen. Nur wenn Frauen schon einen osteoporotischen Knochenbruch erlitten haben oder hochgradige Risikofaktoren bekannt sind (Untergewicht, Alkoholismus, familiäre/genetische Disposition), gibt es die Knochendichtemessung als Kassenleistung. Also nicht als Früherkennungsmaßnahme bei gesunden Frauen, sondern um den Erfolg einer medikamentösen Therapie bei »Kranken« abzuschätzen. Im Jahr 2013 wurde die Bestimmung etwas gelockert: Jetzt reichen die gravierenden Risiken aus, es muss keine Fraktur vorliegen. Der Gemeinsame

Bundesausschuss (G-BA), das höchste deutsche Gremium zur Beurteilung medizinischer Verfahren, erklärt aber in seiner Stellungnahme zur Knochendichtemessung im Jahr 2013 weiterhin: »Es gibt somit keine ergebnissicheren Studien, aus denen Aussagen zum Nutzen oder zum Schaden einer Versorgungsstrategie mit Knochendichtemessung abgeleitet werden können.«[114]

Als Früherkennungsmaßnahme bei gesunden Frauen ist die Knochendichtemessung also durchgefallen. Erst wenn durch einen osteoporotischen Bruch oder durch gravierende Risiken eine geringe Knochendichte als sehr wahrscheinlich gilt, kann eine solche Messung zur Überprüfung der Dichteverhältnisse im Knochen als zusätzliche Informationsquelle einen Sinn machen. Da sich die Umbauprozesse im Knochen langsam vollziehen und der Erfolg einer medikamentösen Strategie erst nach Jahren sichtbar wird, lautet die Empfehlung, dass die Dichtemessung in der Regel frühestens nach fünf Jahren erneut durchgeführt werden sollte. Für Männer, die zumeist deutlich später und auch viel seltener an Osteoporose erkranken, gelten dieselben Empfehlungen.

In Bewegung bleiben!

Im Gegensatz zur fragwürdigen und im Ernstfall gefährlichen Früherkennung – die verordneten Medikamente verursachen häufig Übelkeit, Erbrechen und können Krebs auslösen – sind Vorsorgemaßnahmen gegen Osteoporose einfach und generell empfehlenswert. Das Knochenmaterial in unserem Körper wird ständig auf- und umgebaut. Als Orientierung für die Knochenarchitektur dient dabei die aktuelle Belastung. Eine geniale adaptive Regelung, die dafür sorgt, dass unser Skelett in der Regel optimal an das »mechanische Anforderungsprofil« unseres Lebens angepasst ist. Das heißt: Je mehr wir unser Skelett durch alltägliche Bewegung, Sport oder körperliche Arbeit belasten, desto intensiver werden unsere Knochen restauriert und fit gehalten. Spaziergänge, Gymnastik, Fitnessstudio oder die Arbeit in Haus und Garten sorgen für feste Knochen. Und Sonnenlicht, damit in der Haut ausreichend Vitamin D produziert werden kann. Das sind effektive Maßnahmen, um Osteoporose vorzubeugen. Versucht Ihr Arzt, Ihnen eine Knochendichtemessung aufzuschwatzen, ohne dass die besagten Risikofaktoren bei Ihnen vorliegen, sollten Sie vielleicht überlegen, sich einen neuen Arzt zu suchen.

7. Kleine IGeL-Parade

Lassen Sie uns noch einen Blick auf eine Reihe von Früherkennungsmaßnahmen werfen, mit denen Ärzte in Deutschland versuchen, ihr schmales Gehalt aufzubessern. Früherkennungsmaßnahmen aus der Klasse der Individuellen Gesundheitsleistungen. Sie sind in der medizinischen Diagnostik nicht so weit verbreitet und bergen auch nicht die Risiken, die von den großen Checks auf Cholesterin, Hochdruck und Blutzucker bei Gesunden ausgehen. Aber sie werden regelmäßig in deutschen Arztpraxen angeboten. Nicht alle sind dabei echte Früherkennungstests, also Verfahren, die bei Gesunden ohne speziellen Krankheitsverdacht angewandt werden. Dennoch wollte ich sie in *Krank durch Früherkennung* aufnehmen. Weil jeder Test die Gefahr der Überdiagnose birgt und weil Überdiagnosen Gesunde in Kranke verwandeln.

Die Tatsache, dass es IGeL sind, also Leistungen, deren Finanzierung die Krankenkassen für Gesunde ohne entsprechende Risikofaktoren nicht übernehmen, zeigt schon, dass es beim Nachweis des Nutzens hapert. Oft warten diese Leistungen aber mit so überzeugenden Erklärungsansätzen auf, dass es nicht ganz leicht ist, sie abzulehnen. Zumal, wenn marketingtechnisch geschultes Personal in der Arztpraxis die Verkaufsgespräche durchführt.

Thrombose-Check per Protein-C-Kontrolle

Thrombosen sind ein ernstes Problem. Thromben sind Blutgerinnsel, die sich zumeist in den Venen bilden. Das Gemeine ist, dass sie in den Venen, zumeist in den tiefen Beinvenen, in vielen Fällen lange Zeit überhaupt keine Symptome verursachen und oft einfach übersehen werden. Es sind aber kleine Zeitbomben, die sich da entwickeln. Und sie werden zur tödlichen Gefahr, wenn Folgendes passiert: Ein Thrombus oder mehrere Thromben lösen sich aus ihrer Position in der Vene, werden mit dem Blutstrom zum Herzen getragen, gelangen dort in die rechte Herzkammer und werden in die Lungenarterie hinausgepresst. Dort verstopfen sie – wenn sie so weit vorgedrungen sind, dass ihr Durchmesser dem »Kaliber« der Arterie entspricht – das Gefäß. Ist ein Thrombus groß, bleibt er früh stecken und das betroffene Areal der Lunge ist groß. Das Problem ist vergleichbar mit einem Herzinfarkt: Der hinter dem Verschluss gelegene Teil der Lunge wird logischerweise nicht mehr mit Blut versorgt und – je nachdem, wie lange die Embolie besteht – schwer geschädigt. Lungenentzündungen können entstehen, die in den Wochen nach der Embolie zum Tod führen. Akut lebensbedrohlich ist die Lungenembolie aber aus einem anderen Grund.

Die rechte Herzkammer muss gegen den Verschluss in dem Blutgefäß anarbeiten. Durch eine Erhöhung der Pumpleistung versucht das Herz, seine Arbeit gegen den Widerstand fortzusetzen. Im Ernstfall kommt es dann zu einem Rechtsherzversagen. Etwa 40 000 Todesfälle gibt es jährlich in Deutschland durch Lungenembolie. Damit belegt sie nach Herzinfarkt und Schlaganfall den dritten Platz der Todesfälle durch Herz-Kreislauf-Probleme. Nach einer Studie liegen die Kosten, die europaweit durch die Behandlung solcher Lungenembolien ausgelöst werden, in der Größenordnung von drei Milliarden Euro. Sprechen nicht die medizinischen und die ökonomischen Parameter daher ganz deutlich für eine Abklärung des Thrombose-Risikos? Ein solcher Test wird als IGeL für etwa 30 Euro angeboten. Warum aber wird er von den Kassen nicht bezahlt?

Die richtige Steuerung der Blutgerinnung ist keine triviale Angelegenheit. Gerinnt das Blut zu schnell, drohen Thrombosen. Gerinnt das Blut zu langsam, steigt das Risiko, bei Verletzungen der Gefäße zu verbluten. So wird die Gerinnung des Blutes durch ein kompliziertes Miteinander verschiedener Regulationsfaktoren im Körper gesteuert. Das für die Früherkennungs-IGeL verwendete Protein-C gehört zu den Substanzen, die die Blutgerinnung hemmen. Bei einem von 300 bis 500 Menschen liegt eine Mutation des Gens für das Protein-C vor. Das führt zu einer Verminderung seiner gerinnungshemmenden Aktivität und damit zu einer leichteren Blutgerinnung – also prinzipiell zu einer Erhöhung des Thrombose-Risikos.

Keine Prognosesicherheit und keine Behandlungsoption

Ist schon die Durchführung dieses Tests an 400 Gesunden, um einen Träger der Mutation zu identifizieren, fragwürdig, wird die Sinnlosigkeit durch zwei weitere Faktoren noch ersichtlicher. Erstens lässt sich aus der Tatsache eines schwächer wirkenden Protein-C keine sichere Voraussage über eine Thrombose-Wahrscheinlichkeit treffen. Denn die Steuerungsmechanismen der Blutgerinnung sind komplex und hängen nicht nur von diesem einen Stoff ab. Zweitens – und das ist noch entscheidender – stehen gar keine vernünftigen Therapie-Optionen zur Verfügung. Den Betroffenen etwa lebenslänglich Blutverdünner zu verschreiben, würde kein Arzt verantworten wollen. Wie bei der Früherkennung des grünen Stars (Glaukom) gibt es trotz der erheblichen medizinischen und wirtschaftlichen Bedeutung der Thrombosegefahr keine seriöse Studie, in der der Nutzen einer Protein-C-Kontrolle überprüft worden wäre. Kein Wunder. Stellen Sie sich bitte eine Kette von 400 Personen vor. Finden Sie es nachvollziehbar, dass so viele Menschen auf eine Mutation des Protein-C-Gens hin überprüft werden, um lediglich einen Betroffenen zu finden? Zumal, wenn diese Mutation nur eine vage Aussage über die tatsächliche Gefährdung dieser Person erlaubt und keine verantwortbare medikamentöse Therapie existiert? Wenn Ihr Arzt – oder Personal aus der Praxis dieses Arztes – versucht, Ihnen diesen Test aufzuschwatzen, wissen Sie: In dieser Praxis ist man nicht zuerst an Ihrer Gesundheit interessiert, sondern man will Ihr Bestes: Ihr Geld.

Bestimmung von Immunglobulin-G bei Nahrungsmittelunverträglichkeiten

Bis zu 20 Prozent der Bundesbürger fürchten, an einer Allergie gegen ein oder mehrere Nahrungsmittel zu leiden. Bauchgrummeln nach dem Essen, Blähungen, Durchfall – viele Bewohner der Industrieländer haben regelmäßig mit diesen Symptomen zu kämpfen und sind auf der Suche nach Hilfe. Allergologen sagen aber, dass hier die sehr viel häufigeren Unverträglichkeiten mit den echten Allergien verwechselt werden. Allergien sehen diese Wissenschaftler mit ihren speziellen Allergie-Tests nur bei 2 bis 3 Prozent der Bevölkerung. Wichtig ist zu verstehen, dass es sich hierbei um zwei völlig verschiedene Krankheitsbilder handelt: Bei der Allergie gibt es eine Überreaktion des Immunsystems gegen das Nahrungsmittel. Zu den Leitsymptomen gehört dabei unter anderem das Anschwellen der Mundschleimhaut, das Jucken von Nasenschleimhaut und Augen. Das wird hauptsächlich durch eine übermäßige Ausschüttung von Histamin bewirkt. Histamin ist ein wichtiger Botenstoff des Immunsystems, der Entzündungsreaktionen bewirkt, mittels derer eigentlich aggressive Fremdstoffe im Körper abgefangen werden sollen. Hier spielen Immunglobuline tatsächlich eine Rolle. Ob sie sich deshalb für eine Analyse der Nahrungsmittelallergien eignen, sehen wir später.

Transportdefekte im Dünndarm

Bei der sehr viel häufigeren Nahrungsmittelunverträglichkeit/Intoleranz, wegen der die meisten Gepeinigten bei Ärzten vorstellig werden, kommt es auf andere Mechanismen an. Häufig liegen Resorptionsstörungen (Aufnahmestörungen) im Dünndarm vor. Es gibt Defekte bei Transport-Molekülen in der Wand des Dünndarms, die bewirken, dass etwa Fruchtzucker und Milchzucker nicht oder nur unvollständig im Dünndarm resorbiert und in das Blut übergeleitet werden. Das hat etwas zur Folge, das eigentlich nicht passieren dürfte: Zucker gelangt in den Dickdarm. Der Dickdarm aber ist im Gegensatz zum bakteriologisch spärlich besiedelten Dünndarm mit etwa 100 Billionen Bakterien bevölkert. Die Zahl ist zehnmal so hoch wie die Zahl unserer Körperzellen. Für diese Heerscharen von Bakterien ist der Zucker das reinste Festessen.

Bei der Vergärung des Zuckers durch die Bakterien im Dickdarm werden in kürzester Zeit CO_2 und Wasserstoff in rauen Mengen freigesetzt. Daher das Darmgurgeln, die Blähungen und das Bauchweh. Kurzkettige Fettsäuren entstehen und ziehen das Wasser an: Dieser Vorgang ist verantwortlich für den Durchfall (osmotische Diarrhoe). Sogar Depressionen werden mit dieser Resorptionsstörung im Dünndarm in Zusammenhang gebracht, weil sich zeigt, dass häufig auch die Aminosäure Tryptophan dabei nicht mehr gut aus dem Darminhalt aufgenommen werden kann. Tryptophan ist aber ein wesentlicher Baustein für Serotonin. Und das wiederum ist ein Botenstoff, der viele wichtige Funktionen im Gehirn vermittelt und landläufig auch als Glückshormon bezeichnet wird. Fehlt Tryptophan, steigt das Depressionsrisiko. Auch fehlende oder defekte Enzyme können durch unvollständige Verdauung von Nahrungsbestandteilen für die Unverträglichkeiten verantwortlich sein. Doch wie gesagt: Das Immunsystem, auf das sich der Immunglobulin-G-Test stützt, hat mit diesen relativ häufigen Nahrungsmittelunverträglichkeiten nichts zu tun.

Intoleranzen von Allergien unterscheiden

Weshalb aber werden dann mit dem Immunglobulin-G-Test (Immun-Basis-Test), der von Heilpraktikern und Ärzten gerne als Selbstzahler-Leistung angeboten wird, scheinbar so häufig »problematische« Nahrungsmittel identifiziert? Oft kommen die Betroffenen mit langen Listen aus der Besprechung der Testwerte und mit der Empfehlung, ihr Ernährungsverhalten komplett umzustellen. Bevor wir uns dieses Problem näher anschauen, möchte ich einen zentralen immunologischen Mechanismus extra erklären. Ich glaube, dass das nötig ist, weil die unglückliche Namensähnlichkeit der zwei zentralen Agenten in diesem Prozess immer wieder zu Verwirrung führt.

Es geht um Antigene und Antikörper. Antigene sind Facetten von körperfremden Eiweißmolekülen. Das können Eiweiße in Nahrungsmitteln sein oder von Bakterien oder Viren, die etwa über eine Wunde in unseren Körper eindringen. Stellen Sie sich Antigene einfach als einen unregelmäßigen »Knubbel« vor, der irgendwo prominent aus der Masse des größeren körperfremden Eiweißmoleküls herausragt. Diese charakteristischen Strukturmerkmale der fremden Eiweiße kann das Immunsystem mit passenden Antikörpern markieren. Die Antikörper sind unsere Immunglobuline. Es sind kleine Eiweißmoleküle, die von unserem Immunsystem produziert werden und die hochspezifisch zu den Strukturmerkmalen der körperfremden Antigene passen. Die Antikörper des Immunsystems binden nach dem Schlüssel-Schloss-Prinzip an ihre passenden, körperfremden Antigene. Dabei gehören die Antikörper meist zu einer Abwehrmaßnahme: Sie markieren die fremden Eiweiße und können weitere Agenten des Immunsystems anlocken. Fresszellen etwa, die die Eindringlinge vernichten. Antikörper mit mehreren Andockstellen können Bakterien verklumpen lassen. Antikörper können auch Gifte neutralisieren, indem sie sich an die toxischen Moleküle anheften und so ihre Wechselwirkung mit Molekülen unseres Körpers verändern. Es gibt also ganz unterschiedliche Aufgabenbereiche für verschiedene Typen von Antikörpern.

Die Antikörper vom Typ Immunglobulin G haben vor allem die Aufgabe, das Immunsystem gegen Bakterien und Viren scharf zu machen. Das Immunsystem produziert sie zwar auch als Reaktion auf andere körperfremde Eiweiße. Aber ohne die Anwesenheit von zusätzlichen aktivierenden Strukturmerkmalen auf der Oberfläche von Bakterien oder Viren führen sie zu keiner weiteren Immunreaktion.

Überzeugendes Erklärungsmodell

Jetzt haben wir die Informationen, um zu verstehen, was beim Immun-Basis-Test mit dem Immunglobulin G (Antikörper G) passiert. Ein Test, dessen Erklärungsmodell für die Hilfesuchenden mit Nahrungsmittelunverträglichkeiten so überzeugend klingt, der sich aber wie so oft in unserer Medizin bei näherer Betrachtung als Nullnummer herausstellt: Aus einer Blutprobe der Betroffenen werden die Blutzellen ausgefiltert, sodass nur noch die Blutflüssigkeit - das Serum - übrig bleibt. Das Serum, in dem die verschiedenen Immunglobuline schwimmen, wird auf eine Platte gegeben, die mit Hunderten von Nahrungsmittelantigenen beschichtet ist. Antigene sind wie gesagt Eiweißstrukturen in Fremdstoffen - also auch in Nahrungsmitteln –, die vom Immunsystem als fremd erkannt werden. Die Immunglobuline (Antikörper) im Blutserum docken an diese Antigene auf der Testplatte an. Anschließend werden die Platten gespült. Bei der Analyse der Platte wird regelmäßig festgestellt, dass an 20, 30 oder mehr Nahrungsmittelantigenen Immunglobuline vom Typ G »hängen geblieben« sind. Und das wird als Hinweis auf eine entsprechende Allergie interpretiert.

Dabei zeigt der Test lediglich, dass die Betroffenen bereits Kontakt mit diesen Lebensmitteln hatten. Die IgG-Antikörper gehören nämlich zum Gedächtnis des Immunsystems, das man auch beim Impfen gegen Viren und Bakterien aktiviert. Bei diesen Eindringlingen wirken die IgG-Antikörper als Alarmsignal. Bei Nahrungsmittelantigenen hingegen werden durch diese Antikörper keine weiteren Abwehrmaßnahmen eingeleitet. Das Testergebnis des Immun-Basis-Checks bei Nahrungsmittelunverträglichkeiten ist also ohne jeglichen diagnostischen Wert. Wollte man Nahrungsmittelallergien nachweisen, müsste man mit Immunglobulinen vom Typ E arbeiten. Das sind die Immunglobuline, die die sogenannte Sofortreaktion des Immunsystems aktivieren, die bei der Allergie zum Tragen kommt. Doch warum entwickeln die Labormediziner dann nicht einen Test mit den IgE-Antikörpern? Vermutlich, weil das sehr viel schwerer zu bewerkstelligen ist. IgE-Antikörper sind nicht so leicht zugänglich. Sie schwimmen nicht frei im Blutserum, sondern sind fest auf der Oberfläche von Mastzellen installiert. Außerdem machen IgE-Antikörper nur etwa 1 Promille der Antikörper im Blut aus. IgG-Antikörper dagegen 80 Prozent.

Warum der IgG-Immuntest schädlich ist

Oft erhalten Patienten nach dem unsinnigen IgG-Test lange Listen mit Nahrungsmitteln, die sie angeblich nicht mehr zu sich nehmen dürfen. Das kann nicht nur eine erhebliche Einschränkung der Lebensqualität bedeuten, das kann sogar gefährlich sein. Besonders im Kindes- und Jugendalter droht Mangelernährung. Und das, obwohl selbst bei eventuell tatsächlich vorhandenen echten Nahrungsmittelallergien der Test – wie oben beschrieben – keine Aussagekraft hat.

Echte Nahrungsmittelallergien sind relativ selten. Die unangenehmen Reaktionen auf Nahrungsmittel, derentwegen Ärzte und Heilpraktiker häufig aufgesucht werden, sind in der Regel Unverträglichkeiten. Zu den verbreitetsten gehören Unverträglichkeiten gegen Zucker. Wobei die Milchzuckerunverträglichkeit (Lactoseintoleranz) mittlerweile in der Öffentlichkeit und bei Ärzten gut bekannt ist. Weniger gut bekannt ist die Fruchtzuckerintoleranz (eigentlich Fructose-Malabsorption). Das ist bedauerlich, weil fast alle industriell erzeugten Lebensmittel künstlichen Fruchtzucker als Geschmacksverbesserer enthalten. Wenn Sie an einer Nahrungsmittelunverträglichkeit leiden, deren Ursache Sie bisher nicht ergründen konnten, sprechen Sie Ihren Arzt auf den Atemtest an, mit dem sich diese Störung leicht nachweisen lässt. Dabei wird eine bestimmte Menge des Fruchtzuckers in einer Lösung getrunken. In den folgenden zwei Stunden werden vier Proben aus Ihrer Atemluft genommen und auf ihren Wasserstoffgehalt überprüft. Bei Betroffenen ist der Wasserstoffgehalt nämlich deutlich erhöht. Der Wasserstoff stammt in diesem Fall aus dem Dickdarm und wurde von den Bakterien produziert, die den Fruchtzucker vergoren haben, der im Dünndarm nicht resorbiert werden konnte. Über die Blutgefäße wird dieses »Abgas« dann zur Lunge transportiert und dort abgeatmet.

Nahrungsmittelunverträglichkeiten sind sowohl in der wissenschaftlichen Forschung als auch im Medizinstudium nahe dran am sprichwörtlichen blinden Fleck. Wenig wird gelehrt, viel zu wenig wird geforscht. Das ist bedauerlich, denn unter diesen Symptomen leiden zunehmend mehr Menschen. Und immer noch sind Allgemeinmediziner oft nicht in der Lage, den Betroffenen eine sinnvolle Beratung anzubieten. Gerne werden Patienten mit diesen Symptomen in die »Psychoecke« gestellt und als »Darmspinner« abgetan, nach dem Motto: »Sie machen sich zu viel Stress, beruhigen Sie sich mal, da ist nichts.« Diese systematische Ignoranz in Forschung, Lehre und Praxis hat nach meiner Einschätzung nur einen einzigen Grund: An der Behandlung von Unverträglichkeiten kann man nichts verdienen. Hier steht keine Pharmaindustrie in den Startlöchern, um ihre Produkte an den Mann zu bringen. Betroffene müssen lediglich die Ernährung umstellen. Pech gehabt!

Kernspintomografie (MRT) zur Früherkennung einer Alzheimer-Demenz

Ein Kernspintomograf ist eine tolle Maschine. Er ermöglicht hochaufgelöste Einblicke in den menschlichen Körper und kann prinzipiell helfen, Fehlbildungen und Krankheiten zu entdecken. Die Kernspintechnik regt über starke Magnetfelder die Kerne der Wasserstoffatome im Körper zu einer Resonanz an. Infolgedessen geben sie eine Strahlung ab, die im UKW-Radiobereich liegt. Im Gegensatz zur Röntgenstrahlung sind Radiowellen (zumindest bei dieser Stärke) gesundheitlich unbedenklich. Aus dieser elektromagnetischen Summenstrahlung, die rings um den Köper bei der Kernspintomografie austritt, wird über komplizierte mathematische Verfahren ein exaktes dreidimensionales Abbild der Körperstrukturen errechnet. Gegenüber Röntgenverfahren hat diese Technik neben der unschädlichen Strahlung den Vorteil, dass sie Weichteilstrukturen besonders differenziert abbilden kann.

Das scheint sie für die Früherkennung von degenerativen Prozessen im Gehirn zu empfehlen, die auf die spätere Entwicklung einer Alzheimer-Erkrankung hindeuten können. Die Alzheimer-Erkrankung ist von der Wissenschaft noch nicht ausreichend verstanden. Aber fast immer geht sie einher mit der Rückbildung der grauen Substanz der Großhirnrinde. Die Gehirnwindungen schrumpfen und die Furchen werden ausgeprägter. Außerdem entstehen meist die viel zitierten Plaques, die Eiweißablagerungen, die die Funktion der Nervenzellen beeinträchtigen. In der Regel ergibt sich parallel zu dieser Atrophie und der Bildung der Plaques ein Verfall der geistigen Fähigkeiten und eine Persönlichkeitsveränderung. Es ist bekannt, dass Alzheimer in einer alternden Gesellschaft ein erhebliches Problem darstellt. Etwa 3 Prozent der 65-Jährigen leiden an dieser Form der Demenz. Bei den 85-Jährigen sind es schon 20 Prozent. Leider macht eine Früherkennung auf dem bisherigen Stand des Wissens über den Krankheitsverlauf und die Therapiemöglichkeiten kaum einen Sinn. Das hat im Wesentlichen zwei Gründe.

Frühe Veränderungen im Gehirn, die auch schon von einem gewissen Nachlassen geistiger Fähigkeiten begleitet sein können, entwickeln sich nicht notwendigerweise zu einer »ausgewachsenen« Alzheimer-Demenz. So ist die Vorhersagequalität dieser Untersuchung sehr bescheiden. Aber selbst wenn es eine Früherkennungsmethode gäbe, die das Krankheitsrisiko zuverlässig einschätzen könnte, wäre das nur dann eine Hilfe, wenn es auch eine Therapiemöglichkeit gäbe, mit der das Fortschreiten der Krankheit in einem relevanten Ausmaß verlangsamt oder gar verhindert werden könnte.

Medikamente gegen Alzheimer?

Aber eine Krankheit medikamentös zu behandeln, deren Mechanismen man noch gar nicht richtig verstanden hat, gestaltet sich naturgemäß schwierig. Dennoch gibt es natürlich Medikamente. Kein Wunder: Derzeit leiden in Deutschland 1,3 Millionen Menschen an Alzheimer. Bis 2050 soll sich diese Zahl allein durch den demografischen Wandel verdoppeln. Weltweit handelt es sich also um einen gigantischen Markt. Dass hier die Pharmakonzerne gerne eine »helfende Hand« reichen möchten, versteht sich von selbst. Ob die auf dem Markt befindlichen Mittel aber einen relevanten Beitrag bei der Behandlung der Krankheit leisten können, ist unter deutschen Psychiatern umstritten.[115]

Eine der wenigen pharmakologisch fassbaren Erkenntnisse über die Alzheimer-Erkrankung ist, dass hier der wichtige Botenstoff Acetylcholin nur noch in vermindertem Ausmaß gebildet wird. Acetylcholin ist vor allem dafür verantwortlich, elektrische Nervenreize von einer zur nächsten Nervenzelle über den synaptischen Spalt hinweg zu übertragen. Er springt sozusagen als biochemischer Transmitter ein, wo die direkte elektrische Reizleitung unterbrochen ist. Deshalb erscheint es als eine rationale Therapie, das Enzym Acetylcholin-Esterase medikamentös zu hemmen. Denn Acetylcholin-Esterase sorgt natürlicherweise für einen Abbau von Acetylcholin. Hemmt man dieses Enzym, lässt sich der Abbau des zentralen Neurotransmitters Acetylcholin verringern. So weit das wieder einmal überzeugende Modell.

In diese Wirkstoffklasse gehören die Medikamente Donezepil, Galantamin und Rivastigmin. Im Jahr 2005 wurde im *British Medical Journal* eine Metastudie zu diesen Medikamenten veröffentlicht.[116] Die Wissenschaftler hatten seit der Einführung dieser Wirkstoffklasse (1989) 22 placebokontrollierte Studien gefunden, in denen die Medikamente untersucht wurden. Die Beobachtungsdauer reichte von sechs Wochen bis zu drei Jahren. Auf der 70-stufigen Alzheimer-Skala, mit der kognitive Fähigkeiten bewertet werden, lagen die beobachteten Effekte zwischen 1,5 und 3,9 Punkten. Nach einer Einschätzung der amerikanischen Arzneimittel-Zulassungsbehörde kann erst ab vier Punkten von einer therapeutisch relevanten Wirkung gesprochen werden. Für einen Jahresumsatz, der sich weltweit auf die 10-Milliarden-Dollar-Marke zubewegt, finde ich das therapeutische Ergebnis – den Gegenwert für das Geld – beschämend.

Kleiner Nutzen – erhebliche Nebenwirkungen

Zudem fanden die Autoren der Metastudie zahlreiche methodische Mängel in den Studien, weshalb der tatsächliche Nutzen noch geringer ausfallen dürfte. Außerdem haben die Acetylcholin-Esterase-Hemmer erhebliche Nebenwirkungen. Übelkeit und Erbrechen sind so ausgeprägt, dass viele

Patienten Gewicht verlieren. Übrig bleibt die Tatsache, dass bei Angehörigen und bei Betroffenen (sofern sie das Mittel gut vertragen) das Gefühl erweckt wird, dass man ihnen helfen kann. Viele Psychiater sehen schon das als einen Benefit. Für andere Wirkstoffe sieht das Ergebnis in seriösen Studien ähnlich enttäuschend aus. Aber wenn es keine vernünftige Behandlung gibt, dann macht auch Früherkennung keinen Sinn. Meistens wird diese Kernspin-Untersuchung auch nicht als echte Früherkennung (also bei Gesunden) eingesetzt, sondern bei Personen, bei denen sich erste Anzeichen von kognitiven Beeinträchtigungen zeigen. Hier dient die Kernspin-Aufnahme auch dazu, andere mögliche Ursachen für die Symptome auszuschließen. Einen Hirntumor beispielsweise. Wenn Ihr Arzt Ihnen allerdings ohne das Vorliegen von ersten Alzheimer-Symptomen diese nicht ganz billige Untersuchung (450 Euro) zur Früherkennung empfiehlt, fragen Sie ihn einfach mal danach, wozu das gut sein sollte. Die Antwort würde mich interessieren.

Dort finden Sie im Internet gute Informationen

Ein paar Hinweise möchte ich hier zum Ende noch geben, wo Sie sich im Internet mit guten Informationen versorgen können. Das Internet hat zu einer fantastischen Demokratisierung von Information geführt. Daten, die noch vor zwei Jahrzehnten für eine Laienöffentlichkeit nahezu unzugänglich in gedruckten medizinischen Journalen schlummerten, sind heute vielfach über das Internet frei zugänglich. Auch in einordnenden, kritischen Reviews einer gesamten Studienlage zu einem Thema wie etwa denen des Cochrane-Netzwerks. Auf deren Bibliothek, die Cochrane-Library, möchte ich hier ausdrücklich hinweisen. Cochrane ist auf Metastudien spezialisiert. Mitglieder dieses Netzwerkes scannen die wissenschaftliche Studienlage der letzten Jahrzehnte in medizinischen Datenbanken. Sie identifizieren die gut gemachten Studien und fassen die Ergebnisse statistisch zusammen. Aber auch Cochrane ist natürlich nicht unfehlbar, weil sie keine eigenen Studien machen, sondern sich auf vorhandenes Material stützen müssen. Doch Cochrane gehört sicher zu den besten Quellen für medizinische

Information, die Sie auf diesem Planeten finden können. Allerdings muss man Englisch können, denn das ist die Sprache der wissenschaftlichen Welt.[117]

Patientenorganisationen sind eine gute Sache, wenn man Menschen sucht, um sich über ähnliche Schicksalsschläge auszutauschen und in einer Gruppe Gleichgesinnter Geborgenheit oder Rückhalt zu finden. Eine schlechte Adresse sind sie in der Regel allerdings, um sich medizinische Informationen zu beschaffen. Die chronisch unterfinanzierten Organisationen sind nämlich meist von der »passenden« Industrie unterwandert. Das ist schlau von der Industrie. Denn wo sonst sollte man einen so verdichteten Kundenkreis treffen, den man hier gleich mit den »richtigen« Informationen versorgen kann? Vom Büromaterial über den Server fürs Internet bis zur fachlichen Expertise werden diese Gruppen von der Industrie »unterstützt«. Sie erkennen diese Kontamination schon auf deren Websites. Es finden sich fast nie kritische Berichte über Pharmazie oder sonstige medizinische Interventionen. Alles scheint »Goldstandard« zu sein. Medikamente wirken hier in der Regel deutlich besser als irgendwo sonst in der wissenschaftlichen Literatur.

Shared decision-making – gemeinsam gute Entscheidungen treffen

Der »Faktencheck Gesundheit« der Bertelsmann-Stiftung ist ein facettenreiches Informationsportal. Allgemeinverständlich und problembewusst finden Sie hier jede Menge guter Beiträge zu fast allen großen medizinischen Themen.[118] Den IGeL-Monitor des Spitzenverbandes der Krankenkassen haben wir ja schon mehrfach erwähnt. Früherkennungsmedizin ist hier vielfach vertreten. Je nach Interessenslage kann man dort unterschiedlich tief in die Themen einsteigen.[119] Auch das Institut für Qualität und Wirtschaftlichkeit im Gesundheitswesen hat ein sehenswertes Informationsportal. Als unabhängiges Institut hat es den Auftrag vom Bund, medizinische Maßnahmen sowie ihren Nutzen und Schaden für die Patienten zu bewerten.[120] Der IGeL-Monitor und das Angebot des IQWiG sind in der Öffentlichkeit allerdings nahezu unbekannt. Das hängt sicher auch mit der Tatsache zusammen, dass das Zielpublikum dieser Informationsportale sich typischerweise in einer Altersklasse befindet, für die das Surfen im Internet nicht selbstverständlich ist. Das ist bedauerlich! Nutzen Sie dieses Angebot und machen Sie sich schlau. Sie können so das Verhältnis zu Ihren Ärzten auf eine neue Qualitätsstufe bringen. Als gut informierte Patienten können Sie zu rationalen, guten gemeinsamen Entscheidungen kommen. Ein Prozess, der in der internationalen Fachwelt als *shared decision-making* ein wichtiger Begriff geworden ist. Schließlich ist auch das Internetangebot des Medizin-Verbraucher-Magazins *Gute Pillen – schlechte Pillen*[121] einen Besuch wert. Das Magazin ist redaktionell mit dem hervorragenden Fachinformationsdienst *Arznei-Telegramm*[122] verbunden und bürgt so für fachlich fundierte Bewertungen.

Schluss

Ob Sie Maßnahmen zur medizinischen Früherkennung wahrnehmen oder nicht, muss Ihre persönliche Entscheidung bleiben. Ich habe lediglich versucht, in diesem Buch den Nutzen und den Schaden aufzuzeigen, den die verschiedenen Früherkennungsmaßnahmen nach wissenschaftlicher Studienlage tatsächlich vorzuweisen haben. Dabei hat sich leider gezeigt, dass die meisten dieser Maßnahmen bei genauerem Hinsehen schlecht abschneiden. Aber die Menschen sind unterschiedlich »gestrickt«. Es mag Ängstliche geben, die unbedingt die Beruhigung durch Früherkennung suchen und sich erst wieder eine Zeit lang sicher fühlen, wenn der Arzt ihnen sagt: »Alles in Ordnung«. Aber Vorsicht: Die Gefahr, durch Früherkennung ohne Grund beunruhigt zu werden, ist, wie wir mehrfach gesehen haben, hoch.

Ansonsten möchte ich Sie unbedingt ermuntern, auf Ihren Körper zu achten. Denn das ist die beste Früherkennung. Nehmen Sie seine »Hinweise« ernst. Nicht im Sinne einer ständigen Erregtheit und Suche nach »Zipperlein«. Aber wenn sich etwas ungewöhnlich verändert, wenn Schmerzen oder sonstige Störungen auftreten und andauern, dann sollten Sie zum Arzt gehen. Oder wenn Sie sonst einen durch Symptome begründeten Verdacht haben. Auch die Familiengeschichte bezüglich Anfälligkeit für Krankheiten oder Ihre eventuelle Zugehörigkeit zu Risikogruppen sollten Sie dabei im Auge behalten.

Davon abgesehen hat der Früherkennungswahn, der gesunde Menschen scharenweise in die Mühlen des Medizinbetriebs treibt, in meinen Augen in Deutschland mittlerweile nahezu Orwell'sche Ausmaße angenommen.

Wie George Orwell in *1984* totalitäre Präventions- und Überwachungsmechanismen auf politischer Ebene beschreibt, dringt unsere Medizin immer weiter in unser Leben ein, erweitert ihren Machtbereich, indem sie uns zunehmend pathologisiert, Krankheitsneurosen schürt und ständige medizinische Intervention zur Normalität erklärt. Das ist vollkommen inakzeptabel!

Wir Deutschen sind schon heute Weltmeister im Zum-Arzt-Gehen. Verstörende 18 Arztkontakte pro Jahr haben wir im Durchschnitt. In den skandinavischen Ländern sind es typischerweise vier Arztkontakte pro Jahr. Auch kommen die Skandinavier mit weniger als halb so vielen Krankenhausbetten pro 1000 Einwohner aus als wir in Deutschland. Dennoch leben die Menschen in diesen Ländern im Schnitt etwa ein halbes Jahr länger als wir. Das sollte uns zu denken geben.

Früherkennungsmedizin ist in meinen Augen – von wenigen Ausnahmen abgesehen – eine bösartige Wucherung der Medizin. Spätestens wenn staatliche Institutionen Frauen in offiziellen Schreiben zur Mammografie »einbestellen«, ist die Grenze überschritten. Da gleitet die medizinische Zuwendung ins Totalitäre ab. Hier werden Millionen Menschen unhinterfragt in medizinische Prozeduren eingegliedert, deren Konsequenzen sie nicht überblicken können. Dass eine objektive und sachliche Aufklärung über Nutzen und Schaden der Intervention dabei in der Regel fehlt, ist leider selbstverständlich. Die Aufklärung könnte ja die Bereitschaft der Angesprochenen vermindern, sich der Prozedur der Früherkennung zu unterziehen.

Das ist entartete Medizin. Wie Krebszellen aus ihrer biologischen Funktion im Organismus ausbrechen und rücksichtslos wuchern, so haben weite Teile der Früherkennungsmedizin längst die »hippokratische Zone« verlassen und nur noch das eigene Wachstum im Sinn. Und wenn die zuständigen Fachgesellschaften in Deutschland nicht fähig sind, der evidenzbasierten Medizin zu folgen und sinnlose sowie schädliche Screenings von ihren Empfehlungslisten zu streichen, dann ist eigentlich die Politik gefragt, diese Fachgesellschaften zu entmachten und die Deutungshoheit in medizinischen Fragen in unabhängige Hände zu geben.

Mit der Einrichtung des IQWiG ist zwar ein erster Schritt in diese Richtung gemacht worden. Wir haben aber in diesem Buch wiederholt gesehen: Die Macht der Lobbyverbände und der dahinter stehenden Industrie ist zu groß. Deshalb bleibt Ihnen – liebe Leserin, lieber Leser – nichts anderes übrig, als sich zu informieren, um im Gespräch mit Ihren Ärzten und Ärztinnen zu guten gemeinsamen Entscheidungen zu kommen. Und wenn Sie das Gefühl haben, Ihr Arzt möchte Sie bevormunden, gehen Sie nicht mehr zu ihm hin.

In diesem Sinne: Machen Sie es gut. Auf Ihre Gesundheit!

Frank Wittig

Hinweis

Medizin ist keine exakte Wissenschaft. Außerdem ändern sich Diagnosemethoden und Behandlungstechniken, was immer wieder die Durchführung neuer Studien sinnvoll macht. So wird an der Universität Münster in Zusammenarbeit mit dem Krebsregister NRW und weiteren Instituten derzeit eine Studie zur Mammografie durchgeführt. Die Fragestellung ist klar: Wie sehen Nutzen und Risiken nach dem aktuellen Stand der Medizin aus? Produzieren wir mit höher auflösender Röntgentechnik unnötigerweise noch mehr »krebskranke« Frauen oder verbessert sich das bisher beschämend schlechte Schaden-Nutzen-Verhältnis der Brustkrebs-Früherkennung? Mit Ergebnissen wird im Jahr 2020 gerechnet. Ich habe in diesem Buch versucht, mich auf die aktuellsten und besten Studien zu den jeweiligen Themen zu stützen. Sollten Sie jedoch belastbare Daten aus anderen seriösen Quellen kennen oder relevante Studien, die erst nach der Fertigstellung dieses Buches veröffentlicht wurden, bin ich für einen Hinweis dankbar. Gegebenenfalls werde ich diese Informationen in der nächsten Auflage von *Krank durch Früherkennung* einarbeiten.

frank.wittig@rivaverlag.de

Dank

Im Laufe meiner langjährigen Beschäftigung mit dem Thema Früherkennung in der Medizin haben mich viele Fachleute beraten. Bei einigen möchte ich mich hier ausdrücklich bedanken.

Für Erläuterungen zum Thema Diabetes bedanke ich mich bei Prof. Peter Sawicki, dem ehemaligen Leiter des Instituts für Qualität und Wirtschaftlichkeit im Gesundheitswesen (IQWiG) und bei Dr. Gunter Frank.

Prof. Wolf-Dieter Ludwig, Onkologe und Vorsitzender der Arzneimittelkommission der Deutschen Ärzteschaft, gilt mein Dank, weil er mir schon häufig beim Thema Krebs wertvolle Orientierung gab.

Bedanken möchte ich mich auch bei Hans-Joachim Maes von der W+D Wissenschaft und Dokumentation GmbH. Er hat mich zum Thema »Hautkrebs-Screening« mit einem Konvolut an Informationen versorgt, die nicht alle der Öffentlichkeit in dieser Form zugänglich sind. Hans-Joachim Maes hat bei den Staatsanwaltschaften Berlin und Bonn im Dezember 2014 Strafantrag gegen Unbekannt gestellt. Wegen Irreführung und gesetzeswidrigen Vorgängen bei der Einführung des Hautkrebs-Screenings in Deutschland.

Schließlich möchte ich mich bei Dr. habil. Odette Wegwarth vom Berliner Max-Planck-Institut für Bildungsforschung bedanken, die mir geduldig die Forschungsergebnisse zur Brustkrebs-Früherkennung darlegte.

Keiner der Genannten hat das fertige Manuskript gelesen. Etwaige Fehler habe ich selbst zu verantworten.

Anmerkungen

1. Gerd Giegerenzer: »Ärzte verstehen Statistiken zur Krebs-Früherkennung nicht, Patienten sind die Leidtragenden, wenn wirkungslose, aber unter Umständen schädliche Verfahren empfohlen werden.« https://www.mpib-berlin.mpg.de/de/presse/2012/03/neue-studie-aerzte-verstehen-statistiken-zur-krebsfrueherkennung-nicht

2. http://www.mammo-programm.de/cms_upload/fck-userfies/file/stellungnahme-zu-unsinn-in-bester-qualitaet.pdf

3. Peter Götzsche, Nordic Cochrane Center: http://www.cochrane.dk/research/Screening%20for%20breast%20cancer%202013%20CD001877.pdf

4. Mammografie-Portal Mittelrhein: http://www.mammographie-mittelrhein.de/62-0-was-ist-dran-an-den-gegenstimmen-zum-screening.html

5. C. Schaefer et al.: Vgl.: »Wer sorgt hier vor? – Oder: Wem die Krebs-Früherkennung nutzt«, in: *Der Onkologe* 3, 2011, S. 233

6. http://www.cochrane.dk/research/Screening%20for%20breast%20cancer%20 2013%20CD001877.pdf

7. Anthony B. Miller et al.: »Twenty five year follow-up for breast cancer incidence and mortality of the Canadian National Breast Screening Study: randomised screening trial«, *BMJ* 2014;348:g366

8. So auch am Harding-Zentrum für Risikokompetenz am Berliner Max-Planck-Institut für Bildungsforschung: https://www.harding-center.mpg.de/de/gesundheitsinformationen/faktenboxen/mammographie

9. J. Brodersen, V. D. Siersma: »Long-Term Psychosocial Consequences of False-Positive Screening Mammography«. *The Annals of Family Medicine*, 2013; 11(2):106-15.

10. Moynihan R. et al. *BMJ* 2012;344:bmj.e3502

11. A. Pijpe et al.: »Exposure to diagnostic radiation and risk of breast cancer among carriers of BRCA1/2 mutations: retrospective cohort study (GENE-RAD-RISK)« *BMJ* 2012;345:e5660

12. M. J. Yaffe M. J., et al.: »Risk of radiation-induced breast cancer from mammographic screening«, *Radiology*, Januar 2011;258(1): S. 98–105

13. S3-Leitlinie der deutschen Urologischen Gesellschaft: http://www.dgu.de/fileadmin/MDB/PDF/S3_LL_PCa_-110331_Version1.03.pdf, S. 22

14. Ebenda, S. 24

15. http://www.aok.de/portale/bundesweit/psa/content/prostatakrebs,prostatakrebs-behandeln.html#operation

16. http://www.aok.de/portale/bundesweit/psa/content/prostatakrebs,prostatakrebs-behandeln.html#operation

17. http://www.igel-monitor.de/Igel_A_Z.php?action=view&id=57

18. http://www.deutschlandfunk.de/erfolge-und-scheinerfolge-im-kampf-gegen-krebs.676.de.html?dram:article_id=23067

19. W. A. Sakr, et al.: »Age and Racial Distribution of Prostatic Intraepithelial Neoplasia«, *European Urology* 30, 1996, S. 138–44

20. H. Gilbert Welch: *Die Diagnosefalle – wie Gesunde zu Kranken erklärt werden*, S. 92, riva Verlag 2013

21. R. Moynihan et al.: »Preventing overdiagnosis: how to stop harming the healthy« BMJ 2012;344:e3502, http://dx.doi.org/10.1136/bmj.e3502

22. M. Thompson et al.: »Prevalence of Prostate Cancer among Men with a PSA-Level <=4 ng per Milliliter«, *The New England Journal of Medicine*, 2004, 350

23. T. A. Stamey, M. Caldwell, J. E. McNeal, R. Nolley, M. Hemenez, J. Downs: »The prostate specific antigen era in the United States is over for prostate cancer: what happened in the last 20 years?« *J Urol* 2004; 172 (4Pt1): S. 1297–1301

24. R. Chou, J. M. Croswell, T. Dana et al.: »Screening for Prostate Cancer: A Review of the Evidence for the U.S. Preventive Services Task Force«, *Ann Intern Med.* 2011 Dec 6;155(11): S. 762–71

25. F. H. Schröder et al. (2009): »Screening and Prostate-Cancer Mortality in a Randomized European Study«, *The New England Journal of Medicine*. 2009; 360: S. 1320-1328 http://dx.doi.org:10.1056/NEJMoa0810084.

26. http://www.krebsgesellschaft.de/onko-internetportal/basis-informationen-krebs/krebsarten/prostatakrebs/frueherkennung.html

27. http://www.krebsgesellschaft.de/deutsche-krebsgesellschaft/ueber-uns/organisation/sektion-c.html

28. http://www.kbv.de/html/437.php

29. »Geschäftsmodell Todesangst«, *Frankfurter Allgemeine Zeitung*, 17. Dezember 2014, S. N1

30. Ebenda, S. N2

31. http://www.sozialgesetzbuch-sgb.de/sgbv/25.html

32. http://www.krebsdaten.de/Krebs/DE/Datenbankabfrage/datenbankabfrage_stufe1_node.html

33. Krebsregister Robert-Koch-Institut (RKI)

34. https://www.dgho-onkopedia.de/de/onkopedia/leitlinien/melanom

35. Gesellschaft der epidemiologischen Krebsregister in Deutschland e.V. Atlas der Krebsinzidenz und -mortalität in Deutschland (GEKID-Atlas). Datenlieferung: Dezember 2013, Lübeck, 2014. Verfügbar über: http://www.gekid.de

36. http://www.vital.de/gesundheit/erkrankungen/artikel/weisser-hautkrebs-fast-immer-heilbar

37. Ebenda

38. Klaus Kraywinkel et al.: »Hautkrebs – Epidemiologie und Früherkennung, Umwelt und Mensch Informationsdienst, Umweltbundesamt, *UMID* 2, 2012 http://edoc.rki.de/oa/articles/reob2AxS6qeWo/PDF/260YilHpzVuO.pdf

39. »Nordic Cochrane Center stellt Gesundheits-Check-up infrage«. *Deutsches Ärzteblatt*, 2012.

40. Lasse T. Krogsbøll et al.: »General health checks in adults for reducing morbidity and mortality from disease«. Cochrane Effective Practice and Organisation of Care Group
Published Online: 17. Oktober 2012. Abstract: http://onlinelibrary.wiley.com/doi/10.1002/14651858.CD009009.pub2/abstract
Ganze Arbeit: http://www.cochrane.dk/research/General%20health%20checks,%20CD009009.pdf

41. »The periodic health examination. Canadian Task Force on the Periodic Health Examination.« *Canadian Medical Association Journal* 1979;121(9): S. 1193–254 http://www.ncbi.nlm.nih.gov/pmc/articles/PMC1704686

42. *U.S. Preventative Services Task Force: Guide to clinical preventative services: an assessment of the effectiveness of 169 interventions.* Baltimore: Williams & Wilkins, 1989. http://wonder.cdc.gov/wonder/prevguid/p0000109/p0000109.asp

43. http://www.kbv.de/html/437.php

44. http://www.kbv.de/html/3714.php

45. J. O. Gebbers: »Cholesterin ist für die Arteriosklerose ohne Bedeutung. Die Ergebnisse von Autopsien stützen die Lipidhypothese nicht«, *Ars Medici*, 1998;88:564-9

46. www.lipid-liga.de/pdf/Pressetext-Erhoehte_Cholesterinwerte.pdf

47. Prospective Studies Collaboration. Cholesterol, diastolic blood pressure, and stroke: 13 000 strokes in 450 000 people in 45 prospective cohorts. *Lancet*, 1995;346, S. 1647–1653, http://www.thelancet.com/journals/lancet/article/PIIS0140-6736%2895%2992836-7/abstract

48. »Atherosclerosis-an inflammatory disease«, *The New England Journal of Medicine*, vol. 340, 1999.: S. 115-126

49. Als Lektüre empfehle ich hier besonders das Buch des ehemaligen Pharmamanagers John Virapen: *Nebenwirkung Tod – die Wahrheit über Scheinwissenschaftlichkeit, Bestechung, Korruption, Manipulation und Schwindel in der Pharmawelt*, Kopp-Verlag 2009

50. EXCEL-Studie zur Wirkung von Lovastatin: http://circ.ahajournals.org/content/85/4/1293.full.pdf

51. D. Ricks, R. Rabin: »Cholesterol Guidelines: Drug Panelits' Links under Fire«, *Newsday*, 15. Juli 2004

52. Gilbert Welch et al.: *Die Diagnosefalle – Wie Gesunde zu Kranken erklärt werden*, S. 56, riva Verlag 2014

53. *Lancet*. 1994 Nov 19;344(8934): S.1383-9. »Randomised trial of cholesterol lowering in 4444 patients with coronary heart disease: the Scandinavian Simvastatin Survival Study (4S)«, http://www.ncbi.nlm.nih.gov/pubmed/7968073

54. http://www.arznei-telegramm.de/html/1995_08/9508086_05.html

55. Ausführlicheres dazu in meinem Buch: *Die weiße Mafia – wie Ärzte und Pharmaindustrie unsere Gesundheit aufs Spiel setzen*, riva Verlag 2013

56. http://www.lipid-liga.de/cms/index.php?option=com_content&task=view&id=16&Itemid=47

57. http://www.lipid-liga.de/cms/index.php?option=com_content&task=view&id=73&Itemid=127

58. B. Genser, W. März: *LDL-Cholesterin, Statine und kardiovaskuläre Ereignisse: Eine Metaanalyse*, Deutsche Lipid-Liga, 2006

59. https://www.iqwig.de/download/Arbeitspapier_Nutzenbewertung_der_Statine_unter_besonderer_Beruecksichtigung_von_Atorvastatin_.pdf

60. C. Wanner et al.: »Atorvastatin in Patients with Type 2 Diabetes Mellitus Undergoing Hemodialysis«, *The New England Journal of Medicine*, 353: S. 238–248, 21. Juli 2005

61. http://www.aerztezeitung.de/medizin/krankheiten/herzkreislauf/fettstoffwechsel-stoerungen/article/849864/neue-leitlinien-cholesterinsenkung-ldl-zielwerte-out.html

62. Rita Redberg, Kardiologin und Herausgeberin einer der bedeutendsten medizinischen Fachzeitschriften, *JAMA*, dazu in einem Artikel in der *New York Times*: http://www.nytimes.com/2013/11/14/opinion/dont-give-more-patients-statins.html?_r=0

63. http://www.aerztezeitung.de/medizin/krankheiten/herzkreislauf/fettstoffwechsel-stoerungen/article/849864/neue-leitlinien-cholesterinsenkung-ldl-zielwerte-out.html

64. Morales Knashawn et al.: »Simvastatin Causes Changes in Affective Processes in Elderly Volunteers«, *Journal of the American Geriatrics Society*, Volume 54, Januar 2006, S. 70,

65. J. A. McDougall et al.: »Long-term statin use and risk of ductal and lobular breast cancer among women 55 to 74 years of age« *Cancer Epidemiol Biomarkers Prev.*, September 2013,22(9): S. 1529-37

66. A. Sassano, L. C.: »Platanias: Statins in tumor suppression«, *Cancer Letters*, Band 260, Nummer 1–2, Februar 2008, S. 11–19

67. Zu diesem Thema empfehle ich das Kapitel »Bad Pharma: tricksen, täuschen, tarnen« aus meinem Buch *Die weiße Mafia*, riva Verlag 2013

68. C. R. Mikus, L. J. Boyle, S. J. Borengasser, D. J. Oberlin, S. P. Naples, J. Fletcher, G. M. Meers, M. Ruebel, M. H. Laughlin, K. C. Dellsperger, P. J. Fadel, J. P. Thyfault: »Simvastatin impairs exercise training adaptations«, *Journal of the American College of Cardiology*

69. http://www.aerzteblatt.de/nachrichten/60273/Wieso-Statine-das-Diabetesrisiko-erhoehen

70. H. Petursson, J. A. Sigurdsson, C. Bengtsson, T. I. Nilsen, L. Getz: »Is the use of cholesterol in mortality risk algorithms in clinical guidelines valid? Ten years prospective data from the Norwegian HUNT 2 study«, *J Eval Clin Pract*, Februar 2012,18(1): S. 159–68

71. http://www.arznei-telegramm.de/html/2012_08/1208067_01.html

72. http://www.hochdruckliga.de/bluthochdruck-in-zahlen.html

73. http://www.bmjv.de/SharedDocs/Downloads/DE/pdfs/Gesetze/RefE_Bekaempfung_Korruption_Gesundheitswesen.pdf?__blob=publicationFile

74. http://www.hochdruckliga.de/kuratorium.html

75. D. Diao, J. Wright, D. Cundiff, F. Gueyffier: »Pharmacotherapy for mild hypertension«. *DOI*: 10.1002/14651858.CD006742.pub2 http://onlinelibrary.wiley.com/doi/10.1002/14651858.CD006742.pub2/abstract

76. U. Schwabe, D. Paffrath (Hrsg.): *Arzneiverordnungs-Report 2012*, Springer Verlag, Heidelberg 2012

77. D. Diao, J. M. Wright, D. K. Cundiff, F. Gueyffier: »Pharmacotherapy for mild hypertension«, *Cochrane Database Syst Rev*, August 2012 15;8:CD006742. http://www.ncbi.nlm.nih.gov/pubmed/22895954

78. http://www.hochdruckliga.de/nachrichtendetails/items/267.html

79. http://www.aerzteblatt.de/archiv/153091/Renale-Denervation-Unerwartetes-Studienergebnis

80. S. Bangalore u. a.: »Antihypertensivedrugs and risk of cancer: network meta-analyses and trial sequentialanalyses of 324 168 participants from randomised trials«, *The Lancet Oncology*, 12, 1. Januar 2011, S. 65–82

81. http://www.sueddeutsche.de/wissen/medikamente-und-nebenwirkungen-bis-zu-todesfaelle-durch-medikamente-1.793240

82. http://www.seattletimes.com/health/new-blood-pressure-guidelines-pay-off-8212-for-drug-companies/

83. https://www.iqwig.de/de/projekte-ergebnisse/projekte/arzneimittelbewertung/a05-09-verschiedene-antihypertensive-wirkstoffe-als-therapie-der-ersten-wahl-bei-patienten-mit-essenzieller-hypertonie.1151.html

84. B. Balkau, M. Pyörälä, M. Shipley et al.: »High blood glucose concentration is a risk factor for mortality in middle-aged nondiabetic men. 20-year follow-up in the Whitehall Study, the Paris Prospective Study and the Helsinki Policemen Study«, *Diabetes Care 21*, 1998, S. 360–367

85. P. T. Sawicki: »Screening for diabetes: hope and despair«, *Diabetologia*, DOI 10.1007/s00125-012-2553-x, April 2012

86. B. Hemmingsen, S. S. Lund, C. Gluud et al.: »Intensive glycaemic control for patients with type 2 diabetes: systematic review with meta-analysis and trial sequential analysis of randomised clinical trials«, *BMJ 343*, 2011, :d6898

87. Action to Control Cardiovascular Risk in Diabetes Study Group: »Effects of Intensive Glucose Lowering in Type 2 Diabetes«, *The New England Journal of Medicine 358*, 2008, S. 2545–2559

88. https://www.online-zfa.de/article/doch-kein-vorteil-der-intensiven-insulintherapie-zentrale-dcct-schlussfolgerung-nachtraeglich-korrigiert/uebersicht-review/y/m/810

89. H. C. Eborall et al.: »Psychological Impact of screening for type 2 diabetes: controlled trial and comparative study embedded in the Addition (Cambridge) randomized controlled trial«, *BMJ* 2007, 335:486

90. Aldo Chan: »Change a number, create a patient«, Seattle Times; nach: Schwartz, Dr. Lisa, und Steven Woloshin: »Changing Disease Definitions: Implications for Disease Prevalence«, Effective Clinical Practice, März/April 1999

91. Gilbert Welch, a. a .O., S. 57

92. http://www.aerztezeitung.de/politik_gesellschaft/praevention/article/861653/frueherkennung-montgomery-fordert-nutzenpruefung.html

93. http://www.sueddeutsche.de/gesundheit/medizin-kann-man-das-nicht-abschwaechen-1.2419538

94. http://www.sueddeutsche.de/gesundheit/eierstockkrebs-frueherkennung-krank-getestet-1.2289437

95. Edith Schuligoi: *Frauenkastration – Leben nach dem Verlust von Gebärmutter und Eierstöcken: Ein Buch für Frauen, ihre Partner und begleitende Fachpersonen*, Edition Riedenburg, 2013

96. http://www.vz-nrw.de/nutzloser-ultraschall-zur-krebsfrueherkennung-werbeversprechen-von-frauenarztpraxen-abgemahnt

97. Ebenda

98. http://www.netdoktor.at/untersuchung/pap-test-8320

99. http://www.krebsinformationsdienst.de/tumorarten/gebaermutterhalskrebs/was-ist-gebaermutterhalskrebs.php#inhalt7

100. http://www.bmg.bund.de/themen/praevention/nationaler-krebsplan/was-haben-wir-bisher-erreicht/ziel-2a-weiterentwicklung-der-gebaermutterhals-krebsfrueherkennung.html

101. W. Frank, B. Konta, C. Peters-Engel: »PAP-Test zum Screening auf Zervixkarzinom«, Informationssystem Health Technology Assessment (HTA) in der Bundesrepublik Deutschland, 205, S. 30 f.

102. http://www.brigitte.de/gesund/gesundheit/krebsvorsorge-567193/

103. http://www.sueddeutsche.de/gesundheit/eierstockkrebs-frueherkennung-krank-getestet-1.2289437

104. http://www.wissenschaft.de/archiv/-/journal_content/56/12054/785350/Darmkrebs:-Was-die-Fr%C3%BCherkennung-bringt/

105. Der aktuellste mit mehr als 100 000 Teilnehmern: Ö. Holme et al.: »Effect of flexible sigmoidoscopy screening on colorectal cancer incidence and mortality: a randomized clinical trial«, *JAMA*, August 2014
http://www.ncbi.nlm.nih.gov/pubmed/25117129

106. http://www.krebsgesellschaft.de/onko-internetportal/basis-informationen-krebs/krebsarten/schilddruesenkrebs/frueherkennung-und-vorsorge.html

107. H. Bertelsmann, M. Blettner: »Epidemiologie und Risikofaktoren für Schilddrüsenkrebs«, AG Epidemiologie und Medizinische Statistik der Universität Bielefeld

108. Zentrum für Krebsregisterdaten im Robert Koch-Institut

109. http://www.igel-monitor.de/IGeL_A_Z.php?action=abstract&id=87

110. Unter anderem: J. M. Burr, G. Mowatt, R. Hernandez, M. A. Siddiqui, J. Cook, T. Lourenco et al.: »The clinical effectiveness and cost-effectiveness of screening for open angle glaucoma: a systematic review and economic evaluation«, *Health Technol Assess* 2007; 11: 1–190
S. R. Hatt, R. Wormald, J. Burr: »Screening for prevention of optic nerve damage due to chronic open angle glaucoma«, *Cochrane Database Syst Rev* 2009; (2) CD006129.
P. Schnell-Inderst, T. Hunger, K. Hintringer, R. Schwarzer et al.: »Individuelle Gesundheitsleistungen«, Deutsches Institut für Medizinische Dokumentation und Information (DIMDI), Schriftenreihe HTA, Bd. 113

111. Stellungnahme der DOG zur Früherkennung des Glaukoms: http://www.dog.org/wp-content/uploads/2009/08/Glaukomvorsorge-Stand-August-2012.pdf S. 6

112. http://www.frauenaerzte-kirchhellen.de/ praxisleistungen/igelleistungen/10_knochendichtemessungen.php?top=1_2&sub=2_9

113. https://www.g-ba.de/downloads/40-268-2199/2013-02-21_MVV-RL_Osteodensitometrie_TrG.pdf S. 9

114. https://www.g-ba.de/downloads/40-268-2199/2013-02-21_MVV-RL_Osteodensitometrie_TrG.pdf

115. T. Lempert, T. Bschor: »Treatment of Alzheimer's disease according to the S3 guidelines on dementia. Choline esterase inhibitors for all and for ever?«, *Der Nervenarzt*, Band 82, Nummer 1, Januar 2011, S. 90–91, ISSN 1433-0407. doi:10.1007/s00115-010-3233-z. PMID 21274696

116. H. Kaduszkiewicz, T. Zimmermann, H. P. Beck-Bornholdt, H. van den Bussche: »Cholinesterase inhibitors for patients with Alzheimer's disease: systematic review of randomised clinical trials«, *BMJ (Clinical Research Ed.)*, 331, Nr. 7512, August 2005, S. 321–327. http://www.ncbi.nlm.nih.gov/pmc/articles/PMC1183129/?tool=pmcentrez

117. http://www.cochrane.de/de/willkommen-auf-unseren-webseiten

118. https://faktencheck-gesundheit.de/

119. http://www.igel-monitor.de/

120. https://www.iqwig.de/

121. http://gutepillen-schlechtepillen.de/

122. http://www.arznei-telegramm.de/